Em torno de
Joaquim Nabuco

Copyright do texto © 2010 Fundação Gilberto Freyre
(Rua Dois Irmãos, 320 – Apipucos, Recife, Pernambuco, Brasil – 52071-440 –
http://www.fgf.org.br – fgf@fgf.org.br)
Copyright da edição © 2010 A Girafa

Todos os direitos desta edição foram cedidos à
Manuela Editorial Ltda. (A Girafa)
Rua Caravelas, 187
Vila Mariana – São Paulo, SP – 04012-060
Telefone: (11) 5085-8080
livraria@artepaubrasil.com.br
www.artepaubrasil.com.br

Diretor editorial Raimundo Gadelha
Coordenação editorial Mariana Cardoso
Assistente editorial Ravi Macario
Revisão Jonas Pinheiro e Alexandre Teotonio
Capa, projeto gráfico e editoração eletrônica Felipe Bonifácio
Imagem da capa Fundação Joaquim Nabuco
Impressão RETTEC Artes Gráficas

CIP-BRASIL. CATALOGAÇÃO-NA-FONTE
SINDICATO NACIONAL DOS EDITORES DE LIVROS, RJ

F943e

Freyre, Gilberto, 1900-1987
 Em torno de Joaquim Nabuco / Gilberto Freyre; [organização
Edson Nery da Fonseca; colaboração Jamille Cabral Pereira Bar-
bosa]. – São Paulo: A Girafa, 2010.

 ISBN 978-85-63610-01-0

 1. Nabuco, Joaquim, 1849-1910. 2. Estadistas – Brasil.
3. Brasil – História. I. Fonseca, Edson Nery da. II. Barbosa, Jamille Cabral Pereira. III. Título.

10-3547.	CDD: 923.281	
	CDU: 929:32(81)	
21.07.10	22.07.10	020317

Impresso no Brasil
Printed in Brazil

Obra em conformidade com o Acordo
Ortográfico da Língua Portuguesa

Gilberto Freyre

Em torno de Joaquim Nabuco

Textos reunidos e apresentados por Edson Nery da Fonseca
com a colaboração de Jamille Cabral Pereira Barbosa

A GIRAFA
São Paulo, 2010

Prefácio

Apesar de suas divergências com um grande escritor como José de Alencar[1] e dos ataques que recebeu da parte dos escravocratas, Joaquim Nabuco foi muito mais apreciado que negado no Brasil. Sua fortuna crítica é muito rica. Otto Maria Carpeaux referenciou 42 textos sobre ele[2]. Foi admiravelmente biografado pela filha[3] e por Luis Viana Filho[4]. Alceu Amoroso Lima, que tinha grande admiração por Nabuco, escreveu duas vezes sobre ele, primeiro nos anos 30[5] e, depois, ao prefaciar apaixonadamente uma das edições de *Minha Formação*[6].

Como se vê por este livro, foi Gilberto Freyre quem mais escreveu sobre Joaquim Nabuco, muito citado em *Casa-Grande & Senzala* (1933), em *Sobrados e Mucambos* (1936) e, sobretudo em *Ordem e Progresso* (1959). O número de citações de Nabuco é maior no terceiro tomo da *Introdução à História da Sociedade Patriarcal no Brasil* por ser dedicado à época de grande atuação política do autor de *O Abolicionismo*.

Como estudioso da sociedade patriarcal no Brasil – sua formação, seu apogeu e sua desintegração – Gilberto Freyre estava preparado como poucos para entender o drama pessoal de Joaquim Nabuco, adversário da instituição dentro da qual nascera e fora criado e figura de transição entre a Monarquia e a República.

---

1 COUTINHO, A. *A polêmica Alencar-Nabuco*. Rio de Janeiro. Tempo Brasileiro, 1965.

2 CARPEAUX, O. M. *Pequena bibliografia crítica da literatura brasileira*. 4ª ed. Rio de Janeiro, Edições de Ouro, 1967, p. 172-76.

3 NABUCO, C. *A vida de Joaquim Nabuco*. São Paulo, Companhia Editora Nacional, 1928.

4 FILHO, L. V. *A vida de Joaquim Nabuco*. São Paulo, Companhia Editora Nacional, 1952.

5 LIMA, A. A. *Estudos, 4ªsérie*. Rio de Janeiro. Centro D. Vital, 1930, p. 141-52.

6 LIMA, A. A. "Pro memória". In: NABUCO, J. *Minha formação*. 7ª ed. Rio de Janeiro, Edições de Ouro, 1966, p. 9-27.

Aconteceu, porém, que durante o longo período da redação de *Ordem e Progresso*, transcorrera o centenário do nascimento de Joaquim Nabuco, uma oportunidade que o então deputado federal por Pernambuco não poderia perder.

O Brasil oficial preparava-se, desde 1947, para comemorar o centenário do nascimento de Rui Barbosa, nascido na Bahia em 5 de novembro de 1849. O Ministro da Educação – o professor de Direito e político baiano Clemente Mariani – já havia criado uma comissão para organizar as comemorações. Ninguém se lembrava de que o pernambucano Joaquim Nabuco havia nascido alguns meses antes de Rui Barbosa: em 19 de agosto do mesmo ano.

Inconformado com o clamoroso esquecimento, Gilberto Freyre apresentou à Mesa da Câmara dos Deputados, para ser dado como lido, um discurso no qual ao mesmo tempo em que aplaudia a consagração de Rui Barbosa, sugeria comemoração de igual vulto para o centenário de nascimento de Joaquim Nabuco. Que o Ministério da Educação publicasse uma antologia. O discurso, apresentado em 20 de maio de 1947, foi reproduzido pela revista paulista *Digesto Econômico* de setembro do mesmo ano e em opúsculo editado no ano seguinte pela Editora José Olympio.

Como o Ministro da Educação tivesse feito ouvidos de mercador, Gilberto Freyre voltou a tratar do centenário de Nabuco em 1948, com o projeto de lei n° 819[7], autorizando o Poder Executivo a abrir crédito especial de dois milhões de cruzeiros para atender às despesas da comemoração do centenário do nascimento do grande abolicionista. Partes da verba seriam destinadas a premiar os melhores ensaios sobre a vida e obra de Nabuco e a editar uma seleção de seus discursos e escritos, tanto quanto à criação no Recife de "um instituto dedicado ao estudo sociológico das condições de vida do trabalhador brasileiro na região

---

7 FREYRE, G. Projeto n° 819. In: *Discursos parlamentares*. Seleção, introdução e comentários de Vamireh Chacon. Brasília, Câmara dos Deputados, Centro de Documentação e Informação, 1994 (Perfis Parlamentares, 39) p. 246-47.

agrária do Nordeste e do pequeno lavrador da mesma região, visando ao melhoramento dessas condições, problema que foi a preocupação máxima do grande brasileiro".

Lembre-se que essa preocupação de Joaquim Nabuco foi também a de Gilberto Freyre. Em 1935, este pretendeu com Ulysses Pernambucano, Sylvio Rabelo e Olívio Montenegro, "realizar um inquérito regional que servisse de base ao próprio usineiro ou proprietário rural em intencionado para um ajustamento melhor das relações entre fábricas de açúcar e os seus trabalhadores rurais". Foram, então, "repelidos como intrusos" e fichados na Polícia Civil como agitadores[8].

O projeto n° 819 foi, como é sabido, transformado em lei n° 770, de 21 de julho de 1949, quase às vésperas do centenário do nascimento de Joaquim Nabuco. Além de longa, a tramitação do projeto não foi tranquila. Até representantes de Pernambuco tentaram desfigurar o órgão proposto, subordinando-o à então chamada Universidade do Recife: subordinação que anularia sua amplitude transregional e submeteria aos entraves da burocracia pedagógica. Propondo a criação do Instituto Joaquim Nabuco, Gilberto Freyre procurava dar às comemorações do centenário um caráter permanente.

Em 18 de agosto de 1949, a Câmara dos Deputados realizava sessão solene na qual o orador foi naturalmente Gilberto Freyre. Seu discurso – repetido como conferências na Faculdade de Direito do Recife e no Instituto Histórico e Geográfico Brasileiro – é um dos melhores textos por ele escritos, devendo ser associado aos magistrais perfis de Dom Pedro II[9], de Euclydes da Cunha[10], de Graça Aranha[11] e de outros brasileiros[12]: perfis ao mesmo tempo sociológicos e psicológicos.

---

8 FREYRE, G. *Nordeste: aspectos da influência da cana sobre a vida e a paisagem do Nordeste do Brasil.* Rio de Janeiro, José Olympio, 1937. 3ª ed. 1961, p. 156.

9 FREYRE, G. *A propósito de Dom Pedro II.* Recife, Revista do Norte, 1926. 3ª ed. *Dom Pedro II, imperador cinzento de uma terra de sol tropical.* Recife, Conselho Estadual de Cultura de Pernambuco, 1975.

10 FREYRE, G. *Atualidades de Euclydes da Cunha.* Rio de Janeiro, Casa do Estudante do Brasil, 1941.

11 FREYRE, G. "Graça Aranha: que significa para o Brasil de hoje?". In: GRAÇA ARANHA, J. P. da. *Obra Incompleta.* Rio de Janeiro, Instituto Nacional do Livro, 1969, p. 17-28.

12 FREYRE, G. *Perfil de Euclydes da Cunha e outros perfis.* Rio de Janeiro, José Olympio, 1944. 2ªed. Aumentada. Rio de Janeiro, Record, 1987.

Nos perfis do imperador, de Euclydes e de Graça Aranha houve empatia por terem sido os biografados muito diferente do biógrafo. No de Joaquim Nabuco o que se nota é a identificação. Gilberto Freyre soube interpretar magistralmente Joaquim Nabuco por ter sido, como o grande abolicionista, ao mesmo tempo revolucionário e conservador. Essa identificação se revela nos demais textos que escreveu sobre seu eminente conterrâneo e estão reunidos no presente volume.

Não escapou a Gilberto Freyre nenhum aspecto da personalidade e da atuação de Joaquim Nabuco. Os discursos, as conferências e os artigos constituem um retrato de frente e de perfil, do corpo e da alma de seu insigne conterrâneo. Até em sua "seminovela" *Dona Sinhá e o filho padre*, ele faz Joaquim Nabuco aparecer, ora discursando na sede da sociedade abolicionista e caminhando com as multidões que o aplaudiam pelas ruas do Recife, ora tomando banho no rio Beberibe com outros abolicionistas. Como estavam nus, de acordo com a tradição dos banhos de rio ou de bica, foram medir suas pirocas; e entre as maiores não estava a de Nabuco: o pernambucano de um metro e oitenta centímetros possuía um belo corpo, mas era microfálico[13].

Mesmo assim, Joaquim Nabuco foi muito cortejado nos salões do Rio de Janeiro e das embaixadas brasileiras no estrangeiro. Despertou, por isso, um ciúme doentio em sua mulher. Hospedado na vivenda de Santo Antônio de Apipucos, monsenhor Joaquim Nabuco disse a Gilberto e Madalena Freyre: "vocês não imaginam como meu pai sofreu com as cenas de ciúme de minha mãe". Até nisso os dois pernambucanos se pareciam!

Edson Nery da Fonseca

---

13 FREYRE, G. *Dona Sinhá e o filho padre*. Rio de Janeiro, José Olympio, 1964, p. 54 e 150.

Sumário

Joaquim Nabuco 11

O critério de Nabuco 27

Secretas da polícia gramatical.............31

Fotografias de Nabuco e Rui...............33

Joaquim Nabuco, homem
independente....................................35

Amores de Nabuco 37

Nabuco nunca foi cortesão 41

Vários Nabucos 43

Um pioneiro na América e não
apenas no Brasil.................................45

Joaquim Nabuco e a Câmara
dos Deputados 47

Ainda sobre Nabuco parlamentar 51

Introdução 53

Revolucionário conservador.............131

Um aspecto de Nabuco:
Quincas, o Belo...............................163

A propósito de retratos 165

Um recifense evocado por
outro recifense.................................167

Contrastando Rui e Nabuco 169

Publicações oficiais, essas
desconhecidas..................................171

A propósito de um discurso 173

Discurso do Deputado Gilberto
Freyre apresentando o projeto de
criação do Instituto Joaquim Nabuco 175

Joaquim Nabuco recifense 177

Introdução 181

Joaquim Nabuco atual......................195

Joaquim Nabuco ainda atual 197

Aspectos da formação de
Joaquim Nabuco 199

Joaquim Nabuco, pioneiro
do trabalhismo no Brasil...................203

Carolina Nabuco no Recife 221

Massangana......................................225

Joaquim Nabuco e o 13 de Maio 229

A propósito de Joaquim Nabuco:
do neto e do avô I..............................231

A propósito de Joaquim Nabuco:
do neto e do avô II 235

A propósito de Joaquim Nabuco:
do avô e do neto III 237

Em torno da importância dos
retratos para os estudos biográficos:
o caso de Joaquim Nabuco 239

Dois Nabucos...................................259

Joaquim Nabuco presente em
seus retratos.....................................263

Discursos parlamentares de
Joaquim Nabuco 283

Quem foi Joaquim Nabuco?.............287

Patrulheirismo anti-Nabuco 289

Joaquim Nabuco, um homem
público ainda sem sucessor 291

O esquecido abolicionista..................295

Novas edições de Nabuco 299

Meus caros entusiastas de Nabuco 301

Discursos parlamentares de Nabuco ..303

Joaquim Nabuco reconsiderado.........307

Joaquim Nabuco e suas
circunstâncias 311

Ainda sobre Nabuco e suas
circunstâncias 315

Razão e emoção em Joaquim
Nabuco I 319

Razão e emoção em Joaquim
Nabuco II..323

Joaquim Nabuco e sua
pernambucanidade 325

Mais sobre Nabuco e sua
pernambucanidade 329

Regionalismo e nacionalismo
de Joaquim Nabuco...........................333

Joaquim Nabuco aos 7 anos, numa reprodução fotográfica de pintura a óleo, realizada no Engenho Massangana, em 1856, por pintor desconhecido.

Joaquim Nabuco[14]

Vejo com satisfação que já se esboçam as comemorações do 1º centenário de nascimento de um grande brasileiro que foi o Conselheiro Rui Barbosa. Ao ilustre ministro da Educação e Saúde ocorreu a feliz ideia de nomear uma comissão que deverá organizar parte do Ministério que S. Exa. dirige "condigna comemoração" daquele centenário. E a essa iniciativa não tardará, estamos todos certos, a juntar-se a desta casa, a do Senado da República, a do Parlamento Nacional, no sentido de organizar-se comemoração igualmente condigna, da parte dos representantes da Nação Brasileira, de fato tão significativo para a história não só intelectual como política e parlamentar do Brasil.

Outro centenário altamente significativo para as duas histórias se aproxima de nós, exigindo da nossa parte providências semelhantes para que as comemorações não venham a limitar-se a improvisos nem sempre felizes por mais que seja o brilho de festa oficial que os anime. Refiro-me ao centenário do igualmente grande cidadão da América e do mundo, do igualmente grande brasileiro do seu tempo e de todos os tempos, que foi Joaquim Nabuco, de eloquência parlamentar no Brasil e que foi pela inteligência, pela cultura, pelo espírito público, uma das figuras máximas do nosso País e do continente americano e até uma das personalidades mais sugestivas do Ocidente no fim do século XIX e nos começos do XX, tal a fama que alcançou com seus escritos em Francês e suas conferências em inglês, e principalmente, com a repercussão, que chegou a Londres, a Paris e a Roma, do seu esforço de abolicionista ou reformador social.

---

14 *Joaquim Nabuco*. Rio de Janeiro, José Olympio, 1948, 47p. Discurso apresentado à Mesa da Câmara dos Deputados, em 20 de maio de 1947 . Publicado também na segunda edição do livro *Quase Política* (Rio de Janeiro, José Olympio, 1966), no livro *Prefácios desgarrados* (Rio de Janeiro, Cátedra, 1978. v. 2, p. 995-1007) e na revista *Digesto Econômico* (Rio de Janeiro, set. 1947, v. 3, n.34, p. 29-40).

No Parlamento ele entrou ainda moço, no início da campanha em que sua bela cabeça haveria de embranquecer-se tão cedo e tão cedo cobrir-se de sua melhor glória: a de ter concorrido para extinguir a escravidão africana na América. Viu-se então este fato verdadeiramente espantoso: a grande voz do povo clamava para a tribuna da Câmara de homens então de casaca ou de fraque, não por um homem ostensiva e convencionalmente do povo, mas pelo mais puro fidalgo pernambucano: e o sofrimento da gente escrava era traduzido em eloquência da chamada britânica – uma eloquência nova ainda que clássica em suas raízes – não por um brasileiro de origem africana elevado à representação da nação brasileira no Parlamento nacional como foram alguns no Império e têm sido, felizmente, vários na República, mas por um Paes Barreto autêntico, por um legítimo senhor-moço de casa-grande, nascido em sobrado, também fidalgo do Recife, por um neto de morgado dos canaviais do sul de Pernambuco. Um desertor de sua casta, de sua classe, de sua raça, cujos privilégios combateu com um vigor, um desassombro, uma ousadia que, segundo o depoimento de Graça Aranha, deixou atônito o Parlamento da época. Mas, se desertou de sua casta, de sua classe e de sua raça foi para se pôr ao serviço não de outra casta, de outra classe ou de outra raça, mas daquele Brasil, daquela América, daquela humanidade sem divisões artificiais entre os homens, que seu claro espírito anteviu com a segurança e o equilíbrio sempre característico tanto do seu pensamento quanto da sua ação. Donde já se ter dito, e se pode dizer hoje com maior amplitude, que "o mais belo milagre da escravidão" no Brasil foi o de haver formado ela própria "o herói de sua própria redenção". Formou-o pelo leite de escrava que amamentou o menino branco de Massangana, pelos braços de escravos que primeiro o carregaram, pelos risos de escravos que lhe afugentaram os primeiros choques e tédios de criança, pelas mãos de escravos que lhe levaram à boca as primeiras comidas, talvez pelos beijos de escrava que primeiro lhe deram sugestões de outro amor de mulher além do de mãe, e, ainda, pelo gesto daquele escravo adolescente, fugido de outro engenho, que, uma tarde, surgiu diante de Nabuco menino, sentado no patamar da casa-grande a seus pés, suplicando ao sinhozinho que pelo amor de Deus o fizesse comprar pela madrinha, senhora de engenho.

É certo que milhares de outros escravos fizeram o mesmo com centenas de outros meninos brancos, que poderiam ter sido outros tantos redentores de africanos no Brasil; é, porém, das Escrituras que a semente precisa cair no terreno certo para frutificar plenamente. Joaquim Nabuco foi mais que qualquer outro, branco ou preto, o redentor dos cativos no Brasil, porque mais do que ninguém absorveu os pretos e dos próprios brancos livres, mas pobres e abandonados, moradores das grandes propriedades feudais do interior, toda a dor, todo o sofrimento, todo o desejo imenso, embora nem sempre claro em todos eles, de liberdade ou de redenção, até hoje ele próprio, Nabuco, transborda dessa dor, desse sofrimento e desse desejo.

Sua ação política foi esse transbordamento. E esta casa a conheceu nos seus maiores dias que foram os primeiros da sua grande luta, a princípio tremenda, com Joaquim Nabuco acusado pelos escravocratas intransigentes de "agitador", de "comunista", de "petroleiro". Acusado de viajar com dinheiro de escravos, antigos na família e cruelmente vendidos a estranhos. Acusado de ambicioso. Acusado de falso. Acusado de mal-agradecido. Acusado de efeminado. Mas principalmente de "petroleiro". Eu próprio possuo, entre outros papéis antigos, uma velha carta de senhor de engenho mais arrogante alertando um amigo contra o agitador Joaquim Nabuco. Se esse Joaquim Nabuco agitador, temido pelos conservadores e rotineiros da sua terra e do seu tempo, não chegou a ser perseguido por algum presidente de província ou chefe de polícia mais afoito, é que viveu numa época – a de Pedro II – diferente das outras. Viveu numa época em que era mais fácil, no Brasil, desaparecer um chefe de polícia, como o que na verdade desapareceu um dia de praça central do Rio de Janeiro sem que até hoje se tenha esclarecido o mistério, do que sofrer um brasileiro ilustre a mais leve agressão arbitrária da polícia ou do governo. A não ser em virtude, ou por força, da lei, como no caso dos bispos de Olinda e do Pará.

Também seria acusado Nabuco, ainda no inteiro viço da inteligência, de estar em decadência. Começara bem – dizia-se – mas decaíra depressa. Começara escrevendo versos sobre o martírio da Polônia: por que não continuara a escrever versos sobre o martírio de outros povos distantes, remotos, sem tocar nos brasileiros, sem descer aos negros, às senzalas, aos mocambos da terra? Aquele seu "radicalismo", aquele seu "quixotismo", aquela sua "falta de senso prático", sussurravam os "realistas", os oportunistas, os práticos, que era já a decadência do intelectual efêmero – decadência de que se falaria depois abertamente, quando o Brasil perdeu a questão da Guiana, embora defendidos nossos direitos magnificamente pelo advogado ilustre. Alegava-se, como prova de sua decadência, o cabelo precocemente branco. Alegação quase sempre da onça traiçoeira nem mesmo tigre ávido do sangue do próximo. Combatia desprezando o mais possível os ataques, as agressões, as injúrias. Mas nem ataques nem agressões nem injúrias o assombravam ou lhe enfraqueciam o ânimo de combate, ou lhe diminuíam a fraqueza quando era preciso chamar "assassinos" aos assassinos, "ladrões" aos ladrões, "contrabandistas" aos contrabandistas.

Numa época de políticos fascinados pelas soluções simplesmente políticas ou jurídicas, dos problemas brasileiros, viu com nitidez latina – uma nitidez que nenhum outro homem público do Brasil do seu tempo excedeu ou sequer igualou – a importância, a necessidade, a urgência, de procurarmos resolver os mesmos problemas indo às suas raízes mais profundas que são as sociais, inclusive as econômicas. Quando erguia a voz contra "a política colonial de três séculos de senzala", era sempre para a caracterizar sociologicamente como "perseguição doméstica e social de uma raça a que o Brasil deve a maioria dos seus habitantes e cujos filhos de hoje são os nossos cidadãos de amanhã". Raça de que disse também com um vigor que hoje lhe valeria a antipatia de certos arianistas nacionais e a acusação de negrófilo que estivesse lançando negros contra os brancos: "Suprimisse mentalmente essa raça e o seu trabalho e o Brasil será senão na sua maior parte um território deserto, quando muito um segundo Paraguai, guarani e jesuítico..." E mais de uma vez teve que lamentar que dos próprios homens de cor muitos se encontrassem não entre os abolicionistas, mas por um como mazoquismo (como se veio explicar depois), do lado contrário, entre os que queriam a continuação do regime de chicote e de tronco e o Brasil inteiro reduzido à vasta fazenda paternalista; mais de uma vez teve que lamentar que dos moradores dos campos, espalhados pelo interior do Brasil – "homens livres que trabalhavam em terras alheias" – poucos dessem sinal de compreender que os abolicionistas, combatendo o feudalismo dominante, lutavam também por eles – moradores livres, porém pobres, de fazendas e de engenhos feudais: "para dar-lhes uma independência honesta, algumas braças de terras que eles possam cultivar como próprias, protegidos por leis executadas por uma magistratura independente e dentro das quais tenham um reduto tão inexpugnável para a honra de suas filhas e a dignidade do seu caráter, como qualquer senhor de engenho".

É que para Nabuco o abolicionismo não era apenas a libertação dos escravos negros do jugo dos senhores brancos, ou oficialmente brancos. Era também a libertação econômica e social, de moradores aparentemente livres de domínios essencialmente feudais. Ele se antecipou à luta em que ainda nos encontramos todos, os que dentro de programas políticos antagônicos, combatendo o que continua a haver na economia brasileira – hoje nas grandes indústrias artificiais mais do que nos restos já meio frios dos grandes domínios agrários – de arcaica ou de renovadamente feudal; de exploração do homem pelo homem; de sujeição dos que trabalham aos que simplesmente jogam e dançam. Aos que jogam jogos e dançam danças que não são os do povo mas os dos exploradores do povo.

Quando Joaquim Nabuco disse num dos seus discursos de campanha abolicionista – "nenhuma reforma *política* produzirá o efeito desejado enquanto não tivermos extinguido de todo a escravidão, isto é, a escravidão e as instituições auxiliares", depois de ter salientado ser o Brasil um País ainda de senhores e de escravos, a todos os quais o trabalho repugnava como a pior das humilhações, e de ter destacado que a abolição da escravidão, no Brasil, era o primeiro passo para a organização do "trabalho nacional e por conseguinte da civilização brasileira", dirigiu-se aos nossos avós em palavras que chegam aos nossos ouvidos com o vigor, a mocidade, a frescura de uma mensagem de um homem de hoje: dos que se batem pela organização do trabalho no Brasil como condição básica do desenvolvimento não só da democracia como civilização brasileira; dos que hoje situam, acima das reformas simplesmente políticas ou mecanicamente econômicas, as larga e compreensivamente sociais, convencidos de que a escravidão se extinguiu no Brasil com a lei chamada retoricamente "áurea", influências verdadeiramente áureas fazem sobreviver entre nós as "instituições auxiliares da escravidão", a que se referia o grande pernambucano; dos que hoje ainda não veem no interior do Brasil senão num ou noutro trecho uma população de pequenos lavradores e criadores que sequer se aproximem da condição dos homens livres.

Como no tempo de Nabuco, ainda há brasileiros que parecendo livres não votam senão como servos. Constituem os feudos eleitorais das áreas estagnadas do interior. Como no tempo de Nabuco, a consciência da Nação brasileira "está ainda com muito poucos". Como nos dias de Nabuco, são hoje quase inúteis as reformas puramente políticas, inclusive as eleitorais, num Brasil ainda em grande parte dominado, nas suas áreas rurais, que são imensas, por aquela instituição auxiliar da escravidão que ele denominou "monopólio territorial".

Porque "o monopólio territorial" significava o feudo eleitoral. E o feudo eleitoral significava a vontade, o interesse, as aspirações populares atraiçoadas pela vontade, pelo interesse, pelas aspirações dos que sendo donos de terras, de fazendas, de indústrias, de fábricas, de barracões absorventes, são ainda, por meio de um terrorismo que sobrepuja, em muitos casos, o próprio terrorismo policial das célebres "volantes" ou "capturas", donos de eleitores tristemente passivos, inertes, impotentes.

Em 1884, Nabuco profecia palavras que ainda hoje se aplicam à situação do Brasil – um Brasil cujas áreas mais atrasadas são ainda tantas e tão consideráveis pelo número de votos inconscientes que a quantidade e o peso bruto desses votos reduzem a expressão dos conscientes e independentes: os das cidades mais cultas e os daquelas áreas rurais já livres do antigo "monopólio territorial". Exprimindo seu ceticismo diante dos resultados da reforma eleitoral então recente, Nabuco dizia: "... as reformas de que imediatamente necessitamos são reformas sociais que levantem o nível do nosso povo, que o forcem ao trabalho e deem em resultado o bem-estar e a independência que absolutamente não existe e de que nenhum governo ainda cogitou para a nação brasileira". E continuava: "Eis a razão pela qual abandonei no Parlamento a atitude propriamente política para tornar a atitude do reformador social. Foi porque também eu me desenganei das reformas políticas".

A verdade é que nos últimos anos de parlamentar de Nabuco, sua grande preocupação já não era sequer a abolição da escravidão mas "a democratização do solo"; não era a ocupação – mas a redenção da população nativa. "Acabar com a escravidão não basta" – disse ele num dos seus discursos memoráveis: "é preciso destruir a obra da escravidão", – no Brasil, era preciso, ao seu ver, antes de tudo, democratizar-se o solo, quebrar-se o "monopólio territorial", destruírem-se os feudos que hoje, aliás, não são principalmente os agrários mas os financeiros e industriais. "Sei", dizia ele, "que nos chamam anarquistas, demolidores, petroleiros, não sei mais, como chamam os homens de trabalho e de salário 'os que nada têm que perder'". Para tais críticos, os homens de fortuna é que deviam governar sozinhos o País por terem o que perder. Ele, Nabuco, porém, não tinha "receio de destruir a propriedade fazendo com que ela não seja um monopólio e generalizando-a porque onde há grande número de pequenos proprietários a propriedade está mais firme e solidamente fundada do que por leis injustas onde ela é o privilégio de muitos poucos".

O que lhe parecia era que, extinguindo-se a escravidão dos pretos mas continuando de pé o "monopólio territorial", artistas e operários se tornariam simples "substitutos dos escravos", e os aparentes homens livres que eram pequenos lavradores sem terra do interior continuariam só na aparência homens livres mas, na verdade, ao sabor da vontade e dos interesses dos donos dos feudos por eles habitados de favor ou por caridade, ou pelo amor de Deus. O que lhe parecia era que "o trabalho sem a instrução técnica e sem a educação moral do operário" não podia "abrir horizontes à Nação Brasileira". Insistiu sempre na necessidade de educar-se o trabalhador, certo de que sem essa educação as melhores leis a favor do operário não seriam compreendidas pela gente de trabalho, ainda tão necessitada no Brasil, dessa educação e tão à mercê dos mistificadores: dos que só falam nos direitos, sem acentuarem a responsabilidade social do trabalhador.

"Comunista, por quê?", perguntou Nabuco um dia aos que acusavam de "comunista" o projeto Dantas ou o próprio Nabuco. "Ora, se alguma coisa se assemelha ao comunismo não vos parece que é a escravidão – comunismo da pior espécie porque é comunismo em proveito de uma só classe?" Comunista, entretanto, seria ele chamado hoje, pela pior espécie de "reacionarismo", que é aquele que se disfarça em amigo da gente de trabalho para melhor conservar-se no governo, quando é governo, ou alcançar o poder, quando é oposição.

Nabuco foi amigo leal da gente de trabalho no Brasil da qual o aproximou um socialismo esclarecidamente personalista, com muitas afinidades com o trabalhismo mais avançado de hoje que é o britânico da ala Cripps. Ele que vinha de família privilegiada e poderia ter facilmente subido aos postos mais altos do Império, servindo com pés de lã, mãos de seda e voz de veludo os interesses da grande lavoura e do alto clero, do alto comércio e das novas indústrias e operários de sua querida cidade do Recife, sabendo, embora, que no Brasil do seu tempo, como uma vez salientou, "mesmo nas capitais...", "não havia recomendação igual à de candidato dessa aristocracia do comércio e da lavoura" que ele, fiel à sua consciência, às suas ideias, à sua visão de futuro brasileiro, preferia desde moço desafiar desassombradamente. Pois seu desejo, como claramente confessou, era identificar-se principalmente "com os operários que vivem do seu trabalho de cada dia".

Num dos seus discursos de abolicionista, Nabuco repetiu esta frase que ele próprio chamou revolucionária: "O que é o operário? Nada. O que virá ele a ser? Tudo". Repetiu salientando que na gente de trabalho estava "o futuro, a expansão, o crescimento do Brasil", o "germe do futuro da nossa pátria, porque o trabalho manual... dá força, vida, dignidade a um povo e a escravidão inspirou ao nosso um horror invencível por toda e qualquer espécie de trabalho em que ela algum dia empregou escravos". Não esquecia, porém, a abandonada gente média, principalmente a do interior: "os moradores livres" – aparentemente livres – do "interior". E era pensando em toda essa população brasileira desamparada e não apenas em uma classe, ou num grupo mais ostensivamente sofredor, que investia contra todas as espécies de monopólio ou de privilégio de ordem maternal. Inclusive o protecionismo: a proteção ao que dominava "indústria de falsificação". A respeito do que exclamou num dos seus melhores discursos do Recife durante a campanha abolicionista em 84: "Essa espécie de proteção é o roubo do pobre e num País agrícola é um contrassenso. Não, senhores, não será elevando o preço de todos os produtos, tornando a vida mais cara, obrigando a população a pagar impostos exagerados, que eu me hei de prestar a proteger as artes". Ao seu ver o rumo a ser tomado pela organização da economia devia ser outro: "...aberta a terra ao pequeno cultivador, começando-se a destruir o estigma sobre o trabalhador, o progresso das artes acompanhará a transformação do País"... "Se eu entrar para a Câmara tratarei de mostrar que os sacrifícios que temos feito para formar bacharéis e doutores devem agora cessar um pouco enquanto formamos artistas de todos os ofícios".

Em 1884, não hesitava Nabuco, candidato à Câmara, em prometer à gente de trabalho do nosso País nada menos do que justiça e proteção social – aquela justiça ou proteção consagrada pela Constituição de 46: "leis sociais que modifiquem as condições de trabalho como ele se manifesta sob a escravidão..." Para o que estimulava os trabalhadores do Brasil a se associarem: "... ligados um ao outro pelo espírito de classe e pelo orgulho de serdes os homens de trabalho, num País onde o trabalho ainda é mal visto... sereis mais fortes do que classes numerosas que não tiveram o mesmo sentimento da sua dignidade". E ainda: "Fora da associação não tendes que ter esperança". Terminava Nabuco o seu discurso trabalhista – trabalhista sem aspas que o particularizassem, trabalhista no sentido em que somos hoje trabalhistas, homens de partidos diversos e até sem partido nenhum – definido o voto dos que sufragassem o seu nome para deputado por Pernambuco como "ao mesmo tempo uma petição e uma ordem ao Parlamento convocado para que liberte, levante e proteja o trabalho em toda a extensão do País, sem diferenças de raças nem de ofícios". Palavras de pioneiro que precisam de ser definitivamente situadas na história do trabalho no Brasil como a antecipação mais clara do movimento em que hoje se empenham, no nosso País, parlamentares, intelectuais, líderes operários e líderes cristãos no sentido de um trabalhismo ou de um socialismo de sentido ético e não apenas econômico; de alcance social e cultural e não apenas político. Estranhei uma vez que os políticos brasileiros do tempo de Nabuco tivessem sido alheios à questão social do Brasil; que nenhum dos grandes lhe tivesse continuado o esforço magnífico, depois que a fundação da República lhe cortou de repente a carreira política de homem extremamente escrupuloso em seus melindres de lealdade e em sua noção de fidelidade a princípios. Responderam-me apologistas desses outros homens públicos que, na realidade, não havia questão social no Brasil daqueles dias. Eu, porém, cada dia mais me convenço de que vendo no Brasil do seu tempo de madrugar a questão social em seus aspectos mais moderados, enxergando questões sociais, além da dos escravos, sentindo a necessidade de proteção social ao trabalho e aos trabalhadores e, principalmente, à gente média do interior, estimulando as associações operárias – Nabuco não se assombrava nem se distraía com fantasias: enxergava com olhar claro e certo a realidade. E tivesse essa realidade desde então sido considerada por outros parlamentares e homens de Estado brasileiros, pelos intelectuais e pelo clero, o Brasil seria hoje uma sociedade mais cristãmente organizada;

e livre das sobrevivências ou revivescências feudais que lhe comprometem a saúde moral tanto quanto a econômica e o tornam, sob vários aspectos, o paraíso daqueles sociólogos quase sinistros que se especializam em assuntos de patologia social e daqueles demagogos quase satânicos que são como certos curandeiros e até médicos mais simplistas: gente que se delicia em curar ou fingir curar doenças terríveis, mas não se preocupa com os doentes. Os doentes que morram.

A Nabuco o que sempre preocupou mais profundamente no Brasil do seu tempo foi o próprio Brasil doente; e não apenas a doença mais alarmante que marcava a face do Brasil daqueles dias e que era a escravidão. Fechada essa ferida enorme, ele sabia que o doente não estaria curado. Sabia que era preciso tratá-lo nas suas fontes corrompidas de vida e não apenas nas suas feridas mais terrivelmente abertas, por mais alarmantes. Daí aquele seu agrarismo, aquele seu socialismo, aquele seu trabalhismo – todos mais construtivos, mais tonificantes e mais profiláticos que cirúrgicos; aquela sua preocupação de dar forças, dar energia, dar resistência ao Brasil, animando-lhe as verdadeiras fontes de vida, fortalecendo-o contra os abusos dos poderosos e dos exploradores, dos aventureiros e dos demagogos. Tão longe andou sempre dos donos do poder que numa época em que se nomeavam para as presidências de província rapazes mal-saídos das academias, ele chegou à idade madura sem ter presidido qualquer província. Nunca adulou. Nunca cortejou. Nunca se ofereceu aos poderosos.

Em discurso na Academia Brasileira de Letras disse Nabuco que "a política, ou tornando-a em sua forma mais pura, o espírito público, é inseparável de todas as grandes obras". E sua vida inteira foi a de um homem de espírito público empenhado em grandes obras ou grandes ações – o abolicionismo, o federalismo, o americanismo, o anticaudilhismo, o antimilitarismo – parecendo certo que também o chamado Estado forte teria repugnado à sua sensibilidade política. A vida de um homem de bem que não temeu nunca o nome ou o rótulo de político nem fugiu aos devedores de oposicionista ou de críticos dos governos.

Seguiu o exemplo do pai: outro homem de bem que foi também político e homem de partido, sem nunca ter sido cortesão. Contribuiu Joaquim Nabuco para fazer a própria família o que já eram, então, os Andradas: uma família de homens públicos a serviço do Brasil e da América. Ou pelo menos, uma família de homens particulares animados de espírito público.

Pois nem todos temos a vocação para vida pública, para a atividade ou para a especialização política com que parecem nascer quase todos os Andradas. Muitos somos homens particulares que só o excepcional das circunstâncias arrasta à ação política. Mas é preciso que existam homens assim: homens particulares animados de espírito público. Pelo menos para servirem de compensação aos homens públicos com espírito particular.

Em Nabuco a vocação para a vida pública uniu-se ao espírito público que desde cedo o animou. Teria sido talvez o mais completo dos homens públicos do Brasil do seu tempo se a proclamação da República, surpreendendo-o aos quarentas anos, não tivesse partido ao meio sua carreira de político, separando de algum modo do Nabuco da Abolição e da Câmara, o Nabuco do Pan-Americanismo e do Itamaraty; e fazendo de um só homem quase dois, cada qual incompleto em suas realizações e em suas aspirações.

Conta Mark Twain que aos quarenta anos se encontrara um dia com seu companheiro de geração John Hay; e que John Hay lhe dissera: "devemos tratar de escrever nossas memórias". Como se a vida para um homem público acabasse aos quarenta. Quando a verdade, reparou Mark Twain tempos depois daquele encontro, é que tanto ele na literatura como John Hay na política, só depois dos quarenta realizaram suas obras principais. Só que depois daquele encontro, nenhum dos dois poderia ter escrito aos quarenta anos a autobiografia sem furtar escandalosamente a si próprio.

Foi o que Joaquim Nabuco se sentiu obrigado a fazer aos quarenta anos: a escrever antes do tempo as memórias, a autobiografia, o testamento de homem público consagrado ao serviço do Brasil.

Surgindo de repente, a República deu-lhe de repente o título de velho, de homem do passado, de *ancien régime*. Não soube aderir ao regime triunfante. Não quis ser um daqueles monarquistas já curvados ao serviço do Império e ao peso dos crachás e dos títulos que da noite para o dia se tornaram estadistas da República. E fez o esforço, para ele tremendo, de sepultar-se aos quarenta anos na paz, no silêncio, na inação da vida particular e do estudo. Para um homem integralmente público como o autor de *Minha Formação*, um suplício, um martírio, quase uma sentença de morte por ele tristonhamente cumprida aos poucos. Cumpriu-a com aquela serena bravura que parece ter aprendido principalmente com os ingleses, seu mestres de *self-help* e de *self-control*.

Quando apareceu na vida pública, ao serviço do Brasil, no estrangeiro – um serviço acima de partidos e até de regimes – era quase outro Nabuco. Fez muito esse novo Nabuco, não só pelo Brasil como pela América – esta América de que ele, tanto quanto Rio Branco e Oliveira Lima, não concebia o Brasil isolado nem separado, ainda hoje chegando até nós sua palavra de americanista esclarecido, entusiasta da amizade cada dia maior do Brasil com os Estados Unidos e com as demais repúblicas democráticas do continente. Mas muito deixara de fazer pelo Brasil nos dias dedicados a uma autobiografia prematura. Vira-se então obrigado a viver parasitariamente da contemplação do próprio passado, quando seu entusiasmo, seus impulsos, seus pendores ainda eram todos no sentido da luta viril e da ação criadora. Da ação de federalista que continuasse a de abolicionista. Da ação de socialista que continuasse a de pioneiro do trabalhismo no nosso País. Da ação de renovador de tradições da Monarquia que tornasse inútil ou supérflua a República dos positivas e dos estadualistas. Mas não lhe foi possível transigir com os vencedores. Dos ingleses – que tanto lhe devem ter ensinado da ciência ou da arte da contemporização – não apreendera o bastante para deixar de repente a Monarquia pela República.

Os brasileiros de hoje, os moços, os adolescentes, os que vão amanhecendo para a vida pública, é este o Nabuco que precisam conhecer de perto: o político que foi também homem de bem.

O político que não separou nunca a ação da ética. Como o socialismo de Morris na Inglaterra e o de Antero de Quental, em Portugal, o seu era do que principalmente se animava: de sentido ético. E essa é uma das grandes sugestões que nos chegam de sua vida no momento em que, no Brasil, se comprometem a causa da valorização social, não só do às vezes supraglorificado trabalhador de marcação como do pequeno lavrador, do pequeno criador, do pequeno funcionário público, da numerosa gente média, como nenhuma pauperizada nas cidades e nos campos e como nenhuma degradada – pois vem descendo de nível e não apenas conservando-se parada ou estagnada; no momento em que, no Brasil, se compromete a causa da valorização do homem sob os excessos do que se denomina "realismo político".

Para este falso realismo não resvalou nunca Joaquim Nabuco. Se defendeu os direitos da gente de trabalho contra os abusos da feudal, foi por acreditar no sentido moral e não apenas no social dessas reivindicações. Não por se sentir apenas espectador, ou auxiliar quase passivo, de um jogo cego e mecânico entre homens, do qual se soubesse desde o princípio o resultado exato, mas para o qual, mesmo assim, espectadores e auxiliares devessem contribuir com artes e manobras das chamadas "realistas", com traições, deslealdades, velhacarias, alianças vergonhosas, que apenas apressassem a vitória fatal, determinada por "leis" intituladas de científicas, de um grupo sobre outro.

Nem vejam os brasileiros moços de hoje, no Nabuco de quem o tempo vai nos afastando, apenas o homem excessivamente vaidoso que seria quase outro narciso; o elegante perfumado a sabonete inglês de quem, como do seu conterrâneo, Dom Vital, Bispo de Olinda (do qual os maliciosos diziam aromatizar com brilhantina as barbas de capuchinho), demagogos, menos escrupulosos em assuntos de higiene pessoal, quiseram às vezes afastar as multidões confiantes, dizendo: "este homem não é do povo, mas dos palácios". Ou "este homem não é da rua, mas dos salões". Nabuco, porém, se não confraternizou com povo de sua terra da mesma maneira pitoresca e boêmia, franciscana e simples que José Mariano, o qual, no Recife de 1880, comia sarapatel e bebericava "vinho ordinário", pelos quiosques, como qualquer tipógrafo ou revisor de jornal, nunca viveu, como político, longe do povo mais sofredor. Conheceu-o de perto. Amou-o na realidade e não como figura de retórica. Trabalhou por ele. Teve como nenhum político brasileiro do seu tempo a visão exata das necessidades e o sentido justo das possibilidades de gente portanto tempo abandonada.

O Brasil que tem entre os homens públicos, os políticos, os parlamentares do seu passado, um homem, um político, um parlamentar da grandeza e da atualidade de Joaquim Nabuco, não deve nunca deixar que essa grandeza seja esquecida ou que essa atualidade seja ignorada. Principalmente numa época, como esta que atravessamos, marcada pela desconfiança ou pela suspeita de que todo político brasileiro seja ou tenha sido um politiqueiro e todo homem público, um mistificador; e de que a política, os parlamentos, os congressos sejam inutilidades dispendiosas, senão palhaçadas ou mascaradas prejudiciais ao povo ingênuo, necessitando apenas de governo paternalescamente forte. Nabuco é uma das maiores negações dessa lenda negra com que se pretende desprestigiar, entre nós, a vida pública, a figura do político, a ação dos parlamentos.

Este o homem atualíssimo, de palavra e de ideias tão moças que difícilmente o imaginamos nascido a quase cem anos na capital de Pernambuco. O que aumenta a responsabilidade de os que hoje representam a Nação Brasileira na Câmara – a Câmara das grandes lutas e das grandes vitórias de Joaquim Nabuco – no sentido de concorrermos para que o centenário do seu nascimento, em vez de pretexto ou motivo de simples atos de liturgia parlamentar ou oficial, seja a ocasião de comemorações a que desde já se procurem associar largamente o povo, a mocidade, o estudante, o operário, o trabalhador, a gente media do interior, por ele sempre lembrados. Pois em Joaquim Nabuco precisamos de ver – e não apenas de ver, mas de cultuar – um pioneiro daquele socialismo ou trabalhismo de sentido ético, para o qual devemos caminhar cada vez mais resolutamente no Brasil, acima de seitas e de facções, de doutrinas fechadas e de sistemas rígidos.

Por isso mesmo é que desejaria ver desde já e se preparando com esmero de seleção e de anotação, pelo Ministério da Educação e Saúde, dirigido hoje por tão ilustre homem público, uma edição popular, verdadeiramente popular, não à toa e desleixada como em geral as edições populares entre nós, dos discursos proferidos por Joaquim Nabuco nos seus grandes dias de reformador social. Edição que fosse uma das comemorações mais úteis do 1º centenário do nascimento do grande brasileiro. Edição que destacasse da personalidade múltipla de Nabuco por seu aspecto mais sugestivo e talvez mais esquecido: o de reformador social, o de pioneiro, o de precursor do socialismo ou do trabalhismo no Brasil, aspecto aos olho de muitos obscurecido pela figura mais imponente do diplomata, do primeiro Embaixador do Brasil em Washington, do homem do mundo.

Outra sugestão: a de que o mesmo Ministério institua um prêmio, no mínimo de cinquenta mil cruzeiros, destinado ao ensaio sobre a personalidade ou a ação de Joaquim Nabuco, que venha a ser considerado o melhor por comissão designada pelo ministro da Educação e Saúde.

Deixo com o ministro da Educação e Saúde essas simples sugestões, deixo-as com um homem público particularmente sensível à importância, para um povo ainda em formação como o brasileiro, de comemorações de centenários como o de Rui Barbosa e o de Joaquim Nabuco. São comemorações para as quais desde já devemos todos ir correndo com sugestões para que se organizem com o Máximo de participação brasileira; para que participe delas o Brasil inteiro e não apenas o Brasil oficial, acadêmico ou literário.

O critério de Nabuco[15]

Há quem se mostre todo melindrado com os reparos um tanto severos que, em entrevista a um jornal do Rio, fez o ex-interventor federal em Pernambuco, o general Dermeval Peixoto, a irregularidades ou incorreções que se verificaram no Recife, durante a recente apuração eleitoral. Irregularidades ou incorreções que tiveram em Pernambuco a maior repercussão.

Agora, porém, gente que nunca se lembrou de defender a justiça de Pernambuco nos dias em que ela foi mais grosseiramente insultada por um regulete da marca do Sr. Agamemmon Magalhães e na pessoa de juízes da altura moral de um Irineu Joffily surge cheia de melindres com as palavras do general Peixoto.

A verdade é que sem de modo nenhum atingirem o Tribunal no seu conjunto algumas, pelo menos, daquelas incorreções marcam com facciosos alguns dos membros do mesmo Tribunal. Essa é a verdade: e tão evidente que ninguém a ignora no Recife, cuja população mais esclarecida acompanhou de olhos abertos a já hoje celebre apuração presidida pelo desembargador Paes: tão celebre que transbordou para o anedotário e para a caricatura.

De modo que é inútil procurar-se agora negar realidade tão evidente com retórica tão precária. Mesmo porque, que direito ou que autoridade anima hoje qualquer desses "defensores da Justiça" para atitude de tamanha suscetibilidade, de tamanho escrúpulo, de tão delicados melindres, na suposta defesa de uma Justiça que deixaram até ontem sofrer os maiores ultrajes sem se lembrarem de que eram pernambucanos livres e não apenas comandados do Sr. Agammenon Magalhães e colaboradores incondicionais do ditador Vargas?

Quanto ao fato de criticar algumas incorreções praticadas ou permitidas por juízes eleitorais não parece constituir pecado

---

15 O Critério de Nabuco. *Diário Carioca*. Rio de Janeiro, 30 mar. 1947. Publicado também no *Jornal do Commercio* (Recife, 2 abr. 1947).

numa democracia. E se é pecado, cometeu-o com a lucidez de sempre, dando-nos há mais de sessenta anos o mau exemplo, o maior dos pernambucanos de todos os tempos: Joaquim Nabuco.

Em discurso proferido em 1884, criticou duramente Nabuco a própria reforma eleitoral, então recente. Elevando o censo, ela convertera o Parlamento numa espécie de "Congresso Agrícola", pelo excessivo número de indivíduos eleitos com os votos do interior menos esclarecido: "pois por alguns votos dados às cidades que representam a inteligência e a intuição nacional, cem foram dados em penhor à escravidão, entregues ao monopólio territorial". E acrescentava, referindo-se ao interior do Brasil daquele tempo, que ali "a lei não era respeitada nem cumprida", nem havia justiça, vivendo a população aparentemente livre "na mais absoluta dependência daqueles que só lhe permitem viver sem o mais leve traço de dignidade e independência pessoal nos feudos que possuem".

Parecia a Nabuco que "pela reforma eleitoral quis-se afastar da política a magistratura e ela tornou-se mais política do que nunca. E de mais ainda acusava Nabuco a "justiça eleitoral" do seu tempo: acusava-a da tentativa de "fazer retroceder o curso da democracia entre nós e proclamar a política de desconfiança contra o povo..."

Ora, a orientação sistematicamente seguida por aqueles juízes do Tribunal Eleitoral de Pernambuco cujas simpatias pelo agamemnonismo são conhecidas e até notórias, foi justamente a criticada com inteira razão e inteiro bom senso por Joaquim Nabuco; num Pernambuco ainda infelizmente tão atrasado em largos trechos do interior quanto nos dias do grande abolicionista, o rigos da apuração dos votos da cidade do Recife – que mais do que qualquer outra representa "a inteligência e a intuição" pernambucanas – contrastou com a facilidade na apuração dos votos dos feudos eleitorais sertanejos. Quando não há quem ignore o pouco que representa mil votos de quaisquer desses feudos, ao lado de cem ou cinquenta de Recife ou de Triunfo, de Olinda ou de Garanhuns, da Escada ou de Gravatá. Mas não: aqueles juízes sistemáticos fecharam quase sempre os olhos às irregularidades arguidas contra os votos dos feudos sertanejos para defrontá-los contra qualquer pequeno descuido de ritual eleitoral que pudesse dar

Em torno de Joaquim Nabuco

pretexto a estrangular-se uma urna da capital, cheia de votos sadios conscenciosos e independentes.

O que Nabuco enxergava, com seu claro espírito político, era a necessidade de atribuir-se, no Brasil do seu tempo – do qual o nosso difere pouco – ao voto das cidades, uma importância que não podia ter o voto daquelas áreas do interior então, como a certo ponto ainda hoje, prejudicada em sua independência eleitoral pela sujeição econômica das populações aos proprietários de terras e de homens. Chegou ele a dizer: "...penso que a deputação das cidades deve ser aumentada em tais proporções que a parte esclarecida do país predominada pelo monopólio escravista, de instrução, de propriedade, de independência".

Não que ele favorecesse qualquer espécie de centralismo ou metropolitismo. Ao contrário: a federação era um dos pontos básicos de seu programa de reorganização política do Brasil. E desejava, sem dúvida, o avigoramento da vida municipal em toda parte.

Mas o que Nabuco temia – sem temor imediato de homem objetivo – era o que venho chamando o feudo eleitoral. Os feudos eleitorais do interior que, pelo peso bruto dos seus votos apurados sempre e de qualquer modo anulam, esmagam, reduzem ao mínimo a expressão da vontade verdadeiramente popular: aquela que se manisfesta principalmente nas cidades mais cultas, por serem, em geral, as populações mais livres.

De modo que hoje, Nabuco não compreenderia que em sua própria terra, juízes eleitorais se entregassem sistematicamente a esse meio espantoso de apuração da vontade pernambucana: aceitar, sem mais aquela, como válidos, quase todos os votos vindos dos feudos eleitorais dos sertões ou do interior; catar pulgas de deslizes ou descuidos do ritual eleitoral nas votações das cidades principalmente na votação do Recife.

O velho Recife de Nabuco, o Recife de José Mariano, o Recife insubmisso e irredutível dos revolucionários de 17 está mais uma vez pagando o preço de sua indenpendência e de sua bravura. Porque de todas as cidades do Brasil, talvez seja o Recife a mais odiada pelos tiranetes de toda a espécie e pelos amigos, devotos e compadres desses tiranetes.

Joaquim Nabuco aos 15 anos, em 1864.

Secretas da polícia gramatical[16]

Mostraram-me outro dia as zangadas notas de um hoje desconhecido mestre de gramática contra o "português errado" de Joaquim Nabuco, a quem a caturra elogiava como "abolicionista emérito" e "consumado diplomata". Lamentava, porém, que faltasse ao grande escritor "o senso estético da gloriosa língua de Camões e Bernardes".

Que lhe apontasse imperfeições de gramática, compreende-se: é das atribuições ou do ofício dos mestres de gramática. Assim se mantém seu prestígio aos olhos dos meninos ou dos adolescentes que têm a obrigação de ouvir-lhe as úteis, ainda que secarronas, lições. Mas afoitar-se a gritar para o alto de um Nabuco, que o gigante de *Minha Formação* precisava de aprender com ele ou com anãozinho igual a ele, a "cultivar a beleza da língua", a escrevê-la "com senso estético", a juntar ao "vigor da palavra" o "primor da frase de artista", é que é verdadeiramente assombroso. Assombroso que simples mestres de gramática tenham pretendido fazer um Nabuco andar pelo trilho que para eles era o da "arte de escrever bem". Que se desafrancesasse, diziam-lhe. Que passasse a imitar Bernardes. Bernardes enquanto frade ou desembargador é considerado, entre os mestrezinhos, exemplo de estilista de prol. Como se português "belo", "estético", "artístico" fosse o desses frades e desembargadores que chegaram a ser, quando muito, mestres da arte de bordar ou fazer renda com palavras: nunca da forte e às vezes feia (para os olhos dos melindrosos) arte de escrever português.

Português ou francês ou inglês. Que em todas essas línguas e não apenas na nossa existe a querela entre gramáticos e os escritores. Pelo gosto dos gramáticos a língua não se movia. Com seus "erros", seu "mau gosto", suas "imperfeições", são os escritores que abrem novos caminhos à expressão do homem e à revelação da vida.

---

16 Secretas da Polícia Gramatical. *O Cruzeiro*, Rio de Janeiro, 29 jan. 1949. Coluna "Pessoas, coisas e animais".

Proust, por exemplo. Mais do que Nabuco para nossos gramáticos menores, Eça para os de Portugal, Carlyle para os ingleses (que não se conformaram nunca com seus erros de pontuação e suas inovações de construção de frase), Proust tornou-se para os puristas da língua francesa uma espécie de demônio ou de Anticristo. Não sabia escrever. Escrever como ele escrevia era degradar a arte francesa de escrever claro e gracioso. Onde estavam as graças de estilo de escritor tão descuidado, de frase tão desarrumada, de escrita tão cheia de repetições?

Afinal a zanga dos gramáticos contra Proust perdeu seu furor de guerra a Anticristo. E vê-se hoje que eles é que foram os Anticristos; e Proust, novo Cristo da expressão francesa ou da expressão humana.

Como Eça em Portugal. Como Nabuco no Brasil.

Os gramáticos desaparecem depressa e os renovadores das línguas tornam-se vida. É que seus supostos erros são mais fortes que as regras de gramática.

Assim tem acontecido sempre sem que os gramáticos se convençam de que seu direito de críticas aos escritores não é tanto que lhes dê honras de representantes do Bom Gosto ou do Senso Estético junto a gente tão mais alta do que eles. Suas funções são mais modestas. São apenas secretas, espiões ou investigadores da Polícia Gramatical.

Fotografias de Nabuco e Rui[17]

No ano dos centenários de Nabuco e de Rui é natural que os jornais e revistas publiquem velhas fotografias recordando fases diversas e avisando aspectos esquecidos das duas extraordinárias carreiras de autênticos grandes homens. E às vezes uma simples fotografia vale um livro ou um ensaio inteiro, tanto é o que revela de um grande homem surpreendido por um fotógrafo.

De Rui Barbosa há fotografias que são flagrantes do homem nem sempre de toga nem de sobrecasaca que ele foi. Creio, por exemplo, que sua melhor fotografia é aquela em que o imortal baiano se deixou retratar numa canoa rústica, descendo um rio da Bahia, no meio de uma de suas campanhas políticas. Parece um missionário protestante em viagem de catequese pelo interior da África ou mesmo do Brasil. Essa fotografia aparece no excelente livro do Sr. João Mangabeira sobre o Rui político.

Quanto a Nabuco, não foi tão duro inimigo dos fotógrafos que os evitasse sempre. O belo Nabuco não passou pelo mundo sem se deixar encantar pelas glórias do mundo. Sem se deixar tocar pela admiração que sua bonita figura despertava, era ele, de modo magnífico, homem dos que hoje são chamados de fotogênicos. Aonde chegava como representante do Brasil, fazia crer às populações, sempre simplistas nos seus primeiros julgamentos, que o Brasil era um País de belos gigantes. Ao contrário de Rui que foi, desde moço, feio e franzino. Ao contrário, também, de Santos Dumont – também pequenote e feio.

Ao segundo Rio Branco – outro belo gigante que a gordura acabou prejudicando como representante do Brasil, embora menos que a Oliveira Lima – não deve ter escapado a superioridade,

---

17 Fotografias de Nabuco e Rui. *O Cruzeiro*, Rio de Janeiro, 13 ago. 1949.

neste particular, de Joaquim Nabuco, sobre os homens públicos brasileiros da época. E como não faltava ao Barão o sentido exato do valor da publicidade em torno dos homens a serviço da Nação, deve ter se empenhado na divulgação, no estrangeiro, de retratos de Nabuco.

Por sua vez, não era Nabuco homem que dificultasse, por falsa modéstia, o contato do público com sua pessoa, esquivando-se dos fotógrafos. Talvez tenha sido Santos Dumont, o Barão e Rui, um dos brasileiros mais fotografados do seu tempo.

Não posso revelar o nome de quem me contou a história que agora vou recordar. Recordo-a, porém, certo de não se tratar de nenhuma fantasia, tão respeitável é a procedência da informação. A história é simplesmente esta. Um contemporâneo de Joaquim Nabuco viu-o uma vez, no Rio de Janeiro, de volta do estrangeiro – onde se demorara alguns anos – começar a desde solenemente de elegante navio. Vinha a meio da escada, quando dentre as pessoas amigas que foram abraçá-lo, destacou-se um fotógrafo, numa época ainda de raros fotógrafos no Rio de Janeiro. Nabuco teria feito parar, com um gesto carinhoso, as pessoas amigas, tão ansiosas por abraçá-lo quanto ele para se aproximar afetuosamente delas. Que esperassem um pouco – parecia dizer o gesto senhoril mas amável – a curta operação fotográfica.

Sinal de que o grande estadista não desdenhava inteiramente a publicidade. A nobreza – no caso a de homem público a serviço da Nação – obrigava-o a proceder assim com os fotógrafos. A proceder assim com os jornalistas: representantes do público junto aos grandes homens e não apenas bisbilhoteiros que o grande homem deva sempre evitar.

Joaquim Nabuco, homem independente[18]

De Joaquim Nabuco ninguém suponha que tenha sido sempre o homem suave que o Brasil viu pela última vez em 1906, tão distante das agitações brasileiras do momento como se já fosse um contemporâneo da posteridade. Nos seus dias de abolicionista, de federalista, de monarquista, ele fora também homem áspero. Homem de palavras duras, de gestos incisivos de lutador. De atitudes de quem não temia nem a intolerância dos grandes poderosos do dia nem a fúria das multidões voltadas contra os oradores: que nem sempre dizem o que eles querem voluptuosamente ouvir.

Joaquim Nabuco nem sempre disse o que seria agradável aos ouvidos das multidões. No próprio Teatro Santa Isabel chegou a ser vaiado.

Nem sempre disse o que seria agradável aos ouvidos da maioria do Parlamento. Mais de um discurso seu foi repelido pelo Bom Senso, ou pela Ortodoxia parlamentar da época, como heresia política.

Nem sempre disse o que seria agradável aos ouvidos da Majestade. Nem aos ouvidos de Suas Exas. Revmas. os Senhores Bispos. Nem os ouvidos dos Senhores Barões e dos Senhores Viscondes, donos de terras, donos de homens e donos de mulheres.

O homem do mundo que ficou célebre pela voz macia de filho de baiano com que falava com as mulheres nas cortes mais elegantes da Europa, pelos gestos suaves com que encantava as baronesas e as viscondessas decotadas e cheias de joias, nos salões da cortes de Pedro II, pela correção litúrgica com que sabia curvar-se, dentro da sua casaca inglesa, diante de um papa todo de branco ou de um príncipe de Igreja coberto de púrpura, esse homem litúrgico, esse filho de baiano e de pernambucana, foi, na campanha

---

18 Joaquim Nabuco, homem independente. *Letras e artes*, Rio de Janeiro, v.3, n. 134, 14 ago. 1949.

da Abolição, o mais desassombrado e, às vezes, o mais agreste dos Joões Batistas, ousando dizer a palavra dura mas precisa, áspera mas necessária, a homens poderosos, a viscondes, a barões, a grandes do Império, ao próprio Imperador, a bispos, a padres que por algum tempo o acusaram de inimigo da Igreja, quando eles é que comprometiam a Igreja de Cristo, fazendo-a serva não dos cativos mais necessitados de amparo cristão, porém dos donos mais ricos de terras e de homens, dos mais opulentos senhores de altares e de cemitérios privados.

Chamaram-lhe "petroleiro". E verdade é que ele foi uma figura inquietante de renovador. O adolescente que, no colégio, não sabia decorar lições e incomodava os mestres rotineiros com seus modos pessoais e novos de responder aos pedagogos, teria forçosamente que incomodar os ainda mais rotineiros políticos e estadistas do Brasil do seu tempo, tantos deles meninões barbados a recitarem lições aprendidas de cor com juristas e tratadistas já gastos, alheios a fatos novos, estranhos ao próprio Brasil, sem olhos para enxergarem o já próximo século XX.

O estudante de Direito que na Academia do Recife quase não encontrara nos mestres, também rotineiros e secos, senão "poços estagnados", teria forçosamente que escandalizá-los e até alarmá-los com sua visão nova das relações entre os homens e dos direitos dos homens de trabalho. Escandalizou-os. Alarmou-os mais do que regionalmente brasileiros feito Tobias Barreto, sempre alheio a problemas como o da escravidão.

Era natural que a rotina gritasse contra Nabuco: "Petroleiro! Anarquista! Comunista!" A verdade é que Joaquim Nabuco não pertenceu rigorosamente, na vida pública, a *ismo* nenhum. Foi, porém, a seu modo – isto é, sem decorar passivamente, com mestres estrangeiros, lições para recitá-las nos dias de festa – um dos maiores revolucionários que passaram pela política brasileira. Um grande independente na sua maneira de ser homem público.

Amores de Nabuco[19]

Não sei se num jornal como este – de belas letras – deva ser agitado o problema de interpretação psicológica e, até certo ponto, psicanalítica, de uma personalidade do feitio de Joaquim Nabuco: personalidade de que o homem de letras foi aspecto significativo mas o homem das letras fortes mais do que o das belas. Pois castiço ou purista ou arte-pela-arte nunca foi Nabuco. Seu sentido de atividade intelectual foi sempre o amplo que não cria distâncias fatais entre o intelectual e a vida pública.

Já é tempo de algum estudioso mais arguto e sutil de tão complexa personalidade voltar-se para a interpretação daqueles aspectos remotos de sua formação capazes de esclarecer tendências de sua ideologia e de sua ação. A um psicanalista talvez interesse o fato de que a Monarquia idealizada por Nabuco foi antes a representada pela figura da Princesa Isabel – uma imagem de mulher com possíveis reminiscências de imagem materna ou de figura da madrinha – que a encarnada no vulto seco e didaticamente paternal do Imperador. Outros aspectos das experiências intimamente pessoais de Joaquim Nabuco talvez se relacionem com atitudes ou tendências do homem público sempre masculamente protetor de alguma difícil causa romântica, quase mulher. A figura da Mulher Escrava. A Princesa Isabel. A Polônia martirizada. A Rainha Vitória já velha e matriarcal. A Igreja. A Mãe necessitada do filho, ao mesmo tempo que o filho necessitado da mãe.

Sabe-se que Nabuco, ao contrário de alguns dos mais notáveis homens públicos brasileiros do seu tempo, não foi homem de amores fáceis com atrizes. Nem de ligações ostensivas

---

19 Amores de Nabuco. *Jornal do Commercio*. Recife, 17 ago. 1949. Publicado também no Jornal de Letras (Rio de Janeiro, ago. 1949) e na *Revista do Clube* Internacional do Recife (Recife, maio/jun. 1950, v. 4, n.28, p. 11).

e longas com iaiás ou sinhás nem sempre de feitio matriarcal. Seus amores parecem ter sido principalmente platônicos como seu entusiasmo pela bonita senhora inglesa residente no Recife de que uma vez me falou, com pormenores expressivos, Estácio Coimbra. Entusiasmo ainda de mocidade, até que ponto teria influído na admiração de Quincas, o Belo, para Inglaterra?

Dizem-me que houve outro amor de Nabuco ainda moço por estrangeira: por uma mulher francesa. Até que ponto esse amor de mocidade terá concorrido para abrir a Nabuco zonas de sensibilidade que de outro modo talvez tivessem permanecido ignoradas por ele?

Talvez o mesmo se deva perguntar do *flirt* com mulher portuguesa que Quincas, o Belo, no viço de sua beleza, teria tido numa de sua viagens, ainda no tempo de solteiro, do Brasil, à Europa. Quem nos referiu o fato uma tarde, em Lisboa – no ano distante de 1931 a mim e a Sebastião do Rêgo Barros – foi a própria portuguesa, já velhinha, mas ainda emocionada pela aventura transatlântica com homem tão magnificamente belo.

Amor platônico foi o de Joaquim Nabuco pela encantadora iaiá fluminense, filha de senhor de escravos de Vassouras, e com quem o abolicionista pernambucano se correspondeu longamente. Já ouvi do ilustre jurista Raul Fernandes a narrativa dramática da queima, em Paris, dessas cartas de amor, cuja leitura não permitiria conhecer melhor do que conhecemos o autor de *Minha Formação*. O advogado escrupulosamente cumpriu o pedido da fidalga de Vassouras que deixara sobre o maço de cartas a nota incisiva: "Para ser queimado".

Platônica foi a admiração por Nabuco – já velho e há anos casado com outra fidalga fluminense bem mais moça do que ele – de sua secretária norte-americana na Embaixada do Brasil, em Washington. Mas o mesmo talvez não se possa dizer das *girls* de Nova Iorque com as quais, em carta a amigo, refere ter sido *good times* nas sua primeira permanência nos Estados Unidos. Era então jovem e com sua bela figura de latino ao mesmo tempo viril e maneiroso deve ter encantado mais de uma loura fatigada de louros nem sempre maneirosos.

A despeito dessa sua beleza, rara de homem, de latino, de brasileiro, Joaquim Nabuco parece ter atravessado a vida sem fase que se possa denominar de donjuanismo. O donjuanismo, entretanto, teria atraído sua atenção para a figura de pernambucano elegante e cosmopolita – embora intelectualmente medíocre – que foi Maciel Monteiro, cuja biografia desejou escrever.

Tendo casado aos quarenta anos com fluminense de família antiga e ilustre, Joaquim Nabuco foi, como raros brasileiros, homem monogamicamente devoto à mulher e aos filhos. Tão devoto que nos dá a impressão de indivíduo de formação vitoriana ou de antecedentes puritanos. E não menino de engenho do Norte do Brasil, criado por mucamas de Pernambuco. Criado com os dengos, os quindins, os cafunés em que eram peritas as mucamas dos Engenhos do Norte; e que a tantos outros, de formação igual ou semelhante à do menino de Massangana, parecem ter comunicado um gosto invencível por amores variados e aventuras voluptuosas.

O longo período de monogamia na vida de Joaquim Nabuco surge aos nossos olhos tão surpreendente quanto o de vida de casado de Eça. O antigo boêmio de Lisboa era, porém, como Rui Barbosa, homem antes feio que bonito. Enquanto Nabuco chegou à velhice um dos brasileiros mais belos não só de sua época como de todos os tempos.

Casa-grande e Capela de São Mateus, do Engenho Massangana, município do Cabo de Santo Agostinho, Pernambuco. Em 1849, propriedade do Sr. Joaquim Aurélio Pereira de Carvalho e de sua esposa d. Ana Rosa Falcão de Carvalho, padrinhos de Joaquim Nabuco. Neste engenho, Nabuco viveu os seus primeiros oito anos de vida. Foto de Severino Ribeiro.

Nabuco nunca foi cortesão[20]

De Joaquim Nabuco, a caricatura política a serviço da "extrema esquerda" do seu tempo, quis fazer um "cortesão de pulseira". Mas foi tão injusta quanto a caricatura política a serviço da "extrema direita" que pretendeu fazer dele um "petroleiro" ou um "anarquista" que disfarçasse o anarquismo nauseabundo perfumando os bigodes com brilhantina francesa e soltando frases em inglês.

Ninguém menos cortesão do que Joaquim Nabuco. Não se sabe de poderoso nenhum a quem ele tenha adulado. Não adulou os ricos. Não adulou o Imperador. Não adulou a Igreja nem os bispos nem o clero. Foi sempre um pernambucano altivo embora a altivez não fizesse dele um insolente fácil de extremar-se em grosseirão.

Tão pouco adulou multidões, jornais, estudantes. Seus discursos não foram nunca os de um Dom Juan político com palavras, ora violentas, ora melífluas, de sistemático conquistador de "grandes" e "prolongados" aplausos. Daí ter sido vaiado uma vez no próprio Santa Isabel do Recife por uma multidão, dizem que manejada ou excitada contra ele por abolicionistas intolerantes do seu monarquismo.

Quanto aos moços, se é certo que pretendeu no fim da vida ser professor para influir sobre a mocidade, nunca foi um cortesão de novos ou de jovens. Nunca resvalou na fraqueza neocrata em que se extremaria seu discípulo Graça Aranha.

Ao contrário: deixou-nos Joaquim Nabuco uma página admirável de críticas à neocracia no Brasil. Página em que lamenta o fato de, já antes dos quarenta anos, começar o brasileiro a inclinar sua opinião diante dos jovens de quinze a vinte anos. "Imagine-se

---

20 Nabuco nunca foi cortesão. *O Cruzeiro*. Rio de Janeiro, 20 ago. 1949. Coluna "Pessoas, coisas e animais".

a França" – escreveu o autor de *Minha Formação* – "entregue inteiramente como grande potência europeia à direção o *Quartier Latin*. Em menor escala, esse é o nosso caso. O resultado é uma prematuridade abortiva em todo o campo da inteligência, pelo que o prelento nacional, que é incontestável, pronto, brilhante e imaginoso, está condenado a produzir obras sem fundo e, portanto, também sem forma, porque o belo na literatura, como nas artes, não é outra coisa senão a força".

Esse independente que não cortejou nunca os novos, embora se sentisse bem entre estudantes e moços, tão pouco cortejou os velhos poderosos de seu tempo. Pedro II jamais o teve entre os áulicos. Nenhum chefe de partido o contou entre os acaudilhados. Enfrentou ideias de língua brasileira do autor de *Iracema*.

Numa época de presidentes de província que eram rapazes mal saídos das academias, homens de vinte e tantos e de trinta e poucos anos, Joaquim Nabuco chegou aos quarenta sem nunca ter sido presidente de província. Sem nunca ter adulado velhos raposões do dia para o elegerem deputado, se representou na Câmara sua província, foi por ter alcançado as preferências do eleitorado mais independente de Pernambuco. Nunca adulando caudilhos ou multidões. Nunca cortejando a Igreja ou os velhos ricos ou moços radicais.

Vários Nabucos[21]

O lugar de Joaquim Nabuco é entre os homens de personalidade complexa. Por conseguinte múltiplos e contraditórios. Houve vários Nabucos e não um só.

Houve nele um anticlerical sem papas na língua e não apenas o devoto da Igreja em que se amaciou já na velhice. Um abolicionista que chegou, na mocidade, quase ao socialismo e não apenas conservador que, por amor à Ordem, reconciliou-se com a República sem aderir ao Republicanismo. Um latino fascinado pela Roma clássica e, ao mesmo tempo, um entusiasta da civilização anglo-americana. Um universalista em contraste com o pernambucano cujo pernambucanismo chegaria, se preciso fosse ao extremo do separatismo.

Nenhum desses Nabucos deve ser desprezado para que, contra o que houve nele de múltiplo, de complexo, de vário e até de áspero, se fixe um aspecto mais recente ou mais macio de sua personalidade, como se tivesse sido o único ou o total. Não houve um Nabuco assim – sempre cor-de-rosa e olímpio – senão na velhice.

O autor de *Minha Formação* não foi exemplo de coerência absoluta, muito menos mecânica mas de variedade de ideias e de gostos que nele acabaram formando um todo, este sim, único, pelo que reuniu de traços e de tendências diversas e até contraditórias. Foi síntese das chamadas dramáticas.

Nisto se pareceu com seu mestre Renan. Foi uma espécie de Renan ao contrário. Nem em Renan deixou de haver na velhice cética o seminarista devoto de Nossa Senhora nem em Nabuco o homem da Igreja parece ter apagado de todo o revolucionário da mocidade. Do mesmo modo que o Pan-Americanismo não acabou nunca com o pernambucano apegado sensualmente à sua província.

---

21 Vários Nabucos. *O Cruzeiro*. Rio de Janeiro, 17 ago. 1949. Coluna "Pessoas, coisas e animais".

Quando viu pela última vez, de volta aos Estados Unidos, as torres do Recife, os coqueiros de Pernambuco, as mangueiras e cuja sombra desejava que o sepultassem, deve ter também recordado seus ímpetos de adolescente e seus exageros de moço, inconformado com as injustiças e as opressões de toda espécie. E os recordado sem repulsa. Sem repugnância. Sem repudiá-los como a pecados feios e vergonhosos. Sem querer mutilar-se para ser puro o Nabuco da Igreja e do Pan-americanismo.

Não foram, na verdade, aqueles exageros de moço, aqueles ímpetos de adolescente, senão aventuras de ideias e de ação, necessárias ao desenvolvimento do menino de Massangana num dos brasileiros mais completos – talvez o mais completo – de todos os tempos. São traços – esses exageros, esses ímpetos, esse inconformismo – que, desprezados, nos deixam sem a exata visão do homem harmonioso na vida, diverso e complexo na sua majestade que foi Joaquim Nabuco.

Um pioneiro na América e não apenas no Brasil[22]

Já lamentei mais de uma vez o fato de que, morto politicamente Joaquim Nabuco aos quarenta anos de idade, ninguém lhe tivesse continuado a ação de político social. Ação que, nos últimos decênios da Monarquia, fez de sua bela figura de renovador, o espantalho dos homens apegados à feia rotina feudal.

Daí ter parado o Brasil em sua política social de proteção ao trabalho e ao trabalhador, deixando que a Argentina, o Uruguai e os Estados Unidos de F. D. Roosevelt se adiantassem à República de 39. O lugar de Nabuco ficara vago. Melancolicamente vago.

Na Argentina, Joaquim V. Gonzalez e Carlos Pellegrini puderam prolongar até quase nossos dias uma atividade de políticos sociais que, entre nós, Joaquim Nabuco apenas tivera o gosto de iniciar no seu tempo de moço. Pellegrini chegou, com efeito, em 1906, a exclamar que só haveria paz argentina no dia em que todos os argentinos tivessem direitos iguais. Mas direitos iguais assegurados na prática e não com palavras. Enquanto Gonzalez, como ministro de Roca, entregou-se à elaboração de um código de trabalho: sistematização de garantias e direitos que Nabuco, em 1880, já reclamava para o trabalhador brasileiro.

Em 1910, Gonzalez parecia continuar na Argentina a pregação de Nabuco no Brasil ainda dos dias do Império (ao qual neste particular, a República quase não se adiantou) ao dizer: "... a menos que se prove que as ideias sociais que as classes operárias sustentam constituem atraso ou delito ou causa de pertubação da ordem política, não se pode arrancar nem do espírito nem da letra da Constituição uma sentença por força da qual nos fosse permitido excluir da massa nacional essas ideias...".

---

22 Um pioneiro na América e não apenas no Brasil. *O Cruzeiro*. Rio de Janeiro, 17 dez. 1949. Coluna "Pessoas, coisas e animais".

As ideias de democracia social. De valorização do trabalho. De proteção do trabalhador manual e do homem de cor, até seus direitos tornarem-se, na prática, iguais aos dos outros homens. Os ideais de que o segundo Roosevelt tornou-se campeão nos dias heroicos do "New Deal".

É pena – repita-se – que a Joaquim Nabuco tenha faltado em 89 um continuador de sua atividade de político social, de idealista prático, de conservador-revolucionário. Pois tivesse aquela sua atividade magnífica sido continuada ou retomada por um Rui ou um Quintino durante os dias plásticos de reorganização nacional que se seguiram ao 15 de Novembro e o Brasil teria talvez se antecipado a todos os outros povos da América na solução de problemas sociais básicos. Abandonados ou esquecidos por longo tempo esses problemas pelos políticos brasileiros da República, outros países se anteciparam ao Brasil em enfrentá-los e resolvê-los, com vantagem para sua economia, para sua organização social e para sua cultura. Principalmente a Argentina e o Uruguai. Não nos esqueçamos, porém, de que o Brasil teve em Joaquim Nabuco um pioneiro de significação continental e não apenas nacional: um antecipado em tentativas de solução da chamada questão social nos seus aspectos mais modernos.

Joaquim Nabuco e a Câmara dos Deputados[23]

A Câmara dos Deputados vai se associar às comemorações do primeiro centenário do nascimento de Joaquim Nabuco, publicando, em dois volumes, uma seleção dos seus discursos parlamentares. Do trabalho de seleção encarregou-nos em 1948 o então presidente da Câmara, o deputado da Paraíba, Sr. Samuel Duarte, ao acolher a ideia, por nós lançada de se publicarem, daqueles discursos, os mais característicos da ação parlamentar de Nabuco. Substituído o representante da Paraíba, na presidência da Câmara, pelo Sr. Cirilo Júnior, deputado por São Paulo, deu o novo presidente à iniciativa do seu antecessor, inteiro apoio, concordando em que seria essa publicação a melhor maneira de se comemorar a atividade do grande pernambucano como representante de sua velha Província no Parlamento do Império. Como representante de sua Província e como homem público que se antecipou, no Brasil, aos políticos e estadistas do seu tempo, em ideias de reforma social, ainda hoje moças e atuais.

Pois como procuramos pôr em destaque um discurso apresentando à Mesa da Câmara, para ser dado como lido, em 1947, era precisamente esse o aspecto da personalidade e da ação de Joaquim Nabuco que imcumbia aos deputados de hoje, membros da Casa que ele enobreceu com a sua eloquência sóbria e com seu pensamento arrojado, reviver ou reavivar. A verdade é que sob a impressão de Nabuco Embaixador do Brasil em Washington, do Nabuco membro da Academia de Letras, do Nabuco homem de Igreja, do Nabuco autor das páginas magnificamente tranquilas de historiador e de ensaísta que são *Um Estadista do Império* e *Minha Formação* como que acinzentara, diante do maior número

---

23 Joaquim Nabuco e a Câmara dos Deputados. *Diário de Notícias*, Rio de Janeiro, 18 dez. 1949. Publicado também no *Diário de Pernambuco*.

de brasileiros, o outro Nabuco: o inquieto, o homem avermelhado pela luta e até paixão, o gigante belo em combate áspero contra um sistema inteiro de economia ou de sociedade – o escravocrata, o latifundiário, o feudal. Combate que saíra aos quarenta anos ao mesmo tempo vencedor e vencido. Vencido porque sacrificada a Monarquia à Abolição, o bravo pernambucano decidira conservar-se fiel à Monarquia. Foi como se interrompesse sua atividade menos político que de reformador social, preocupado com os problemas da gente de trabalho do pequeno lavrador, do descendente de escravo. Preocupado com esses problemas com uma lucidez e uma objetividade que espanta em homem público brasileiro daqueles dias. O próprio problema de raça, ele o considerou, quase sempre, com olhos de sociólogo ou antropologista social moderno: atribuindo mais de uma vez ao meio, ao ambiente, ao fator social, maior importância que ao biológico ou ao étnico. O que fez, segundo parece, sob a influência do Charles Comte, hoje considerado por alguns estudiosos do assunto, o principal precursor de Franz Boas na diferenciação estabelecida pelo mestre na Universidade de Columbia, entra raça e cultura; e que foi um dos publicistas franceses mais lidos no Brasil do meado do século XIX.

À sua influência sobre alguns dos brasileiros mais adiantados daquela época, talvez se deva juntar a repercussão sobre Nabuco, em particular, das ideias de outro francês inteligentemente voltado para o estudo de problemas de trabalho nos países escravocratas ou mal saídos da escravidão. Max Lyon, autor de *La Question Sociale au Brésil*, ensaio publicado em Paris em 1880. Aí já dizia Lyon: "*la question sociale au Brésil est la elle n'offre pas moins d'intérêque le nihilisme em Russie, le socialisme em Angleterre et em Allemagne, le comunisme em France*". E mais: "*Nous avons posé l'êsclavage comme la question sociale au Brésil; mais ce n'est qu'avec la liberation des esclaves que la question sociale commence au Brésil*". Precisamente o ponto que Nabuco soube desenvolver entre nós, como ninguém, contra a maioria dos abolicionistas fascinados pela mística de um 13 de maio messiânico: o ponto de que a escravidão era apenas um aspecto da questão social do Brasil. Apenas o começo, para o

Brasil, dessa questão complexa e ainda hoje ardente, que o autor de *O Abolicionismo* viu madrugar entre nós em alguns dos seus aspectos mais modernos.

Joaquim Nabuco foi, como deputado, homem de estudo sem que, entretanto, sua figura se extremasse na Câmara, na do intelectual de gabinete, alheio aos problemas concretos e familiarizado apenas com as doutrinas e as teorias estrangeiras. Embora no seu primeiro ano de representante de Pernambuco, ocupasse insistentemente a tribuna, seu lugar nunca se confundiu com o dos falastrões. Foi aquele primeiro ano, para Nabuco um ano de transbordamento, ao qual se seguiria seu verdadeiro ritmo de atividade parlamentar, marcada por discursos sérios, estudados e alguns, ainda hoje, atuais. Se nem sempre a maioria da Câmara lhe ouviu com inteira atenção a palavra incisiva e forte, é que vários dos seus discursos, sem se extremarem em dissertações acadêmicas, afastaram-se tanto do tom picantemente politico-partidário, por um lado, como do eruditamente jurídico, por outro, para considerarem problemas brasileiros sob aspectos, então, menos significativos que o político e o jurídico: o aspecto econômico e o aspecto sociológico.

Conselheiro José Thomás Nabuco de Araújo, pai de Joaquim Nabuco. Reprodução de pintura a óleo de Baltazar da Câmara.

Ainda sobre Nabuco parlamentar[24]

A eloquência parlamentar de Joaquim Nabuco seria, talvez, estimada hoje ainda mais do que nos seus dias de moço. Homem de estilo que, desde novo, fugiu à improvisação, Joaquim Nabuco, numa Câmara como a de hoje, dividiria por certo sua atividade entre intervenções nos debates e o trabalho menos ostensivo, porém igualmente útil, necessário e essencial, na comissão técnica de que fizesse parte.

Em parlamento algum de hoje, a oratória domina as atividades, como dominou, no século passado as do próprio Congresso dos Estados Unidos. Nem governa nem reina. Governavam, cada dia mais, as comissões técnicas. Governavam e reinavam.

Nos Estados Unidos, escreve-se excelente estudo, *The Legislative Process*; há pouco aparecido, o professor Harvey Walker afirmava: "*Oratory has gone out of fashion*". Isto é: "a oratória passou da moda". E pormenoriza referindo-se aos Ciay, aos Webster, aos Calhoun – aos "gigantes da oratória" do antigo Congresso: "No lugar deles encontraram-se hoje homens devotados antes à pesquisa (*research*) que à oratória, antes à ciência política que à arte da persuasão, antes à psicologia aplicada que ao exibicionismo".

Na Grã-Betanha verifica-se o mesmo. A mesma tendência para a substituição do improviso eloquente pelo discurso refletidamente escrito e pausadamente lido. Embora o regimento da Câmara dos Comuns proíba discursos lidos, os discursos lidos se sucedem, para desespero dos voluptuosos das antigas formas de eloquência. Observava a pouco o redator principal de *The Spectator*: "*In the House of Commons today pratically every Minister contrary to all the rules of the House, reads*

---

24 Ainda sobre Nabuco parlamentar. *Diário de Notícias*, Rio de Janeiro, 25 dez. 1949. Publicado também no *Diário de Pernambuco* (Recife).

any statement that he has to make from a document..." A crise da oratória, isto é, da arte do improviso eloquente. A vitória do documento sobre a pura inspiração.

Nabuco não se sentiria diminuído em sua eloquência, por essa crise atual da oratória. Seu gosto mais profundo nunca foi pelos triunfos da palavra fácil, mas pela "pesquisa", pela "ciência política", pela "psicologia aplicada" a que se refere o professor Harvey Walker. Que sirva de exemplo essa obra monumental da pesquisa que é a defesa, por ele elaborada já depois dos cinquenta anos, dos direitos do Brasil na questão da Guiana Francesa. Ou *Um Estadista do Império*.

Que sirvam de exemplo os próprios discursos parlamentares de Joaquim Nabuco ainda moço – isto é, do Nabuco de trinta e quarenta anos – reunidos agora, por iniciativa da Mesa da Câmara dos Deputados. Se alguns deles surgem hoje, aos nossos olhos prejudicados pela improvisação, outros nos surpreendem não só pela sua atualidade como pelo seu equilíbrio: consequência do estudo da reflexão, da meditação que em Joaquim Nabuco sempre se juntavam ao vigor da imaginação e ao próprio poder poético.

Mas são pontos estes – na maneira por que Nabuco foi parlamentar, o exemplo que nos deixou sua ação no Parlamento, o tipo de eloquência parlamentar por ele seguido, enobrecido, sem sacrifício da naturalidade de palavra e de gesto – admiravelmente versados pelo deputado Munhoz da Rocha, na introdução que escreveu para os discursos parlamentares do grande brasileiro, a serem publicados em breve pela Câmara dos Deputados.

Em torno de Joaquim Nabuco

Introdução[25]

A caracterização de um homem público como parlamentar, dentre, por essa forma de atuação política, os mais representativos de um País precisa de basear-se num conjunto de componentes de sua personalidade – incluídas as relações desses componentes, não só entre si, porém com exteriores de espaços e de tempo – para tornar-se, além de específica, quanto possível, total. Pois o modo de um homem público fazer-se notar, especificamente, como parlamentar, implica a síntese, pode-se dizer que dramática, de todo esse conjunto de ânimos pessoais e fatores extrapessoais: desde os que definem sua personalidade, sua constituição em termos biotipológicos, seu temperamento em relação com sua formação de menino a adulto, aos que o relacionam a uma região, a um ambiente ecológico, a um passado maternalmente histórico e, é claro, às influências, pelo próprio indivíduo socializado em pessoa, consideradas importantes nessa formação: as por ele próprio classificadas como "cosmopolitas", por exemplo, ao lado especificamente recebidas por ele, de pai, de mãe, de irmãos, de ancestrais e de demais gentes íntimas, assim como de ecologias, também íntimas.

No caso de Joaquim Nabuco, o puro – puro e valioso – fato de ter ele em parte se autobiografado, num livro que é um dos mais belos clássicos da literatura em língua portuguesa, responde a algumas das indagações a esse respeito. Mas só algumas. Nabuco não se revela de todo nesse livro. Deixou à filha admirável e ao também admirável Luís Viana Filho a tarefa de lhe complementarem as sugestões autobiográficas. Tarefa cumprida magnificamente.

---

25 Introdução. In: NABUCO, J. *Discursos Parlamentares*. Brasília, Câmara dos Deputados, Centro de Documentação e Informação, 1983, p. 13-67. Reedição de obra publicada pela Imprensa Oficial, Rio de Janeiro, 1950.

Ao autor deste texto, elaborado para entender a honrosa incumbência da parte do Presidente Nelson Marchezan, da Câmara dos Deputados, tem cabido prefaciar ou escrever, para outras também ilustres publicações sobre a representativa figura de Joaquim Nabuco, comentários a obras de sua autoria. Principalmente da sua autobiografia clássica e dos seus discursos parlamentares. Para estes, quando o autor deste texto, ele próprio deputado por Pernambuco, não por parte de partido político, mas pela vontade de estudantes de cursos superiores de Estado, terra natal de Joaquim Nabuco. Coube-lhe, então, prefaciar a publicação, pela Câmara dos Deputados, de seleção – tarefa a ele atribuída por dirigentes dessa Casa do Congresso Nacional – de discursos parlamentares do grande pernambucano, para os quais escreveu notável comentário então, como deputado e eminente secretário da Câmara, ex-governador do Estado do Paraná e erudito professor universitário de História da América, Munhoz da Rocha. Introdução a que o autor deste texto voltará a referir-se, tal o apreço intelectual que, a seu ver, merece esse pronunciamento.

Ainda o autor deste texto abordou o assunto – Joaquim Nabuco –, ao propor ao Parlamento as comemorações do Primeiro Centenário do nascimento do insigne brasileiro, sugerindo que uma delas fosse a fundação, no Recife – cidade onde nasceu o homenageado –, de um Instituto de Pesquisas Sociais, e estas, regionais, abrangendo o Nordeste canavieiro do Brasil, pesquisas que se empenhassem em procurar completar, sob critério científico-social, a obra de Joaquim Nabuco deixada, segundo ele próprio, com os triunfos abolicionistas do 13 de Maio, incompleta. Impunha-se um criativo transabolicionismo que integrasse de modo pleno, na sociedade brasileira, como trabalhador livre e cidadão, o descendente afronegro ou mestiço de escravo declarado livre pelo festivo 13 de Maio.

Também ao autor deste texto caberia, em solenidade comemorativa, em 1949, do dia do centenário de Joaquim Nabuco, pronunciar conferência, na histórica Faculdade de Direito do Recife, acerca de Nabuco, em que procurou considerar, principalmente, sob talvez inovadora perspectiva, a de um autêntico transabolicionista, lucidamente, para quem se apresentou de todo necessário completar o que viera no 13 de Maio, apenas como desfecho no Legislativo de uma brava campanha. Portanto, visão de pioneiro de um misto brasileiro de Trabalhismo que, sob alguns aspectos, pode-se sugerir ter-se antecipado ao britânico, além do puro abolicionismo.

Para o prefaciador da edição lançada em 1963, pela então nova Universidade de Brasília, de *Minha Formação* – iniciativa ao professor Darcy Ribeiro –, incluída, por essa Universidade e sob a orientação de tão brilhante intelectual, entre as dez obras essenciais ao conhecimento e à compreensão do Brasil, da autobiografia de Joaquim Nabuco poderia dizer-se exceder, não só a quantas autobiografias, mas também a quantas análises ou interpretações da formação brasileira vinham sendo produzidas por esta rara combinação: de "importância sociológica", "interesse humano" e "graça literária". Além do que, não lhe faltava sopro épico. Não menos épico do que *Os Sertões* de Euclides da Cunha, era o Pernambuco e, por extensão, o Brasil canavieiro, das evocações, além de autobiográficas, históricas, e das caracterizações, por vezes, parassociológicas, de Joaquim Nabuco: "épico, esse Brasil canavieiro, por sua nem sempre melíflua formação patriarcal". Com "sinhás, mães de família, iaiazinhas, mucamas", nem sempre "gente de vida e tempo todo fácil e rotineiro", vivendo, muitas delas, dias terríveis dentro de casas-grandes, em que a resistência a invasores e a doenças – doenças de meninos, sobretudo – foi esforço duro, quase martírio, para algumas. Essas as mulheres nordestinas, ao lado das tradições de homens notavelmente bravos das batalhas dos Guararapes contra o invasor holandês, de quem Nabuco menino terá recebido estímulo para o que seria sua combatividade de homem público. Inclusive de parlamentar.

Felizmente, existe a respeito de Joaquim Nabuco uma sistemática apresentação iconográfica – publicação da Fundação Joaquim Nabuco –, através da qual podem ser comprovadas, confrontando-se retratos ou fotografias, sucessivas fases do desenvolvimento e de expressão ou afirmação – inclusive a de sua personalidade, a de parlamentar – e considerando-se alterações na sua pessoa ou na sua aparência física, em que se refletiam reações da personalidade a circunstâncias diversas.

O reparo, já clássico, de Ortega y Gasset, de ser o homem um *eu* completado por circunstâncias não pode ser esquecido em qualquer abordagem que se empreenda da vida de um homem, cuja personalidade tenha sofrido – como sofreu a de Nabuco – impactos de circunstâncias diferentes: desde grandes triunfos a profundos fracassos. O caso de Joaquim Nabuco, desde menino de casa-grande de engenho patriarcal de Pernambuco, onde cresceu tão mimado pela Madrinha, Dona Ana Rosa, que chegou aos oito anos sem lhe ter sido permitido montar a cavalo. Mimado, portanto, como se fosse antes menina do que menino. Mimado pela Madrinha – mais importante, no início da formação de Joaquim Nabuco, que a mãe, ancestral e fidalgamente Paes Barreto, embora também pernambucana senhoril –, por mucamas e por pajens afronegros e – acentue-se – vendo, não só aspectos positivos, ou suscetíveis de ser assim considerados, da escravidão, tal como se manifestou no Brasil – exemplo: o bom relacionamento da Madrinha de Joaquim Nabuco com escravos –, com negativos: os constituídos pelas relações de senhores, alguns vizinhos de terras e de escravos de Dona Ana Rosa, de todo diferentes das dominantes na casa-grande e na senzala da infância do futuro parlamentar abolicionista. Maus-tratos predominantes, não em Massangana. Inclusive o episódio recordado pelo próprio Joaquim Nabuco do jovem escravo fugido que ele viu lançar-se aos pés dele e da Madrinha, pedindo-lhes que o amparassem, já que não podia continuar a sofrer o que vinha sofrendo. Episódio que, tendo marcado a sensibilidade de Joaquim Nabuco, menino de engenho, é evidente ter vindo assinalar a emoção característica do orador parlamentar nos discursos mais veementes.

Porque, em vários desses discursos, Joaquim Nabuco, intelectual, seria, nas suas denúncias da espécie de trabalho escravo em que vinha vivendo o Império brasileiro, como vivera o Brasil colonial, menos intelectualista, a primar pela pura racionalidade, do que um também emotivo e intuitivo. O que vira com os próprios olhos e ouvira com os próprios ouvidos de criança, de crueldades de maus senhores para com os escravos – havia ou houvesse bons –, a influir sobre seus pronunciamentos a respeito do assunto. Daí o valor excepcionalíssimo de *Minha Formação* como livro em que a análises e sínteses translucidamente objetivas se junta – como em certas páginas célebres e clássicas de Tolstoi: outro que, sendo homem de casa-grande, voltou-se, como se voltaria Joaquim Nabuco, para servos de seu País, aos quais se assemelham escravos brasileiros de senzalas patriarcais – uma emoção menos de puro historiador, dos convencionais, que de evocador empático do que, em experiências pessoais, foram acontecimentos socialmente significativos como expressão de uma época de transição em termos mundiais. Mas termos mundiais com não pequenos reflexos sobre um Império, como o Brasil de Pedro II, no qual nasceu e cresceu Joaquim Nabuco, sob vários aspectos, ao mesmo tempo que não europeus, subeuropeu. Com o próprio Imperador, por vezes, desviado de uma perspectiva brasileira da população e do País sob seu relativo domínio, pelo fato de, livrescamente, eruditamente, quase poderia vir a dizer-se, em alguns casos, surrealisticamente, comportar-se quase como um subeuropeu. Perspectiva da qual Joaquim Nabuco seria, como parlamentar, dos que procuraram atender ao não europeísmos importantes nas situações brasileiras: os criados pelo impacto afronegro sobre essas situações. Ao intelectual, nesses pronunciamentos, tanto no notável livro que é *O Abolicionismo* como em discursos de deputado por Pernambuco na Câmara, juntou-se, num também um tanto subeuropeu Joaquim Nabuco, homem público, um pendor racionalizante no qual se repetia a influência, sobre ele, da Inglaterra: de seus pensadores, de seus escritores e, pode-se adiantar, de seus próprios líderes religiosos ou, religiosamente, cristãmente, humanísticos, Anglicanos e Protestantes evangélicos. O que espanta a quem, lendo tais discursos, lembra-se de estar diante de críticas quase Protestantes ao Catolicismo Romano, proferidas por um futuro campeão magnífico desse Catolicismo: o Joaquim Nabuco ortodoxo e não, em dias posteriores, quase, por vezes, luterianizado em seus pendores para competir com ateus em lógica, racionalidade, racionalismo, tais suas críticas à Igreja Católica Romana.

Aspectos, os aqui recordados, daquela como que, por vezes, nos seus excessos, um tanto grotesca cientificização, não só de religiões como da política, que, tendo atingido, em Joaquim Nabuco, o ainda jovem deputado geral por Pernambuco, seria por ele superada no esplendor do seu outono naquela Igreja – a Católica Romana – de que se tornara adepto à maneira intelectualmente mística de um Newman. Um inglês de gênio transracional a reaproximar Joaquim Nabuco de crenças de menino, perdidas sob influências de ingleses quase de todo extremamente racionalistas: os que teriam influenciado o pensamento, quer religioso, quer social e, principalmente, político, e como, político, convencionalmente liberal, do parlamentar: do veemente, no seu liberalismo e no seu liberalismo à inglesa, Joaquim Nabuco, esse seu liberalismo tendo feito dele, nos seus dias de deputado geral – acentue-se –, em atitudes para com a Igreja Católica, um quase Protestante, também à inglesa. Um quase Anglicano, cujo chefe religioso fosse o monarca britânico. Curioso poder dizer-se quase o mesmo do intelectual brasileiro que, desdobrado em homem público – Rui Barbosa –, foi outro que comunicou ao Brasil Católico da época do seu maior vigor de ação e de influência, ao mesmo tempo que política, intelectual, uma como que perspectiva protestantemente cristã, à inglesa, de assuntos religiosos ligados a comportamentos nacionais. A erudita introdução de Rui Barbosa à tradução, em língua portuguesa, de *O Papa e o Concílio* bem o demonstra. Pode-se alegar que a época dessa suas atitudes foi a de uma reação, dentro da própria Igreja Católica Romana, ao chamado Catolicismo ultrarromano e, segundo Protestantes de língua inglesa, anticristámente "papista". A verdade é que, nessa reação, podem ser encontrados vários pontos de contato com atitudes rasgadamente Protestantes ou não-Católicas, valorizadas, na época, pelo fato de o grande prestígio político e econômico britânico encontrar-se ligado a um Protestatismo, também britânico – o de uma Igreja Anglicana –, de atitudes para com assuntos públicos em termos nacionais que, em vários pontos, coincidem, mais que os Católicos-Romanos, com perspecitvas liberais. Aquelas que constituíram orientações, indiretamente influentes, sobre Joaquim Nabuco, tanto quanto Rui Barbosa, quando ainda homens jovens ou nos começos da meia-idade.

No seu já clássico *Ideology and Utopia* (Nova Iorque, 1936), o sociólogo Karl Mannhein empreendeu análise em profundidade da chamada "política científica", destacando ter a tendência de cientifização da política emergindo como expressão de um pensamento burguês, liberal, democrático. O inglês Burke teria sido, como pensador político, precursor dessa cientifização ou racionalização da política. Mas – observa o sociólogo alemão – com a pan-racionalização envolvida em tal tentativa, vendo-se forçada a parar diante de uns tantos fenômenos como que irracionais. Resíduos irracionais impelindo-a, até, a afastamentos de normas predominantemente racionais. Mas ocorrendo percepções, da parte de alguns liberais, de estar ao alcance de o poder parlamentar superar a resistência de tais resíduos a essas predominâncias. Contrapondo, ao fortalecer esse poder – o parlamentar racionalizante –, na política europeia, surgiu a crença de não poucos democratas liberais de vir a afirmar-se a possibilidade de, através dos parlamentos, atingirem-se menos a plena racionalização da política que considerações racionalizadas de soluções políticas. Perspectiva que se pode sugerir ter atingido um Joaquim Nabuco racionalizante, por vezes decisivo sobre o emotivo ou o intuitivo.

Em discursos – brilhantes discursos – de Joaquim Nabuco na Câmara dos Deputados, da qual se pode sugerir ter sido, na época de sua constante atuação, a figura máxima de político – intelectual – é evidente o pendor racionalizante, britanicamente racionalizante. Mas é de supor que não fosse, nele, absolutamente, o total, a atitude racionalista, em política, embora tão protestantemente radical em suas críticas à Igreja Católica Romana então dominante no Brasil.

Note-se que, para Mannheim, num diagnóstico para tempos atuais – para ele, os iniciados na década de 30 – os intelectuais cientificistas podem não admitir resíduos racionais. Mas esses resíduos estariam presentes nos próprios modos de pensar racionalmente políticos.

Talvez possam ser detectados tais resíduos em racionalizações políticas de Joaquim Nabuco, presentes nos seus notáveis discursos parlamentares. Em alguns deles, a emoção como que de artista literário que os anima é tal, que compromete o vigor das afirmativas com intenções racionais. O que nos aproxima do problema mais focalizado por Mannheim: o de extremos de racionalismo e de irracionalismo parecerem tender a conciliações tais, que dessa aproximação emergiria paradoxalmente uma espécie de racionalidade dialética. Recorde-se de Joaquim Nabuco ter racionalisticamente se aproximado das situações parassocialistas apresentadas por Henry George. Não das do Marxismo. E não tardaria a definir-se – após sua atuação como deputado geral – monárquico, ao mesmo tempo que federalista. Não tardaria a definir-se pela Monarquia, ao ser proclamada, no Brasil, a República de 89.

Em *Minha Formação*, Nabuco diria de a Abolição, no Brasil, ter, mais do que todos os fatos de que foi contemporâneo, lhe prendido o interesse. E também que a expulsão do Imperador o abalara profundamente. Mas sublinhando não terem sido interesse ou abalo especificamente político e sim humano.

Refere-se a emoções de tribuno – as parlamentares – e, por vezes, a emoções de popularidade, como não tendo ido além do que chama o "linear". Pois nunca renunciara "a imaginação, a curiosidade, ao diletantismo". Sua ambição fora toda, em política – escrevia retrospectivamente Nabuco em *Minha Formação* –, puramente intelectual, "como a do orador, do poeta, do escritor, do reformador". Nunca – note-se a preocupação de Joaquim Nabuco nessas distinções evidentemente mais do que semânticas – a do político. E vai ao ponto de dizer: "politicamente, receio ter nascido cosmopolita". Isto é: confessa-se politicamente mais subeuropeu que brasileiro. No que talvez tenha incorrido em exagero e, também, em contradição.

Por um critério racional, talvez sim. Pois aqui cabe opor a esse seu cosmopolitismo, em política, o feitio de pernambucano que, no seu trato de assuntos parlamentares, marcou sua presença na Câmara dos Deputados. Uma presença que nunca deixou de ser, ao lado da de um brasileiro anglicanizado em várias de suas perspectivas gerais – ou suscetíveis de constituir parte de uma visão "cosmopolita" de assuntos sociais e culturais, além de políticos –, uma visão provincialmente brasileira: a pernambucana. No caso de uma visão provincialmente brasileira de feitio pernambucano, a essa visão não seria de todo estranha a pernambucanidade. Ou provianciana sem sentindo de importar em repúdio a contactos do que fosse além de provincial, provinciano, com o que fosse "cosmopolita" ou "universalista". Combinação que, em imediações da época de Joaquim Nabuco, deputado geral, caracterizou comportamento de vários brasileiros, como ele, da Província de Pernambuco. Exemplos: Abreu e Lima com seus significativos contatos, na América Espanhola, com um Bolívar transnacional; Dom Vital, Bispo de Olinda, através de atitudes que, tendo sido muito de brasileiro provincianamente de Pernambuco, foram também de ultramontano e, portanto, de Católico ostensivamente cosmopolita, no sentido da ortodoxia de "Roma" importar em supranacionalismo. O aspecto quase cosmopolita, através de um precoce Pan-Americanismo, não faltara, aliás, aos revolucionários provincianamente pernambucanos de 1817, ao buscarem solidariedade de Jefferson e, ao que parece, de outros líderes políticos dos Estados Unidos. Atitudes "cosmopolitas" e "inseparáveis" de convicções e ligações Maçônicas da parte de não poucos provincianos de Pernambuco, de épocas imediatamente anteriores à de atuação de Joaquim Nabuco como deputado geral.

Da Câmara do Império pode-se dizer que seus componentes exprimiram formas e feitios regionais ou – como diria Joaquim Nabuco – provincianas, vindas de gentes social e economicamente dominantes, diversas no modo de ser brasileiras. O feitio baiano, um. O rio-grandense-do-sul, outro. O fluminense, ainda outro. Ainda outro, o paulista. E o pernambucano, inconfundivelmente diferente de todos esses.

O confronto entre discursos de Joaquim Nabuco pode acusar o seu "cosmopolitismo" impregnado de europeísmo, particularmente de anglicanismo, sem lhe ter faltado algum francesismo. Mas acusa também a pernambucanidade de sua origem, de sua formação, de sua tradição, do seu modo específico de ser brasileiro. Um modo desassombrado diferente do desassombro mais espetacular do gaúcho. Um desassombro contrastante, por muito incisivo, com a tendência baiana, mesmo em debates, para um trato como que docemente macio de assuntos públicos ou políticos por mais ásperos. Doçura, por vezes, impregnada de sabedoria política melhor.

A certa altura, em *Minha Formação*, o autor assinala em suas atitudes "atavismo" e, embora com certa vaidade, defini-o como aristocrático – esquecendo, um tanto injustamente, os Nabucos baianos, talvez de sangue sefardim ou judaico: "o meu avô materno, que se transportou para Pernambuco e fundou o Morgado de Cabo, João Paes Barreto, era de Viana..." E dando a esse "atavismo" um toque telúrico, especifica: "... sinto cada dia mais forte o arrocho do berço: cada vez sou mais servo da gleba brasileira, por essa lei singular do coração que prende o homem à pátria com tanto mais força quanto mais infeliz ela é e quanto maiores são os ricos e incertezas que ele mesmo corre". Note-se a associação que fixa entre berço ou terra natal e destino de um homem público. Não lhe escapa o aspecto ético dessa legislação: o de, vindo a ser infeliz nesse berço, tanto maior dever tornar-se a dedicação à sua defesa e à sua promoção, ou parte do homem público porventura triunfante.

Terá sido para Joaquim Nabuco uma vantagem o ter nascido em Pernambuco e, como brasileiro de Pernambuco, descendente direto de morgado ou nobre, dentre os mais nobres, de uma Província notável por sua gente fidalga? E também filho de um José Tomás Nabuco, baiano ilustre, e, como político baiano, por sua vez, já conhecido por um belo tirocínio parlamentar? Tudo indica que sim. Confirmaria ele a teoria, desenvolvida por certos estudiosos, de serem válidos, para triunfos aparentemente só individuais, antecedentes dessa espécie. Mas lembre-se de outros Paes Barretos, como Joaquim Nabuco, descendentes do Morgafo do século XVI, não terem sido, como homens públicos pernambucanos, senão inconfundíveis medíocres. Um deles, o Marquês do Recife.

De onde ser preciso reconhecer nesse singular Paes Barreto que foi Joaquim Nabuco expressão de personalidade individualmente superior e individualmente criativa, no principal do que foi e do que realizou. No principal sem se desprezarem fatores de antecedentes favoráveis ao que viria a ser o seu triunfo magnífico em vários setores. Inclusive na atuação de parlamentar.

Continuando o próprio Joaquim Nabuco suas reflexões sobre "coração" e "inteligência", chegou à generalização: "o sentimento em nós é brasileiro; a imaginação, europeia". Em vários brasileiros, é certo. Nele, e em poucos outros, de modo específico.

Mas, neste ponto, seria preciso que se definisse o que, para ele, era "imaginação europeia". Imaginação racional? Sentimento – o brasileiro – pascalinamente trasracional: o coração mais sábio que a razão?

Problema sociopsicológico que se aborda, nesse comentário a Joaquim Nabuco parlamentar, para procurar dar-se aos seus discursos na Câmara uma interpretação do que neles possa, por vezes, parecer contraditório. Contradição, por exemplo, entre o pendor racionalizante e a emoção que dá toques dramáticos a arroubos sentimentais do tribuno.

É também de *Minha Formação* trecho em que, registrando impressões da sessão da Assembleia Nacional francesa, destaca o que lhe pareceu um empate ou duelo entre "a elegância" e "a eloquência". E comenta que, espectador, o interesse por debates parlamentares se dividia em seu espírito sobretudo por, diz ele, "direções contrárias". Entre elas, certamente, "eloquência", em confronto com "elegância". O como que aprendiz, na Europa, de oratória parlamentar, à europeia, a confrontar as duas: a racionalmente intelectual e a, por vezes, irracionalmente emotiva. A primeira, na época, talvez a mais ortodoxamente europeia: menos, é evidente, na nem sempre de todo racional Europa ibérica. A de Castela.

Desde a Academia – isto é, dos estudos de Direito –, observa Joaquim Nabuco que a literatura e a política alternavam uma com a outra, no seu interesse, ocupando – pormenoriza – sua curiosidade e governando suas ambições. E assinala estar no seu período literário quando, em 1879, entra para a Câmara. Um período literário a que não faltavam influências de Renan. A do Renan que, racionalizante, deixou de ser Católico e tornou-se um mestre de elegante expressão literária. Mas, sobre o futuro parlamentar, influiria fortemente na formação europeia – através de impactos europeizantes – de Joaquim Nabuco uma Inglaterra que lhe pareceu, antes de tudo, o governo da Câmara dos Comuns, embora admitindo que, maior que esse governo parlamentar, era, na Grã-Bretanha, a autoridade dos juízes. Influências inglesas que o levaram a uma tão nítida opção pela Monarquia. Opção atuante sobre o parlamentar nunca seduzido pela sereia republicana.

Importante esta confissão de Joaquim Nabuco ao ver-se eleito para a Câmara dos Deputados: que lhe era precioso, não mais o que chama "diletantismo", mas "a paixão humana, o interesse vivo, palpitante, absorvente no destino e na condição alheia, na sorte dos infelizes". Mais: "ajudar o País para nobre empreendimento". Nenhuma causa política pareceu-lhe então causar-lhe o entusiasmo que sentia necessitar. Tal entusiasmo só podia vir da causa da emancipação e, "por felicidade" – palavras suas –, "trazia da infância e da adolescência o interesse, a compaixão, o sentimento pelo escravo..." E é expressivo o modo por que salienta a alegria de um apoio recifense às suas primeiras palavras de deputado, após certo desapreço pelo candidato. Sentiu estabelecer-se uma afinidade com o Recife que, para ele, nunca mais se interromperia. Uma afinidade – comente-se – que se exprimia na sua maneira parlamentar de conciliar elegância intelectual com eloquência: ao deixar-se tocar por emoção, não se desgarrava em desvio demagógico.

Feitio, maneira, estilo pernambucano ou recifense de expressão parlamentar que em Joaquim Nabuco pode-se dizer ter culminado com a sua voz, a sua palavra, o seu próprio gesto, dando a um misto de estilização apolínea e dionisíaca o máximo de fulgor artístico. Nada de diletante: um toque, por vezes, de paixão de engajado numa causa: a causa abolicionista. Mas nunca ausente, nem do engajado nem do apaixonado, aquele apolíneo pendor racionalizante, tão do intelectual e, até, do pensador político, dentro do parlamentar.

Valiosa essa arguta e humilde autocrítica: a de, ao recordar-se, já afastado da atividade política, ter sido, pela Câmara e pelas galerias, tão aplaudido pela sua eloquência de deputado: enquanto "os que vieram antes de mim se retraíram quando eu me expandia: em muitos era a saciedade, o enjoo que começava; em alguns, a troca da aspiração por outra ordem de interesses mais utilitários; em outros, porém, era a consciência que chegava à madureza, o amor à perfeição..." E mais: "desses discursos sem exceção que figuram em meu nome nos *Anais* de 1879 a 1880, eu não quisera saber nada senão a nota íntima, pessoal, a parte de mim mesmo que se encontra em alguns. Não assim como os que proferi na Câmara na semana de maio de 1888, nem com os que, do Recife em 1880-1885, pronunciados no Teatro Santa Izabel. Esses são o melhor da minha vida".

Lançada a sugestão de ter Joaquim Nabuco correspondido a um estilo ou a uma forma menos personalística que recifense de expressão política e, dentro dela, de expressão parlamentar no Império, terá efetivamente havido essa forma, e terá sido ela atuante sobre o estilo da combatividade de Joaquim Nabuco como deputado geral, ou essa sua combatividade terá sido de todo criação ou inovação ou estilização do próprio Joaquim Nabuco? Joaquim Nabuco teria dado, como parlamentar, uma expressão culminantemente intelectual e culturalmente artística a uma pernambucanidade de que teria sido criatura? Ou essa suposta criatura terá concorrido reciprocamente para seu tipo de parlamentar, parte de um estilo pernambucano de homem público brasileiro, em atuação parlamentar, ao que parece, acrescentado de sua própria personalidade de "cosmopolita" e de brasileiro de Pernambuco, com estes contrários juntando-se nele a um estilo comum a outros homens públicos de origem e de formação pernambucanas, mesmo quando uns, conservadores quase absolutos – o caso do regente do Império, Marquês de Olinda, e do ortodoxismo do

Bispo Dom Vital, por um lado –, e outros, libertários também extremos como pedro Ivo, Abreu e Lima – este, companheiro, na Venezuela, de Bolívar –, José Mariano, todos os traços de forma e expressão, identificadores de sua comum pernambucanidade, a despeito de tais diferenças e até de tais contradições.

A Pernambuco não tem faltado ânimo político. Nem o prático nem o teórico. Que o digam Frei Caneca, Abreu e Lima e Natividade Saldanha. Mas também Pedro de Araújo Lima, Dom Vital, Camaragibe.

Pena não ter já merecido o assunto um estudo sistemático, de um Professor Gláucio Veiga ou de um Professor Nelson Saldanha, ou de um, agora, tão de Brasília, Vemireh Chacon, por exemplo. Isto, dentre conterrâneos de Nabuco atualmente voltados com inteligência e sensibilidade para problemas de Sociologia da Política. Seria estudo que considerasse, de tema tão complexo, suas implicações sociológicas em dimensão tríbia: através de interpretações, no tempo, que de histórico passe a trans-histórico, de expressões desse ânimo. De constantes e de contradições: as presentes no que, nesse tempo, vêm sendo, porventura, total. Porventura, uma síntese.

Essas contantes e contradições teriam alcançado expressão máxima num só indivíduo – mas esse indivíduo, múltiplo, plural, complexo – em Joaquim Nabuco: o de *O Abolicionista*, o de *Minha Formação*, o de *Um Estadista do Império*, o de conferências em língua inglesa em universidades dos Estados Unidos, nas quais não deixa de transparecer o ânimo político do primeiro Embaixador do Brasil. O Nabuco de todos esses vários pronunciamentos políticos parapolíticos, considerados no conjunto do que neles foi pensamento sociologicamente político ou parapolítico para o Brasil de um novo tipo: socionacional. Atento mais à Sociedade civil, como diriam sociólogos da Política, escrevendo Sociedade com S maiúsculo, que à superestrutura estatal.

Pois no político, quer pensador, quer, por algum tempo, homem de ação, e até de subversão, que foi Joaquim Nabuco, avulta um sociólogo da política em potencial: um político mais do que político; um político extremamente sensível a sugestões sociais; uma vocação, até, de reformador social transbordante da de simples ou convencional político. Aspectos de homem, quer de ação, quer de pensamento, que marcaram a presença do autor de *O Abolicionismo*, na Câmara do Deputados do Império.

Em relação com sua Província, Pernambuco, Joaquim Nabuco foi, nesse modo mais-do-que-político de ser político, em parte, produto, em parte, um dos criadores – com uns poucos outros – de uma forma de conceituação e de ações políticas, características de um *ethos* que, dentro de ampla perspectiva sociológica de condutas políticas brasileiras suscetíveis de ser consideradas em projeções regionais, talvez possa ser denominada pernambucana. Não maciçamente ou completamente pernambucana, dadas as diferenças de substância que se ajustam a essa pernambucanidade. Mas pernambucana como forma sociológica, dentro do conceito de Simmel: como estilo; como modo de expressão menos particular do que globalmente, constantemente, de ser ou tender a ser forma. Forma, ajustável a substâncias diversas.

Tal estilo incluiria variantes diversas de formas de pensar e agir com relação a substâncias diversas: o pensar e o agir políticos de um Frei Vital, por exemplo, em contraste com o pensar e o agir políticos de um José Mariano; o pensar e o agir políticos de um Abreu e Lima em contraste com os de um contraditório panfletário-conservador do talento do Padre Lopes Gama; variantes representadas por modos pernambucanos de conservadores: um conservador lúcido como Braz Florentino em contraste com um Barbosa Lima, o Velho, por vezes temperamental; e, notadamente, o reformismo social de caráter objetivo de um Antônio Pedro de Figueiredo – tão exemplarmente reformista no plano social – em comparação com o de um muito mais abstrato que objetivo Martins Júnior; ou o conservadorismo de um Camaragibe em comparação com o do Conde da Boa Vista; o socialismo de um Aprígio Guimarães em confronto com o quase reacionarismo de um Rosa e Silva; e deste tão líder, em comparação com os modos do não de todo seu discípulo, Artur Orlando. Políticos, quase todos, os aqui citados, intelectuais, à sua ação política não tendo faltado, porém, em alguns dos dias mais críticos para Pernambuco, a complementação da ação política pelo saber. Pelo próprio humanismo.

Acentue-se, porém, a diversidade e, até, a contradição, no tocante a substâncias ou a realidades pernambucanas condicionantes, no seus homens públicos, de práticas e teorias diversas de caráter político. E da parte desses vários políticos, vários deles intelectuais, marca, como inconfundíveis pernambucanos – fossem conservadores ou liberais –, na história sociologicamente política de um Pernambuco, de sua pernambucanidade. Marcas de um Pernambuco do qual nunca é demais repetir, com o insigne historiador e insigne brasileiro de Pernambuco, Oliveira Lima, que tem sido uma história, como Província ou como Estado, inseparável, no que nessa história vem sendo essencial, da do Brasil. Influente, por vezes, sobre a do Brasil.

É claro que o mesmo, ou quase o mesmo, pode ser sugerido de outras histórias ou de culturas regionais brasileiras, consideradas nas suas projeções sobre o complexo nacional total, tanto no histórico como de cultura. E é preciso admitir, ao lado de uma pernambucanidade, característica, inclusive, de comportamentos ou de atuações ou representações parlamentares, uma mineiridade – termo, com sua conotação sociológica, primeiro utilizado, com esse específico sentido, e não apenas jornalisticamente, pelo autor deste texto, em conferência proferida em Belo Horizonte na década de 40: "Ordem, Liberdade, Mineiridade". Além de uma mineiridade da mesma projeção política, sobre o Brasil total, de pernambucanidade, deve-se admitir uma baianidade. E também uma projeção caracteristicamente gaúcha, através, especificamente, de figuras, tão incisivamente representativas de ânimo politicamente regional gaúcho, como a de Joaquim Nabuco com relação a Pernambuco, de dois salientes opostos como o muito parlamentar Silveira Martins e o quase antiparlamentar Júlio de Castilhos. De Minas Gerais, lembre-se ter-se feito notar por duas expressões parlamentares como que também contraditórias na sua mineiridade: a do plástico, na sua arte política, como Bernardo Pereira de

Vasconcelos, e a de um hirto como o primeiro Afonso Celso, Visconde de Ouro Preto, a quem não teriam faltado bons estudos de sua atuação política no Império: inclusive a atuação parlamentar. Entre esses estudos, o injustamente esquecido *Ouro preto, O homem e a Época* (São Paulo, 1949), de Hermes Vieira. Estudo que, aliás, apresenta o intransigente Ouro Preto – responsável, segundo alguns, pela queda da Monarquia – como mineiro de "raízes acentuadamente separatistas como Nabuco". Discutíveis separatismos.

Aspectos do assunto – relação entre "forma sociológica" e "substância" do tipo tão lucidamente destacado por Simmel – que são lembrados para sugerir-se, Joaquim Nabuco, político militante por algum tempo e pensador político, ou parapolítico, quase sempre – até nas suas conferências em língua inglesa no Estados Unidos –, que, na sua forma de ser político, ou parapolítico, e, especificamente parlamentar, teria antes correspondido a um estilo coletivamente pernambucano ou representativamente ou militantemente pernambucano: o para muitos intérpretes do *ethos* brasileiro e de suas particularidades regionais, caracterizado por notável desassombro, quer de uma brilhante personalização artística teria acentuado um estilo ou uma forma coletiva, representativa e caracteristicamente pernambucana.

Lembre-se, a esse respeito, que, admitindo, só por hipótese e hipótese remotíssima, uma separação política de Pernambuco do conjunto nacional brasileiro representado pelo Império de Pedro II, Joaquim Nabuco confessou, certa vez, que sua opção – opção dolosa – seria ficar com Pernambuco: separar-se do Brasil. O que indica quanto era forte, no seu ânimo político, o seu apego à Província; o compromisso com a Província; o espírito pernambucano dentro do brasileiro; a consciência de pertencer, além de politicamente ou civicamente, pernambucanamente, a um Brasil – a de sentir-se pernambucano, dada a marca que guardava da experiência nassauviana, alguma coisa nessa experiência diferenciava Pernambuco do Brasil só lusitanamente político seu modo de ter sido pré-nação e de ter formado Estado-Nação. Recorde-se o nome que Joaquim Nabuco deu ao seu primeiro filho: Maurício. Em homenagem a Maurício de Nassau.

Nenhuma – em Joaquim Nabuco – da chamada nostagia holandesa. Nenhuma da preferência por um Brasil que, em vez de colonizado por portugueses, tivesse sido colonizado por holandeses. E sim, no ânimo político do brasileiro de Pernambuco, a admiração por um Nassau que, durante o domínio holandês, fizera o Brasil por ele governado experimentar o gosto de uma forma política de organização que teria sido a inspirada pelos chamados Estados Gerais, nos seus grandes dias, em contraste com a representada pelo imperialismo mesquinhamente econômico, mercantil, comercial, dos homens de negócios holandeses da Companhia das Índias Ocidentais. E é claro, em contraste com o, no particular, político arcaísmo ibérico a prolongar-se numa Europa como a do século XVIII.

Oliveira Lima, em *Pernambuco, seu Desenvolvimento Histórico*, salienta a ocupação holandesa de Pernambuco ter deixado entre os pernambucanos, pela resistência que provocou, "uma sede ardente de liberdade mais pronunciada que em outra porção do Brasil". O domínio holandês teria suscitado, na parte do Brasil colonial em que se fixou, "uma noção de pátria", sem que a Companhia das Índias tivesse, entretanto, permitido que as teorias nassauvianas de governo substituíssem as normas impostas pela poderosa empresa imperialista: normas inteiramente mercantis. Ou sem que "a alta assembleia neerlandesa", cuja orientação coincidia com a de Nassau, pudesse chamar a si as conquistas holandesas no Brasil. E, além de tornar de todo livre comércio colonial, desenvolver toda uma série de providências que, assim postas efetivamente em prática, pudessem abrir para o Brasil perspectivas semelhantes às exemplarmente dominantes, por algum tempo, na Holanda. O certo, porém, é que houve, da parte de Nassau, empenho no sentido de os já pré-brasileiros de Pernambuco serem ouvidos pelo governo imperialmente invasor. Empenho, também, no sentido de a liberdade religiosa restringir, no Brasil ocupado por norte-europeus calvinistas, privilégios de caráter religioso, com sacrifício da expressão Católica da população já, sob vários aspectos, pré-brasileira.

Esses aspectos nassauvianos da ocupação holandesa de Pernambuco que parecem ter atraído simpatias pré-brasileiras para esses conquistadores. E que teriam deixado em pernambucanos, após a reconquista, um gosto irredutível por franquias de caráter parapolítico que não lhe seriam concedidas pelo jugo português, ao ser restabelecido. Essa a espécie de culto nassauviano que reapareceria, no século XIX, em pernambucanos da espécie intelectual de Joaquim Nabuco, de Oliveira Lima, de Alfredo de Carvalho e de Artur Orlando. Notadamente em Joaquim Nabuco: colorindo o seu modo político de pensar e de sentir de uma pernambucanidade por vezes quase parenta da de radicais como Pedro Ivo e Abreu e Lima.

À sua atuação, como deputado geral, na década de 70, não faltam traços que refletem esse culto nassauviano no modo veemente de o jovem político defender a liberdade religiosa: modo tão veemente que chega a parecer – repita-se – o de um Protestante em face da Igreja Católica Apostólica Romana. Em face de uma como que arcaica latinidade por ela, Igreja, representada. Veemente é também a defesa de Joaquim Nabuco, deputado, do fato de Nassau ter introduzido, em Pernambuco, governo representativo que moderasse ou impedisse excessos de poderes executivos absolutamente monárquicos ou teocráticos.

É veementíssimo o abolicionismo de Joaquim Nabuco nos seus primeiros anos de político militante. Seu repúdio ao trabalho escravo. Sua repulsa à exploração do não europeu. Um repúdio a que se associou, nele, um afã de exaltação do trabalho livre que se alongou numa exaltação da figura do trabalhador. Trabalhismo antecipado ao próprio Trabalhismo britânico. E também um reconhecimento da dignidade e a inteligência que ele tanto encontrou nos Rebouças, seus amigos diletos. Queridos, admirados, glorificados por ele.

O livro de Joaquim Nabuco *O Abolicionismo* é a obra que pode ser considerada quase de Sociologia da Política, traz a sua preocupação com o futuro socioeconômico do ex-escravo: preocupação que tanto faltou aos abolicionistas convencionais e que faltaria à

República ao tornar-se poder político no Brasil, em sucessão ao Império, que promovera a Abolição. Promoção que se realizou de maneira nada pragmática: sem cuidar da preparação do brasileiro, libertado da escravidão, para o *status* de homem livre. Só abstratamente lhe seria dado o *status* de cidadão de uma República com pretensões a instaurar no País um regime mais democrático que o do Império.

No livro *O Abolicionismo*, Joaquim Nabuco nega ao sistema de economia e de sociedade representado pelo trabalho escravo ter concorrido com qualquer coisa de positivo para o desenvolvimento brasileiro: evidente exagero retórico que o próprio Nabuco, de algum modo, retificara em *Minha Formação*. Mas grande parte da crítica social que se desenvolve tanto em *O Abolicionismo*, como em discursos do seu autor na Câmara dos Deputados, é sociologicamente válida. E, como tal, expressiva de um pensar político pernambucano da parte do seu autor – criado em Massangana como um lordezinho rural pernambucano e formado em Direito pela Faculdade de Ciências Jurídicas e Sociais do Recife –, em contradição com o que dele seria logicamente de se esperar: um futuro Barão de Cotegipe – bacharel de Olinda e aristocrata rural –, brilhantemente comprometido com uma política quase de todo tolerante com as chamadas instituições vingentes. Instituições que nem sequer num jurista do gênio de Teixeira de Freitas haviam provocado inconformismo ostensivo.

Em vez disso, no caso de Joaquim Nabuco, o que sucedeu? O fidalgo, o aristocrata, o bacharel em Direito, categoria a que lhe dava acesso aquela elite burocrática – seja permitido ao autor deste texto adotar conceito de modernos juristas-sociólogos, um deles Joaquim de Arruda Falcão Neto –, já então codentetora com as aristocracias do açúcar, do café e do gado, do poder político no Império, a escandalizar, como deputado geral, o Brasil imperial com atitudes e ideias que atraíram para ele iras violentamente reacionárias: palavra aqui usada com relutância, tantas vêm sendo suas deformações demagógicas ou retóricas. Mas são vários os problemas de semântica que se apresentam a quem se aventure a abordar temas, quer de história política, quer de história intelectual – e Joaquim Nabuco pertence, sempre com característicos de brasileiro de Pernambuco, a essas duas histórias – sob critério quanto possível sociológico: o de uma Sociologia da História que se relacione com outra, da Política, e com ainda outra, da Cultura.

Como há pouco sugeri em conversa com meu velho amigo desde nossos dias de jovens – amigos nem sempre de acordo quanto a coisas políticas –, o Professor Afonso Arinos de Melo Franco, encontrando, desta vez, de sua parte, receptividade e até aquiescência, quase toda história política, como quase toda história intelectual relativa a épocas recentes, vem tendendo a ignorar, no Brasil e em alguns outros países, o que, dentro dessas histórias aparentemente de todo públicas, exteriores, visíveis, só se deixa esclarecer como história que, tendo sido pioneiramente valorizada pelos Goncourt, vem tomando relevo na moderna ensaística através de obras já chamadas de sociologia proustiana. Uma ensaística histórica e sensível ao valor das biografias e, até, das indiscrições em torno de personalidades ilustres, das quais se procurasse descobrir possíveis raízes íntimas de suas atitudes públicas.

Inter-relação – a que pode ser notada entre essas três Sociologias: a da História, a da Política, a da Cultura, no sentido sociológico da cultura – na qual o autor deste texto vem insistindo em várias de suas abordagens de assuntos brasileiros. Algumas dessas suas insistências coincidentes como as que, em arguto ensaio, o polonês Witald Kuk desenvolve no ensaio *L'Historie et la Coexistence*, publicado em *Perspectives Polonaises* (março, 1960), e no qual sugere dos desenvolvimentos de civilizações nacionais que se processam não uniformemente, porém de modos vários, de acordo com impactos diversos sobre eles. A propósito do que lembra a velha distinção sociologicamente etnocêntrica – entre Romanos, ou Gregos e Bárbaros – que o crescente reconhecimento da validade de opções diferentes das consagradas como ortodoxas vem superando. De Joaquim Nabuco pode-se sugerir que teria, por vezes – mais que os Pedro II e os Rui Barbosas, seus contemporâneos –, se inclinando a reconhecer o direito de uma civilização brasileira vir a desenvolver-se, em vários setores, de modos caracteristicamente brasileiros, em vez de passivamente através de imitações de modelos europeus. Talvez não lhe tenha sido fácil chegar a tal atitude: atitude que outro seu companheiro mais jovem de geração, Euclides da Cunha, é evidente que seguiu mais abertamente do que ele. Inclusive, como o próprio Nabuco teria dito do estilo teluricamente literário do autor de *Os Sertões*, escrevendo com um cipó, em vez de seguindo totalmente modelos classicamente europortugueses. Joaquim Nabuco não foi a tanto no seu modo, aliás, pouco castiço, de escrever literariamente a língua comum a Portugal e ao Brasil. Mas não deixou de ter sido, como brasileiro autônomo, um renovador dessa língua a que deu ritmos como que não metropolitanos, como se se antecipasse a criador de uma expressão literária de todo não escravizada à de frades e Castelos Brancos castiçamente metropolitanos. Daí seu "Massangana", de *Minha Formação*, ter qualquer coisa de um à-vontade pernambucano a juntar-se a graças tocadas de influências de Renan.

Assinale-se sempre de Joaquim Nabuco parlamentar que foi um tipo de jovem – de brasileiro em particular – de físico impressionantemente belo. O Joaquim Nabuco de trinta e nove e de quarenta anos; de quarenta anos a cinquenta. Não envelheceu parlamentar, mas foi sempre chamado Quincas, o Belo.

Tivesse envelhecido, porém, e não teria sofrido na sua magnífica aparência, certo como foi, de Joaquim Nabuco, que a velhice deu dignidade à beleza do seu semblante e do seu porte. Nos seus olhos, conservou-se o brilho jovem do Nabuco dos primeiros anos de abolicionista. O mesmo brilho e o mesmo vigor de visão. Sem precisar de óculos e de pincenê: o pincenê que, a certa altura, tornou-se como que parte inseparável da figura de Rui Barbosa.

Andre Maurois assinala, no clássico *Vie de Disraeli* (Paris, 1928), que Disraeli – tão grande parlamentar na língua inglesa, um tanto antes dos triunfos de Joaquim Nabuco na tribuna da

Câmara dos Deputados do Brasil, quanto Nabuco na língua portuguesa no decorrer do mesmo século XIX –, o famoso súdito dos reis britânicos e tão prestigiado na Corte da Rainha Vitória como se não descendesse de judeus sefardins portugueses, aos cinquenta anos começou, entretanto, a dar sinais de ter começado a envelhecer, com o envelhecimento ocultando nele caracteres dessa sua origem, aliás, nobre. Não assim Joaquim Nabuco em quem, também, houve antepassados desse sangue sefardim. Aos cinquenta anos, sua aparência, além de esplendidamente eugênica, superiormente estética, lhe teria permitido, se se tivese prolongado a tanto o Parlamento monárquico com sua Câmara dos Deputados, a Joaquim Nabuco, continuar a pressionar seus ouvintes por aspecto tão significativo na relação entre orador e público, quanto os impressionara nas suas presenças na mesma tribuna ilustre, de 1879 a 1880 e de 1885 a 1888.

Sua aparência no desempenho de altos cargos diplomáticos no estrangeiro que, por vezes, exigiu dele que discursasse em línguas, como a francesa e a inglesa, do seu inteiro domínio. Principalmente – e sempre sem óculos – como conferencista, durante seus grandes dias de Embaixador em Washington, em algumas das maiores universidades dos Estados Unidos, uma das quais – a Universidade de Columbia – consagrou-o, por merecimento intelectual, Doutor *Honoris Causa*. Não se pense de consagrações dessa espécie, por merecimento intelectual, que ocorram senão mais que raramente: rarissimamente. No caso pela impressão causada pela palavra, pelo saber e pelo porte de Nabuco em meios tão universalmente seletos como as Columbias e as Yales, por um Nabuco já de cabelos e bigodes branquíssimos, mas de olhos brilhantemente jovens, pode-se acrescentar esse conjunto de seus triunfos oratórios e intelectuais no estrangeiro aos especificamente parlamentares, por ele alcançados na Câmara a ter sido essa consagração ratificada, autorizadamente, por aqueles centros de culturas do estrangeiro aonde chegou o encanto de sua palavra.

Aliás, pode-se dizer de Joaquim Nabuco que, por algum tempo, tão especificamente diplomata no exercício de altas representações do Brasil, estas tão mais apolíneas do que dionisíacas – na Itália e na Grã-Bretanha –, que, na mais culminante dessas representações – a de Embaixador em Washington –, viria continuar a ser, na gloriosa velhice, um tanto o parlamentar na sua meia-idade. O deputado geral.

É certo que, nessa sua outra atividade parlamentar – o conferencista em universidades, o orador em recintos culturais dos mais importantes nos Estados Unidos –, a sua palavra foi, pelo impacto sobre ele da função ou da representação diplomática, predominantemente apolínea, enquanto nos dias de sua atuação de deputado geral – atuação coincidente com a ação combativa do Abolicionista – fora predominantemente dionisíaca. Mas quem atentar nas suas conferências e nos seus discursos de Embaixador em Washington – solicitadíssimo para contatos com alguns dos mais altos centros intelectuais dos Estados Unidos – verificará, em algumas dessas suas antes refletidas que improvisadas palavras em língua inglesa, traços de parentesco com alguns dos discursos do deputado geral. O deputado por Pernambuco na Câmara do Império, como que substituído, mais elegante que eloquente, nos seus pronunciamentos em Washignton, por uma espécie de brasileiro que, por vezes, ampliasse sua representação intelectual do Brasil, pela da América Latina em face de anglo-saxões ou de anglo-americanos.

É assim que, em discurso "pronunciado a 20 de junho de 1909, na Universidade de Wisconsin, por ocasião de receber o grau de Bacharel" – segundo consta da tradução em língua portuguesa, apresentada por Artur Bormilcar em *Joaquim Nabuco, Discursos e Conferências nos Estados Unidos* (Rio de Janeiro, s/d, prefácio do tradutor, datado de Nova Iorque, 1911) –, o orador diz a certa altura:

"É muito cedo para falar no papel destinado na História à América Latina... Até aqui temos, todavia, prestado relevantes serviços à Constituição, apesar das imensas dificuldades, e não creio que em qualquer parte se poderia encontrar tipos mais perfeitos de homens e de mulheres que entre as nossas diferentes nações. Nutrimos a esperança de que honramos nossos progenitores e que, comparados com eles, revelamos traços da mesma evolução, em confronto com a raça inglesa".

E especifica: "Nenhuma Constituição, por exemplo, exceto a do Brasil, dispõe que a guerra só será autorizada pelo Congresso Nacional, não sendo possível o arbitramento".

Mas é na conferência "O espírito da nacionalidade na História do Brasil", proferida na Universidade de Yale, a 15 de maio de 1908, que Joaquim Nabuco, ao falar para público universitário nos Estados Unidos, mais se assemelha, numa nova dimensão, ao parlamentar brasileiro, não rara vezes voltado para a consideração do mesmo tema. É uma conferência em que o sociólogo da História, que Nabuco foi, por vezes, de modo, pode-se sugerir, superior a qualquer dos brasileiros seus contemporâneos – alguns, é inegável, maiores historiadores do que ele –, revela-se de modo o mais lúcido. Salientando, por exemplo, terem as várias colônias que, no Brasil, se desenvolveram para constituírem o Brasil, tendo cada uma, como Capitania, que se entender com a Metrópole através do oceano, desenvolvendo "uma diferente individualidade, com laivos de particularismos". "Particularismos surgidos entre Maranhenses, Pernambucanos, Baianos, Paulistas, Mineiros, conquanto todos sentissem um laço comum". Um dos elementos desse laço comum, o religioso ou Católico. E muito incisivamente: "Sem os Jesuítas não haveria população fixa até muito tarde e desapareceriam as raças indígenas nos sertões, e em vez de igrejas e aldeias o País teria unicamente caminhos do tráfico de escravos como na África Portuguesa.

Lembra o esforço dos próprios pré-brasileiros – como hoje os devemos chamar – defendendo-se de franceses e de holandeses. Destaca, porém, Nassau – lembre-se que, aliás, alemão – como tendo criado em Pernambuco mais cultura, em torno do seu governo, do que a, na época, aparecida no resto do continente. Duro esforço – recorda Nabuco nessa sua notável conferência de sociólogo da

História brasileira – para a expulsão dos holandeses. Triunfo, essa expulsão, de um já espírito nacional no Brasil do século XVII. Exalta os Paulistas. E não deixa de atentar num paradoxo: o do fato de o futuro Brasil ter estado, por algum tempo, sob a coroa da Espanha, resultando no aumento pacífico do seu território.

E contrapondo ao fato de a América Espanhola ter precedido ao Brasil em sua independência, lembra que, tendo a América Portuguesa, com a invasão de Portugal por Napoleão, acolhido a Corte Portuguesa, verificou-se uma quase de todo pacífica independência brasileira de sua metrópole europeia, com a sede de metrópole tendo-se tornado o Rio de Janeiro e com a opção, pelos brasileiros, de uma solução monárquica para a sua independência política. Uma solução que resguardou o Brasil do perigo de fragmentar-se em várias repúblicas.

Destaca-se aqui o que de sociólogo caracterizou este e outros pronunciamentos, aparentemente só culturais, de Joaquim Nabuco, nos Estados Unidos, para reforçar-se a sugestão de que, nesses pronunciamentos, ressurgiu, ampliado e em nova dimensão, e alcançando públicos estrangeiros dentre os mais cultos dos Estados Unidos, o deputado geral: o parlamentar principalmente político. Principalmente político sem que às suas considerações políticas faltasse a perspectiva sociológica que tampouco faltou às suas interpretações do passado brasileiro desde os dias de deputado geral. Pelo que se explica ter o magistral crítico literário e de ideias que é o Professor José Guilherme Merquior, recentemente, chegado a uma revisão do valor de Joaquim Nabuco, como ensaísta-pensador: no gênero, talvez o maior, de expressão artisticamente literária, que produziu a América Latina no século XX. Superior a Hayas de la Torre e mesmo a Alfonsos Reyes e, à distância, a Rodós. Esse pensador já antecipado em pronunciamentos na Câmara dos Deputados.

Ensaísta-pensador sem ter pretendido tornar-se filósofo sistemático à alemã e sim, dentro de uma tendência antes ibérica ou britânica, para uma posição intelectualmente responsável dessa outra espécie. Tendência que cinco anos depois ele, na Espanha, e de modo notável, se afirmaria em Ortega y Gasset. Em Joaquim Nabuco – no ensaísta de *O Abolicionismo* e no deputado geral – o pensamento criativo não foi tanto, mas a quanto. Houve em Nabuco um pensador digno de ser considerado, pelo seu pensamento, em retrospectos do que foi, no Brasil dos derradeiros anos do Império e nos primeiros anos da República, um pensamento socialmente analítico de cunho brasileiro que nele teria continuado o do também brasileiro de Pernambuco, Antônio Pedro de Figueiredo – o denominado "*Cousin* Fusco": o Fusco pelo fato de ter sido mulato – e é possível dizer-se que influenciado pela atuação intelectual, no Recife da década de 40, do francês formado pela então filosófica, além de técnica, Escola Politécnica de Paris, Louis Léger Vauthier, socialista fourieista militante (veja-se, do autor desse texto, *Um Engenho Francês no Brasil*). Parece evidente ter sido o Recife, na época (1840-1890), dos centros apontados pelo Professor Evaristo de Moraes Filho, como foco de inquietações jovens no Brasil dos últimos decênios do Império e dos primeiros da República de 89, o mais marcante, inclusive pelo aparecimento de "novos", com relação à própria Escola do Recife (Tobias e Clóvis, principalmente), que, como Artur Orlando, chegaram a opor, ao germanismo da paixão total de Tobias, um emergente eslavismo: Tolstoi, Dostoievski, toda uma literatura social. Literatura social, para Artur Orlando, tão importante como uma filosofia jurídica e política alemã. Começo de uma época republicana, marcada, no Recife, pelo aparecimento não só de uma História do Direito Nacional, de Martins Júnior, inovadora nas suas perspectivas, como de um novo tipo de pesquisa histórica e de interpretações dela decorrentes, representado quer por Oliveira Lima, quer por Alfredo de Carvalho, de modo tão renovador como o surgido com o cearense Capistrano de Abreu. Inovações que, tendo-se verificado em áreas não filosóficas, não deixaram de significar uma nova concepção ou filosofia, e esta social, em vez de predominantemente política, de historiografia, como que coincidente com a de Joaquim Nabuco em *O Abolicionismo*. Inter-relações, as aqui destacadas, quase sempre esquecidas por historiadores de um pensamento brasileiro projetado sobre expressões não convencionalmente filosóficas.

Acontecimentos de um ostensivo significado para um retrospecto dessa fase importante de inquietação intelectual brasileira que é pena ter escapado ao brilhante estudo de sociologia do conhecimento aplicada ao Brasil da fase Tobias Barreto, do Professor Evaristo de Moraes Filho: "Um caso de Sincronismo Cultural – Tobias Barreto e Miguel Lemos", na *Revista Brasileira de Filosofia*, de abril-maio-junho de 1982, São Paulo.

Sem ter sido, na época, nem Kantiano nem Comtiano, Joaquim Nabuco mereceria ter sido, ou vir sendo, notado, quer por Sílvio Romero, quer por analistas atuais da formação intelectual no século passado – como, de modo tão expressivo, em ensaio no mesmo recente número da referida revista, intitulado "Tobias Barreto e o Kantismo", o Professor Newton Sucupira. Notado pelo que nele, Nabuco, foi inquietação de pensador social voltado para situações sociais especificamente brasileiras. Quando, no seu citado estudo, o Professor Evaristo de Moraes Filho recorda ter havido, nos dias da mocidade, alargada em meia-idade, de Joaquim Nabuco, "núcleos de protesto e rebeldia – Recife, São Paulo, Rio de Janeiro, Fortaleza, Salvador, São Luís, em geral, sob o comando de gente jovem", poderia ter mencionado um brasileiro desse tempo, muito, à sua maneira, inquieto: o Joaquim Nabuco de *O Abolicionismo* e dos discursos de deputado geral. O que reforçaria a tese de Sílvio Romero quanto a uma "prioridade de Pernambuco no movimento espiritual brasileiro". (*Revista Brasileira*, t. II, Rio de Janeiro, 1879). Mil oitocentos e setenta e nove foi precisamente o ano dos primeiros e, indubitavelmente, nada insignificantes discursos parlamentares de Joaquim Nabuco com seus começos de abertura de novas perspectivas – as sociais, transjurídicas e transpolíticas – para análises e considerações de situações brasileiras. No que só teria continuadores à altura da importância de tal abertura, em brasileiros analistas de realidades brasileiras, só então identificados idônea e criativamente, surgidos meio século depois, não tendo dado início a tais identificações nem Positivas nem outros *istas*, talvez por não se terem aventurado a irem além de *ismos* doutrinários de todo eurocêntricos. Tendência – a transeurocêntrica – esboçada no pensamento de Joaquim Nabuco, quando jovem parlamentar. Tendo sido ele um inclassificável e havendo dominado e continuado a dominar, entre estudiosos do pensamento brasileiro, o pendor para classificações por vezes arbitrárias, compreendem-se omissões do autor de *O Abolicionismo* e do Joaquim Nabuco, deputado geral, entre pensadores da época dessas duas expressões, de sua parte, de uma perpectiva analítica como que ibericamente transnacional e, desse modo, fora daquelas doutrinas convencionais em que o contemporâneo de Nabuco, Tobias Barreto, tanto procurou situar-se – como o Kantismo –, dado o *status* decorrente de tais adesões.

De Joaquim Nabuco é preciso que ninguém esqueça ter sido, como político, um misto de dionisíaco e não apenas o glorioso e até olímpico grande brasileiro de sua atuação como ministro e Embaixador do Brasil em cortes europeias e em Washington, de modo notável, em sua última marca na história. O último capítulo de sua biografia complexa: no começo, a de um mais dinonisíaco que apolíneo.

O dionisíaco está na sua atuação como abolicionista, quer nas praças do Recife, quer na própria Câmara dos Deputados, nas décadas de 70 e 80, em discursos dos quais a mesma Câmara, por ocasião do centenário do nascimento do grande recifense, publicou uma seleção com prefácio do autor desse texto e introdução do também então Deputado Munhoz da Rocha. Está também o escritor dionisíaco, no seu livro *O Abolicionismo*. Está no que foi nele um empenho, marcado por um profundo senso de responsabilidade intelectual, ao lado da política, e sob essa responsabilidade voltado para a integração na sociedade brasileira, como trabalhador livre, do escravo libertado a 13 de Maio.

Expressou, assim, um reconhecimento, nas décadas de 70 e 80, de já haver no Brasil uma questão social e não apenas um problema de substituição de trabalho escravo pelo livre: uma sua concordância com o francês Max Lyon, autor de *La Question Sociale au Brésil*. Um Max Lyon que, anos antes de se processar a abolição da escravatura no Brasil, dizia "*... ce n'est pas qu'avec la libération des esclaves que la question sociale commence au Brésil*". Ideia de Nabuco coincidente com a desse arguto observador francês que inspiraria, em 1949 – ano do centenário do nascimento do insigne abolicionista –, ao autor deste texto e a outros brasileiros, a fundação, no Recife, de um instituto de pesquisas sociais – hoje Fundação –, destinado a cuidar de desdobramentos da questão social no Brasil. Cuidado, cujo início – apenas o início – se verificou com a incompleta e um tanto retórica abolição de 13 de maio de 1988, proclamada em festiva e emotiva sessão da Câmara dos Deputados.

A esse propósito, pode-se especular sobre o que poderia ter sido a ação de Joaquim Nabuco como transabolicionista, se a República de 89 não tivesse cortado sua ascenção na política interior do Brasil: a de um homem de visão social de política que, influente junto à Princesa Isabel como sucessora de Pedro II, poderia ter orientado uma política inteligente, abrangente, inovadora, de integração do brasileiro de origem afronegra, marcado pela condição de ex-escravo dele ou da sua espécie, no conjunto brasileiro social e de cultura. Teria sido o cumprimento de uma missão muito mais importante, para sua própria realização como homem de vocação superiormente pública, que a de diplomata, a de defensor de direitos internacionais do Brasil, a de colaborador do Barão do Rio Branco numa nova política exterior do nosso País. Porque teria implicado a demonstração da validade de uma tese, por algum tempo muito sua, de que, no Brasil, o Império, ou a Monarquia, havia-se identificado, de uma maneira talvez paradoxal, com a causa do brasileiro de origem afronegra: e essa identificação, uma vez libertado o escravo, poderia ter-se aprofundado de modo imediato, logo após 88, se não tivesse surgido a República.

Vencido Joaquim Nabuco no seu monarquismo, pela República de 89, não surgiu, com os triunfadores republicanos, nem no

Parlamento, nem fora dele, um seu equivalente desse como transabolicionista. O que se viu foi o brasileiro de origem afronegra de todo abandonado por Governo, pela Igreja, por Indústrias: os industriais substitutos do já decadente poder dos senhores de terras e barões do açúcar e do café nas lideranças econômicas. Substituídos os velhos e arcaicos barões por novos e, em grande número, medíocres sub-Mauás: sem a grandeza do gaúcho magnífico.

Quanto aos políticos republicanos, o abstracionismo paradoxal dos Positivistas, quase todos matemáticos prejudicados, no seu modo de ser políticos, pela Matemática – uma matemática com M maiúsculo, tão prejudicial à própria economia –, com relação a uma necessária integração de um retoricamente chamado Proletariado, na sociedade brasileira, não passaria nunca de ênfase verbal. Lembre-se de que o próprio Rui Barbosa só despertaria para a questão social, no Brasil, na véspera de sua morte, em 1922. Só um filho da Princesa Isabel, com alguma coisa de discípulo de Joaquim Nabuco na visão social da política, o Príncipe dom Luís de Bragança, surgiria, no começo do século XX, como um crítico da política bacharelescamente só jurídica, só estreitamente jurídica, e, é justo dizer-se, por vezes, brilhantemente jurídica, seguida, é justo reconhecer com superior erudição, pelos Rui Barbosas e não apenas com lamentável incompetência pelos sub-Rui Barbosas: Ruis e sub-Ruis de olhos fechados a uma "questão social" no Brasil. Questão social tão surpreendida pela argúcia de Joaquim Nabuco, desde jovem, em discursos inesquecíveis no Recife e na Câmara dos Deputados.

E aqui nos defrontamos com o problema: como teria surgido em Joaquim Nabuco essa espécie de argúcia – a do político, a do parlamentar, a do analista e intérprete de aspirações brasileiras, sensível à importância do social? E talvez seja oportuno voltarmos à consideração de sua condição regional de brasileiro de Pernambuco; de nassauviano; de conterrâneo de Frei Caneca; de conterrâneo de Antônio de Pedro de Figueiredo; de conterrâneo de Pedro Ivo; de conterrâneo de Abreu e Lima; de estudante numa Faculdade intitulada de Ciências Sociais e Jurídico-Sociais, no início dessa Faculdade, em primeiro, primeiríssimo lugar –, na qual, por mais indiferente que tenha sido aos seus mestres, não poderia ter sido de todo estranho ao modo por que, na década de 70, ensinou Economia Política, nessa Faculdade, o Professor Aprígio Guimarães: professor de Direito, no Brasil do século XIX, com alguma coisa de sociólogo na sua economia e na sua política, havendo quem lucidamente se empenhe hoje – o atual professor da mesma Faculdade, Gláucio Veiga – em situar Aprígio Guimarães entre juristas que, entre nós, se anteciparam a juntar, ao trato apenas jurídico de problemas sociais, uma perspectiva socioeconômica. Além de juridicismo atualmente denunciado por admirável jovem cientista político brasileiro, pesquisador da Fundação Joaquim Nabuco: Joaquim Arruda Falcão Neto. Esse trato apenas jurídico de complexos socioeconômicos teria importado, em não poucos casos, num "apego a modelos formais" não só de "legalidade", de economia, de política, de jurisprudência, que se tornou aspecto de uma cultura mais "ornamental" do que "objetiva" no Brasil do Império e das repúblicas; e a que se vem referindo, em pronunciamentos sobre o chamado "bacharelismo brasileiro", o também atual professor da Faculdade de Direito do Recife, Nelson Saldanha. Jovens intelectuais dos quais não há despropósito em dizer-se que podem ser considerados modernos continuadores de um pensamento, para os dias de Joaquim Nabuco, deputado geral, de todo pós-moderno.

O que parece certo da formação do bacharel em Direito no Brasil é que, durante anos, fez-se, em grande parte, sob expressivo apego, para o Professor Nelson Saldanha, a "modelos formais" europeus, pouco favoráveis ao trato, sob perspectiva, além da social e econômica, brasileira – existencialmente brasileira – de problemas brasileiros de caráter, quer social, quer econômico. Daí alguns dos estudos brasileiros mais objetivos que nos vêm do século XIX, sobre tais assuntos, terem sido obra de não bacharéis em Direito, avultando, como exemplo, o de A. P. Figueiredo. Um A. P. Figueiredo que me orgulho de ter feito sair de um quase total esquecimento, ao destacá-lo, no livro *Nordeste*, e ao provocar a publicação de seus ensaios de 1847 na revista *O Progresso*, do Recife: iniciativa de um douto professor de História – Amaro Quintas.

Desse Figueiredo – aliás um brasileiro de origem, não só afronegra, como socialmente modestíssima –, um mestre de Sociologia Rural da eminência de Lynn Smith, da Universidade do Estado de Louisiana, são essas palavras consagradoras de um autodidata quase de gênio: *"This man's analyses and proposals were fully 100 years of his time..."* O que consta do recente livro *Agrarian Reform in Latin America* que, entretanto, ao caracterizar autor desconhecido, deixa de referir o fato de no livro de brasileiro intitulado *Nordeste*, aparecido no Rio em 1937, já se destacar, além do surpreendente valor das antecipações de Figueiredo, sua ligação, no Brasil da década de 40 do século XIX, com o engenheiro francês L. L. Vauthier, de quem teria absorvido o Fourierismo e outras ideias europeias. Ideias que saberia aplicar ao Brasil com uma objetividade que contrasta com os trabalhos sobre assuntos de economia agrária, considerada nos seus aspectos sociais mais caracteristicamente brasileiros, então aparecidos no Brasil. Trabalhos, em seu maior número – neles incluídos discursos na Câmara dos Deputados da época – marcados por uma ausência, por vezes impressionante, de uma ótica brasileira. Abstratos, generalizações a substituírem a falta de observação direta ou de conhecimento vivo de situações peculiares ao Brasil: à sua ecologia tropical. Ao relacionamento com essa ecologia de um sistema patriarcal de economia que, sem ter-se tornado eficiente, não se mostrava, em face de condições próprias do século XIX, de todo parasitário, isto é, sem lhe faltarem aspectos marginais positivos: os sentidos pela sensibilidade de menino, de Joaquim Nabuco, quando, cercado por escravos afronegros em Massangana, experimentou a ternura desses escravos sempre tratados com benignidade patriarcal por sinhôs e sinhás do tipo mais patriarcalmente brasileiro e menos industrialmente ou comercialmente escravocráticos; certas áreas mineiras – de mineração – ou naquelas maranhenses – pelos seus renovadoramente neoportugueses antes comerciais que agrários mais ligados ao "velho Reino": tanto que resistiriam à independência de 22, e, desde os dias de Vieira, um tanto menos patriarcais à brasileira que escravocráticos à portuguesa. Mais: célebres por vigorosos preconceitos caucasoides: os destacados por Aluísio de Azevedo em romance de tanta importância sociológica: *O Mulato*. Aspectos marginais porque, em essência, o sistema escravocrático seria sempre cruel, embora não pareça de todo objetivo um brasilianista como o Professor Stanley J. Stein, ao requintar-se em proclamar a versão brasileira desse sistema, por ele considerado típico – a do Brasil cafeeiro de 1850 a 1900 –, como de tal modo *harsh and cruel*, que esse teria sido o seu característico preponderante no Brasil inteiro. Opinião que contrasta com a de outra brasilianista, Professora Mary Wilhelmine Willians, que não hesita em considerar como sociologicamente válida a apresentação de um tratamento de escravo por senhor, no Brasil patriarcal, no qual a relativa benignidade teria preponderado sobre excessos de crueldade. Ponto de vista no qual se antecipara a Willians o autor brasileiro de *Social Life in Brazil in the Middle of the 19th Century*: tese apresentada à Universidade de Columbia, em 1922, e então publicada em língua inglesa, e cuja tradução, corrigida e aumentada, em língua portuguesa viria aparecer no Rio de Janeiro (Editora Artenova, 1978), em 2ª edição. Ao que se deve acrescentar a análise ou interpretação da matéria que consta do estudo, pelo mesmo autor brasileiro – *O Escravo nos Anúncios de Jornais Brasileiros do Século XIX* –, também recém-aparecido em 2ª edição, com expressiva documentação iconográfica colhida em fontes da época: obra reeditada pela Companhia Editora Nacional (São Paulo, 1979). Tão expressiva essa iconografia que por ela se vê, em numerosas fotografias de cerca de 1870, afronegros brasileiros, alforriados e como alforriados já em grande parte integrados, como pessoas livres, na sociedade brasileira, quanto eram ostensivos neles uma dignidade, um brio e até uma nobreza, ostentadas no olhar e no porte, significativa do vigor – ou de vigores – dessa integração. Pelo que se pode sugerir ter havido, no Brasil, através do eficiente funcionamento de uma muito brasileira instituição – a alforria –, um nada insignificante pré-abolicionismo, ao qual se deve a emergência, muito antes da Abolição oficial, de expressões culminantes desse – o pré-abolicionismo – processo, como aqueles Rebouças tão fidalgos, desses dias tão remotos, quanto os mais brancos fidalgos distinguidos com títulos oficiais de fidalguia. A iconografia apresentada em *O Escravo nos Anúncios de Jornais Brasileiros no Século XIX* é o que confirma, faltando-lhe uma série especial de fotografias ainda a ser divulgada, recorrendo-se ao Arquivo Nacional e a fontes particulares: as de afronegros livres já de tal modo avançados no processo de sua dignificação se não como quase titulares do Império, como equivalente de senhores do mais social, economicamente e parapoliticamente, que por eles se percebe ter de fato havido no Brasil um pré-abolicionismo. Entre esses quase titulares do Império, o pai da muito ilustre Condessa de Barral, distinguida pelo Imperador Pedro II com um afeto de quem, entre louras louríssimas e já de nobreza dos titulares do Império, optou por tipo, socioantropologicamente brasileiro de beldade tocada, na sua morenidade, por sangue afronegro.

Joaquim Nabuco, em *O Abolicionismo*, dá enfase à ótica que em teses de brasilianistas é quase um veemente e zolesco *"Acuso!"* retrospectivo ao Brasil patriarcal escravocrático. Compreende-se. Embora possa ser considerado parassociológico, esse ensaio de Nabuco apareceu nos dias mais intensos da campanha abolicionista de que ele participou – quer como parlamentar combativo, quer em comício na cidade do Recife – como homem público militante. Colorido o seu texto por essa circunstância e por ela é possível que, em alguns casos, prejudicado na sua objetividade, embora deva ser considerado característico do autor de *O Abolicionismo* uma incapacidade de, mesmo como apologista de causa humanitária – como segundo ele próprio, "reformador social": mais do que simples político – desvairar-se em demagogo.

Sua classificação como parassociológico no trato, em discursos parlamentares e em comícios, de assuntos tão inflamáveis, não importa reconhecer nele um antecipado nessa espécie de literatura ou de perspectiva científica. Não foi esse antecipado senão em confronto com a maioria dos seus compatriotas que, na mesma época, consideraram o assunto: vários deles, como Nabuco, formados em Direito – em Ciências Sociais e Jurídicas. Mas pouco ou nada objetivos no trato de matéria social. Ou só jurídicos na sua formação. Vítimas do despreparo para o trato de matéria social ou socioeconômica brasileira, comum aos mesmos bacharéis em Direito: à sua preponderante maioria.

Pelo que – este o ponto a destacar-se – o que há de sociológico no livro de Joaquim Nabuco tem de ser atribuído a autodidatismo. A orientações e a leituras que não lhe teriam vindo, nem do curso jurídico nem, diretamente, de juristas seus mestres no Recife, embora lhe pudessem ter sido sugeridas por um excepcional Aprígio Guimarães: o menos convencionalmente jurídico desses mestres.

O que, entretanto, merece ser anotado mais uma vez é que, em Joaquim Nabuco, ao autodidatismo no trato quase sociológico de assuntos sociais brasileiros, é preciso de juntar sempre sua já assinalada condição de brasileiro de Pernambuco: um Pernambuco porventura, desde suas revoluções aparentemente só políticas – 1817, 1824, a praieira –, mais sensível a influências europeias e estadunidenses de pensamento social e até sociológico então modernas do que outras partes do Brasil. Condição que também parece ter posto Joaquim Nabuco, desde muito jovem, em contato quase pessoal com o já citado Fourierismo trazido para o Recife pelo Engenheiro Louis Léger Vauthier. Um Fourierismo comunicado por Vauthier ao também já citado Antônio Pedro de Figueiredo. Um Fourierismo do qual é lícito supor que tenha sido conhecido imediatamente pelo pai de Joaquim Nabuco, José Tomás Nabuco de Araújo, residente no Recife, quando aí também residiu o contagioso fourierista Vauthier. E assinante – como foi José Tomás – de publicações fourieristas, das quais Vauthier se fez propagandista, no mesmo Recife, sem que lhe faltasse – aparente paradoxo – a benevolência do Barão e depois Conde da Boa Vista, Francisco do Rego Barros: brasileiro formado em Paris e não em Coimbra. Dessas publicações pode-se supor de Joaquim Nabuco que as tenha encontrado na biblioteca do pai e as lido com olhos ainda de adolescente, entre as décadas de 50 e 60 do século XIX. Pelo que, ao seguir o curso convencionalmente jurídico, já seria um iniciado em leituras extrajurídicas de caráter social, que lhe teriam aberto os olhos para situações sociais brasileiras.

É possível que Joaquim Nabuco tenha lido, com alguma avidez intelectual, o próprio A. P. Figueiredo. Possível que o Fourierismo e Figueiredo e, além de Figueiredo, Abreu e Lima e Nascimento Feitosa, tenham ocorrido para a formação no adolescente Nabuco – mesmo já no Rio de Janeiro – de uma perspectiva social da ação política, que o curso jurídico no Recife, só por si, não lhe teria comunicado.

Formação para a qual se pode supor ter também concorrido um Charles – Charles e não Auguste – Comte, que em trabalho de mocidade, *Casa-Grande & Senzala*, o autor desse livro brasileiro e deste texto ousou proclamar um precursor teórico de Franz Boas na conceituação do fator ambiente ou social como mais importante que o biológico ou racial na diferenciação dos homens pelas etnias. Um Charles Comte de que o Brasil intelectual da época de Nabuco jovem não deixou de todo de tomar conhecimento. Mas talvez só Joaquim Nabuco, sem citá-lo, tenha-se aproveitado dele para, em *O Abolicionismo*, ter dado a ênfase que dá à importância de fator não biológico no processo de inferiorização do afronegro, reduzido à condição de escravo no Brasil e noutras partes do mundo.

Exato o que se sugere, da formação extracurricular de Joaquim Nabuco, se confirmaria a tese de que os cursos jurídicos, no Brasil, tendo-se cristalizado, a certa altura, numa preparação quase exclusiva dos bacharéis para se constituírem em membros atuantes da poderosa elite burocrática, estatal, oficial – em parte pragmática no seu juridicismo, em outra parte, abstrata –, só por autodidatismo e por contatos aventurosos com outras fontes de informação e de orientação de todo fora das do curso oficial, esses bacharéis teriam excepcionalmente ou hereticamente se informado ou orientado quanto a perspectivas sociais no trato de problemas do seu País. O caso de Joaquim Nabuco com evidentes reflexos no seu modo de, como bacharel em Direito, ter sido homem público – inclusive parlamentar deputado geral – com preocupações predominantemente sociais.

O que nos leva a abordar, de passagem, assunto que está atualmente aparecendo em publicações – estudos retrospectivos – formalmente promovidos pelos Presidentes da Câmara dos Deputados e do Senado Federal. Promoções merecedoras de louvores e do reconhecimento dos brasileiros.

Publicações como *O Pensamento Constitucional Brasileiro*, que reúne conferências de um ciclo realizado pela Universidade de Brasília, no período de 24 a 26 de outubro de 1977, concorrem para esclarecer aspectos importantes do passado político do Brasil. Dessas conferências, interessaram-nos particularmente, em conexão com o assunto agora versado, pronunciamentos como o do Professor Josaphat Marinho, sobre a Constituição de 1891. Destaca o Professor Marinho que, nessa Constituição, foram de todo ignorados "os problemas sociais e de trabalho".

Problemas ignorados não só aí, como noutras manifestações intelectuais e políticas da época e de épocas anteriores, em que se definiram atitudes oficialmente brasileiras com relações a tais problemas. O que parece indicar, da parte de *experts* do pensamento, não só constitucional, em particular, como político, em geral, do Brasil, no começo da República de 89, a mesma indiferença por tais assuntos, demonstrada, oficialmente, por muitos dos seus antecessores do Império. Indiferença a despreparo, ao que parece, da parte de maior número deles, bacharéis em Direito, para se defrontarem com matéria tão aliciante, mas tão complexa. O que singulariza a atuação política de Joaquim Nabuco quando deputado geral por Pernambuco. Sua insistência no trato antes analítico que demagógico, antes parassociológico que retórico, de matéria social brasileira.

De modo geral, aos bacharéis em Direito – aos quais tanto deve a formação brasileira; assunto posto em relevo, especialmente quanto aos diplomados pelos cursos de Olinda e Recife, quer por Clóvis Bevilaqua, em obra clássica, quer, em livro recente, pelo Professor Nilo Pereira – avantajaram-se, durante anos, no trato da matéria social brasileira, quer humanística, quer humanitariamente, brasileiros de outras vocações: da própria vocação religiosa, como Azeredo Coutinho, da científica, voltada para o estudo da natureza como, de modo notável e pioneiro, José Bonifácio de Andrada e Silva; da médica, como os Joaquins de Aquino Fonseca, seguidos, em dias recentes, por Roquettes Pintos, Miguéis Pereiras, Belisários Penas e precedidos pelos Mourões, Rosas e Pimentas de dias coloniais estudados de modo notavelmente esclarecedor e pelo geógrafo Gilberto Osório de Andrade e pelo médico Eustáquio Duarte; como vários engenheiros, devendo ser lembrados os Pereiras Passos e os Saturninos de Brito; como militantes, podendo ser recordados os Coutos de Magalhães, os Cândidos Rondons, os Mários Travassos. Religiosos, cientistas, médicos, engenheiros, militares, com preocupações sociais.

Os brasileiros formados em Direito, sem terem deixado de substituir, no Brasil, uma elite especificamente universitária – que nos faltou na era colonial –, juntando esses substitutos de saber universitário alguma coisa de valioso saber humanístico, se constituíram, sobretudo, na principal elite estatal do Brasil, desde os começos da independência brasileira, para um trato da matéria social. Mas sob aspectos quase que apenas política e administrativamente jurídicos. O Estado sobrepondo-se à Nação. O que acontecia, aliás, em grande parte do mundo ocidental da época em que o Brasil se foi esboçando como pré-nação, antes de definir-se em Estado-Nação: os anseios nacionais a tomar configurações estatais, e os Estados a dirigirem as comunidades assim organizadas.

Se com a Independência passou-se a considerar o Brasil como Estado-Nação, esse Estado precisava de ter, a seu serviço direto, efetivo, sistemático, elite antes jurídica, administrativa, estatal, que voltada para problemas socionacionais: não especificamente estatais. Não principalmente administrativos. Os raros que se anteciparam, como bacharéis em Direito, em ser antes socionacionais que estatais, com relação a problemas brasileiros, agiram hereticamente. O caso, sobretudo, de Joaquim Nabuco. À revelia quase todos – uma ou outra exceção, como o admirável Aprígio Guimarães, catedrático do Recife, acerca de quem o Professor Gláucio Veiga, repita-se que prepara estudo lucidamente reabilitador – de mestres e cursos exclusivamente de Direito – Nabuco rompeu com esse exclusivismo.

Consideradas, como valiosas, publicações atuais do Senado e da Câmara, de considerável importância para a apreciação do assunto – orientação e preparo de elites dirigentes no Brasil –, note-se que nenhuma dessas publicações parece sobrepor-se em valor sociológico à que se intitula *Os Cursos Jurídicos e as Elites Políticas Brasileiras*, expondo resultados do estudo de assunto tão sugestivo por um grupo de ilustres mestres, quase todos juristas: promoção da Câmara dos Deputados, em 1978. Considerações, as desses estudiosos, penetrantes, analíticas e – recorra-se à palavra inglesa – *scholarly*. Dentre os ensaios que constituem o tão valioso conjunto, *O Estado e a Formação dos Currículos Jurídicos do Brasil*, do Professor Aurélio Wander Bastos, da Universidade Católica do Rio de Janeiro, e *Os Cursos Jurídicos e a Formação do Estado Nacional*, do professor Joaquim Arruda Falcão Neto, da Universidade Federal de Pernambuco, e principalmente, como o já notável cientista político que é, da Fundação Joaquim Nabuco: do seu pioneiro Instituto de Pesquisas Sociais. O primeiro se mostra atento ao que, nos debates parlamentares sobre a criação dos Cursos Jurídicos do Brasil, abrangeu considerações não só da função "educacional" como "cultural" e do seu "papel social": funções que deveriam caracterizar esses cursos. Para o Professor Bastos, na cristalização desses cursos se desprezaria "a aprendizagem". A aprendizagem – especifique-se – do social que se poderia definir – penso eu como socionacional em vez de só estatal: jurídica e administrativamente estatal, socionacional.

Quanto ao Professor Joaquim de Arruda Falcão Neto, destaca ele ter prevalecido, na cristalização dos cursos jurídicos no Brasil Império, o critério de visarem principalmente à formação de uma alta elite burocrática: burocrárica, política e administrativa.

Em torno de Joaquim Nabuco

Para o que, não se compreendia que fosse dada ênfase, no preparo de bacharéis destinados a constituírem tal elite, ao trato de matéria especificamente social ou socioeconômica. Daí, observe-se mais uma vez o autodidatismo dos que se inclinassem ao trato de tal matéria: o caso de Joaquim Nabuco. Confirmação da tese esboçada nesta tentativa de caracterização de Nabuco político.

Noutro dos ensaios que constituem o conjunto reunido pelo Centro de Documentação e Informação da Câmara dos Deputados, coube a outro estudioso do assunto – este provecto: o já citado Professor Nilo Pereira, da Universidade Federal de Pernambuco – salientar que Olinda – talvez devesse dizer Olinda completada pelo vizinho Recife – ter-se-ia apresentado como ambiente propício a uma sede de estudos universitários no Brasil. Ambiente que não faltaria tradição de estudos humanísticos vizinhos dos jurídicos e capazes de corrigir excessos – acrescente-se ao Professor Nilo Pereria – de exclusivismo jurídico-estatista.

De Joaquim Nabuco, repita-se não ter sido marcado, na sua formação jurídica na Faculdade de Direito do Recife – que, entretanto, seria, para ele, como a de São Paulo, "antessala da Câmara dos Deputados" –, pela influência de mestres decisivamente atuantes sobre sua formação política. Pois esta não seria só estatal, burocrática, administrativa, jurídica. E sim iniciação em ciências sociais, porventura contrárias, em seus desígnios, aos dominantes nas duas, aliás, ilustres faculdades de Direito do Império: a do Recife e a de São Paulo. Teve assim de ser, paradoxalmente, um "bacharel formado", como então se dizia, em parte considerável, autodidata: inconformado com a sua formação oficial ou convencional ou restritamente burocratizante no seu modo de ser socialmente – embora também intelectualmente – elitista. Elitismo, o social, que Joaquim Nabuco, como homem público e parlamentar de um novo tipo, no Império, quis claramente superar, um tanto à maneira que se tornaria caracteristicamente britânica: a daqueles futuros Trabalhistas, em política, saídos de aristocracias, ou de elites, além de sociais, intelectuais, de Oxford e de Cambridge. Sir Stafford Cripps, um exemplo.

Em conexão com o aspecto da atuação na vida pública brasileira, de Joaquim Nabuco, impõe-se referência especialíssima a discurso parlamentar de um deputado federal como que, na expressão literária de considerações políticas, sucessor de Nabuco: Gilberto Amado. O Gilberto Amado que abordou, com desassombrada franqueza crítica a, para ele, deficiência de homens públicos do Império – e poderia ter acrescentado, das repúblicas sucessoras do Império – no trato objetivo de assuntos brasileiros. É com relação a esse particular que se impõe um destaque, para uma, neste texto, já notada, presença, nos discursos de Joaquim Nabuco, de um pendor – como diria Mannheim – racionalizante, e, dentro desse pendor, de uma objetividade quase cientificamente social. Pendor que, por vezes, junto a rompantes emotivos do orador, entre eloquentes e lúcidos, não chegou a prejudicá-lo. Mesmo porque – lembre-se mais uma vez a constatação de Mannheim a propósito de Marxistas sôfregos em procurarem apresentar sua ideologia como puramente racional – esse racionalismo, até hoje, não tem sido atingido por qualquer das tentativas no sentido desse purismo.

Daí se ter mostrado, quase sempre, Joaquim Nabuco, além de racional, intuitivo, ao procurar, quase intuitivamente, conciliar, como homem público, aparentes opostos, entre os quais, seu monarquismo e seu federalismo. Mais: seu elitismo e seu populismo. E dentro de sua própria personalidade, e através de sua personalidade, seu procedimento de parlamentar, a, para ele, "eloquência" e a, também para ele, "elegância". O ânimo dionisíaco e o ânimo apolíneo.

De todos os parlamentares brasileiros Joaquim Nabuco apresenta-se o, talvez, mais complexo, como o talvez mais intelectualmente "elegante" e mais artisticamente "eloquente". E quanto ao conteúdo, através dessa combinação de formas, de seus discursos, uma impressionante, para os seus dias, preocupação com o social.

Seja-me permitido repetir-me um tanto, neste texto, recorrendo a antecipações sobre o assunto, que constou de trechos de escritos anteriores, aqui produzidos com não poucas atualizações. Exemplo: o trecho que lembra Joaquim Nabuco ter sido, como autor de *Minha Formação*, o primeiro homem público brasileiro a descobrir-se com a própria mão de grande escritor; e em autobiografia, tão psicológica como sociologicamente valiosa, além de notável pela sua qualidade literária. Apenas, Joaquim Nabuco, escrevendo *Minha Formação*, descobriu-se somente pela metade. Conservou para si mesmo, ou dentro de si mesmo, a outra metade de todo semirrevelada: aquela que a sagacidade dos biógrafos – o maior deles, Luís Viana Filho – vem procurando desvendar; e da qual talvez o próprio Nabuco não se apercebesse, senão em parte, ao escrever o mais sugestivo dos seus livros. Nem ele, nem a filha ilustre Carolina.

Para o Brasil da época em que apareceu, *Minha Formação* foi livro um tanto escandaloso, por ter sido, para muitos, cheio de louvor em boca própria. Não faltou quem acusasse o autor de deselegante narciso. Nem quem estranhasse em fidalgo tão autêntico o que a vários dos seus críticos pareceu mau gosto: o mau gosto de escrever um homem da responsabilidade de Joaquim Nabuco todo um livro acerca de si mesmo; e de escrevê-lo com mais complacência do que rigor crítico, acerca daquela metade, menos da sua pessoa do que de uma vida, mais capaz de sugestionar a seu favor a elite e o público mais culto do seu País.

Não se compreendia, então, sem-cerimônia dessa espécie. Era contra as melhores convenções que regulavam o comportamento, quer de homens públicos, quer de escritores ilustres. Repugnava aos melhores mestres brasileiros de bom-tom que um indivíduo elegante escrevesse de si próprio: da sua própria formação. Faziam-no os franceses, ingleses e russos, é certo: os últimos indo ao extremo de recordar suas deformações. Mas eram estrangeiros. Se, no Brasil, José de Alencar contara já aos seus leitores como e por que se tornara romancista, fizera-o discretamente e em poucas páginas; e quase se limitando a recordar seus experimentos literários no gênero – o da ficção – que não adquiria ainda, entre os brasileiros, plena dignidade intelectual. Pelo que, era até ato de humildade um homem público da importância do autor de *Iracema* dizer-se romancista, explicando por que vinha escrevendo romances com mais gosto do que proferindo discursos no Parlamento ou redigindo pareceres jurídico-políticos. A Joaquim Nabuco não faltou a coragem de deixar claro, na sua parcial mas expressiva autobiografia, que nascera fidalgo; que crescera menino de engenho aristocrático, à sombra de uma madrinha um tanto patriarcal, pela imponência de sua figura e pela amplitude do seu prestígio; e, ainda, que se fizera homem público, por vocação apolineamente patrícia para a alta política, já praticada por seu pai "na mais alta hierarquia...". A verdade, porém, é que essa vocação levara, na mocidade, a atividades antes dionisíacas do que apolíneas, de "reformador social", por ele deixadas um tanto na sombra ao escrever *Minha Formação* onde também deixa de referir-se com pormenores à sua atuação de parlamentar, inclusive como "deputado geral". A verdade é que, mais do que simples abolicionista, ele se afoitara a ser, quando jovem, "reformador social", contra os interesses da própria casa – a nobreza territorial, a aristocracia escravocrática, a elite de brancos e quase brancos do Império agrário – a que pertencia. E, ao proceder assim, o processo do seu comportamento talvez tivesse sido um processo de *deformação*, em relação com o que foi, ortodoxalmente, antes e depois dos seus dias de abolicionista – e como abolicionista, parlamentar atuante e desassombrado nas críticas, impressionante pela franqueza das denúncias – norma de *formação*, no desenvolvimento geral da sua personalidade. Daí, talvez, deixar de dar demasiado relevo, nas suas recordações um tanto renanianas de infância e de mocidade, aos seus excessos dionisíacos – ou porventura assim considerados pelo Nabuco apolíneo que escreveu *Minha Formação* – de "agitador social": revolucionário em várias das suas ideias político-sociais; herético em algumas das suas atitudes com relação à Igreja Católica Romana; a negação do intelectual conformado com a ordem estabelecida no seu País em não poucas inovações que pleiteou, para o Brasil, como homem público de novo tipo, em comícios no Recife e em, tom mais incisivo, discursos na Câmara.

Em torno de Joaquim Nabuco

"Está aí muito da minha vida", escreveu o próprio Nabuco ao prefaciar *Minha Formação*. Muito: mas não a sua vida nas suas expressões mais dionisíacas de orador de comícios no Recife ou de tribuno da Câmara. Mesmo assim, talvez se tenha exagerado ao escrever "muito da minha vida". O que consta de *Minha Formação* é apenas parte da formação como que sociológica de uma personalidade. Narcisismo? Talvez. Mas sem narcisismo dificilmente há autobiografia, sociológica ou não.

"Lembra-te de que és mortal", dizia o pregoeiro que acompanhava na antiga Roma o carro do triunfador que fosse acolhido pela capital do grande Império com seus melhores louros. Joaquim Nabuco parece ter ouvido, ao escrever parte de *Minha Formação*, pregão bem diferente vindo de dentro de si próprio: "Lembra-te de que és imortal!" Imortal na história do seu País e imortal, pura e simplesmente, como alma, de acordo com sua fé de Católico. De onde terminar "a história da minha formação política e mesmo de toda a minha formação", escrevendo que reservara o saldo dos seus dias "para polir imagens, sentimentos, lembranças que eu quisera levar na alma". Propósitos como que de sublimação do que vivera e escrevera até certa altura da vida.

Da paisagem que *Minha Formação* evoca não há exagero em dizer-se que é, considerados os vários aspectos que podem qualificar como nacional uma paisagem, a talvez mais brasileira das paisagens: a do canavial; a do trópico úmido, onde, com o canavial, desenvolveu-se a primeira civilização que deu expressão mundial ao Brasil; e que foi a civilização do açúcar, a do engenho, a da casa-grande; a da senzala; a da capela de engenho; a do rio no serviço dos engenhos. É a paisagem das pinturas do holandês abrasileirado Franz Post e dos óleos de um tanto aflamengado Teles Júnior; das marinhas de Rosalvo Ribeiro e das vistas panorâmicas de Lassally.

Outras paisagens vêm-se acrescentando a essa, como características de um Brasil ainda agreste e já europeizado, através de outras técnicas de produção – a das fazendas de criar; a das minas;

a das estâncias; a das fazendas de café; a das fazendas de cacau; a dos seringais. Mas foi principalemte dentro da paisagem em que se formou Joaquim Nabuco que o Brasil adquiriu suas primeiras formas de sociedade nacional, que foram as de uma sociedade familiar, patriarcal; e as suas primeiras formas de sistema econômico de repercussão internacional, que foram as de uma economia de plantação à base da lavoura da cana e fabrico do mascavo.

Igual a Massangana foram vários dos engenhos, das fazendas, das estâncias, que concorreram para a formação de outros Brasis, quer agrários, quer pastoris, no seu modo de ser patriarcais; e também para a formação de outros Joaquins Nabucos. Escrevendo sua autobiografia, Joaquim Nabuco escreveu também um capítulo de história social brasileira considerado ecológico e telúrico. Daí poder-se desdobrar sua autobiografia numa autobiografia das, por alguns sociólogos, denominadas coletivas, representativas de um tipo regional ou nacional de homem.

Para psicanalistas, o narcisismo leva o indivíduo a querer ser o pai de si próprio; a substituir o pai, mesmo ainda vivo, opondo-se a ele. Joaquim Nabuco parece ter sido, da adolescência à mocidade e ao começo da própria meia-idade, um indivíduo deformado por certo narcisismo em sua atitude para com o pai de quem chegara a divergir com ênfase e com o qual, entretanto, viria a identificar-se na idade madura, estando o pai já morto. Identificação que o levou a escrever *Um Estadista do Império* em termos de compensação, por vezes, não só mais apologéticos do que objetivos como mais históricos do que biográficos: estendendo a imagem do pai à imagem de um passado brasileiro paterno, e não apenas materno, do qual o indíviduo, como ele, Joaquim Nabuco, preocupado com o presente e com o futuro do seu País, não se devesse alhear. Sob pena de desgarrar-se da sua totalidade vital para artificializar-se numa espécie de avulso: espécie de estrangeiro na sua própria terra.

O brasileiro Joaquim Nabuco, porventura tocado de um narcisismo de tipo superior – para que o predispunha a própria beleza

Em torno de Joaquim Nabuco

física –, é natural que tenha vindo a ter certeza de, após o início de nova fase em sua gloriosa vida pública, vir a publicar, além de suas cartas, documentário fotográfico. Pois talvez não lhe deve ter escapado o fato de ter sido um dos mais fotografados brasileiros de sua época. Também – assinale-se – o menos caricaturado: seu físico harmonioso não era dos que provocassem caricaturas como o feio físico franzino de Santos Dumont provocou de seus admiradores, como o francês Sen, do mesmo modo que as provocariam a excessiva corpulência, quer do Barão do Rio Branco, quer de Oliveira Lima. A gordura excessiva do Barão do Rio Branco, por um lado, e o franzino cacogênico de Rui Barbosa, por outro lado. Bom que o brasileiro eminente que foi Joaquim Nabuco tenha sido tão fotografado. Suas muitas fotografias – inclusive as dos seus dias de deputado geral – constituem material sociologicamente valioso em torno de quem foi tão escritor literário quanto homem, por vezes, de ação aparentemente só pessoal. O retrato aparentemente só pessoal é auxiliar precioso do que se possa considerar mais que biografia individual, seja de escritor literário ou de homem de ação ou de indivíduo que reúna as duas expressões de eminência.

Ainda há pouco, na interessante revista que é *The American Heritage*, apareceu, em seguida a todo um longo ensaio de Ann C. Van Devanter, intitulado *As they saw themselves* sobre retratos antigos – especialmente autorretratos – de americanos dos Estados Unidos nos séculos XVIII e XIX , seguido por um estudo sobre o mesmo assunto, com revelações as mais curiosas: *Archives of American Art*. Mais do que o Brasil antigo, os Estados Unidos de outrora tiveram pintores que estão sendo hoje revalorizados pelo que, nos retratos que desenharam ou pintaram, é de interesse histórico-psicológico, histórico-antropológico ou sociológico, ao lado do que neles é expressão estética, como no célebre retrato que de sua mãe deixou Whistler. O retrato, quando psicologicamente perceptivo, seria por excelência the *analytic mirror*, quer da personalidade do retratado, quer do seu meio e do seu tempo sociais.

Gilberto Freyre

Pelo que Ann C. Van Devanter conclui seu ensaio, recordando expressivas palavras de Horace Walpole sobre a importância dos retratos: *"I prefer portraits really interesting not only to landscape painting but to history... a real portrait, we know, is truth itself; and it calls up so many collateral ideas as to fill an intelligent mind more than any other species"*. Observe-se, de passagem, que os retratos de parlamentares brasileiros, quer do Império, quer das repúblicas, constituem material valioso para caracterização dos próprios tipos biotipológicos desses homens: dos predominantes desses tipos e de outros característicos entre eles.

Biografado, como se acha Joaquim Nabuco, pela filha ilustre, Carolina, e pelo príncipe dos biógrafos brasileiros de estadistas, que é Luís Viana Filho, nosso conhecimento de sua personalidade, por um lado, e, por outro do meio e do tempo sociais a que ela reagiu, ora se rebelando, ora se conformando com as imposições ou as predominâncias desse meio – inclusive os parlamentos – e desse tempo, muito se reduziria se nos faltassem, completando o que está nas biografias, seus numerosos retratos. Deve-se à atual direção executiva da Fundação Joaquim Nabuco – a do Dr. Fernando Freyre –, continuando, ampliando, ordenando e completando iniciativa pioneira do escritor Josué Motello, quando diretor da Biblioteca Nacional, a publicação desses numerosos retratos. Nenhum desses, por si só, será a *truth itself* ou "a verdade mesma", a que se referiu Horace Walpole. Nem se pode dizer da verdade que se costuma revelar, pura e definitiva, através de um só tipo de documento ou de uma única evidência, e, sim, através de várias evidências e até de contradições das quais se possa extrair uma espécie de denominador comum. É o que se consegue fazer em parte com relação a Joaquim Nabuco, através de retratos – inclusive os da sua fase de parlamentar – em que ele, sem se apresentar sempre rigorosamente o mesmo na aparência, mas diverso como adolescente, o jovem, o adulto que se desenvolveu do menino pernambucano, infelizmente tão mal retratado, em tintas e traços, por um subpintor. O menino da casa-grande do Engenho Massangana.

Em torno de Joaquim Nabuco

Levante-se uma hipótese: a de que Joaquim Nabuco, se se tivessse pronunciado sobre o assunto, confirmaria, talvez, sua consciência de ser um belo tipo de brasileiro e de latino, anglo-saxonizado em gestos – inclusive os de parlamentar – que se harmonizassem com sua figura fotográfica. Será despropósito dizer-se de ele ter sido parlamentar de mais belo físico dentre os que têm constituído, no Brasil, o Poder Legislativo? Contraste, sem dúvida, com o excessivamente magro Lauro Müller, com o cacogênico Rui Barbosa, com o também cacogênico Barbosa Lima, o Velho. Contrastante no físico com Rui Barbosa, Joaquim Nabuco, sem deixar de ter semelhanças com o insigne baiano seu contemporâneo, apresentou, como personalidade, contrastes com a personalidade de Rui. Em interessante livro de memórias – *Alguns Homens do meu Tempo* (*Memórias e impressões*, 1.ª série, Rio, 1957, prefácio de Octávio Tarquínio de Souza) – Castro Nunes – jurisconsulto e tratadista de Direito dos mais ilustres de sua época, isto é, o fim de século XIX e a primeira metade do século XX – dá a Rui Barbosa um título que jamais se ajustaria a Joaquim Nabuco: o de ter sido "o Bacharel n.º 1 em derradeiros tempos da Monarquia e dos primeiros tempos da República". A propósito do que cita Joaquim Nabuco quando, escrevendo do próprio pai – lembra Castro Nunes – disse: "a cada passo o jurisconsulto e o estadista se conciliam: sua política é toda saturada de Direito e seu Direito obedece a condições políticas do momento".

Exatamente o que não foi o trato da coisa política por Joaquim Nabuco. Compreendeu ele o pai dentro do contexto da época em que atuou José Tomás como político, orientado em grande parte da sua política, pelo jurista. Mas não o seguiu. Como políticos, pai e filhos foram bicudos que não se beijaram. O filho chegou a extremos de ternura filial, ao evocar a figura política do pai. Como biógrafo foi extremo na sua simpatia por figura tão do seu afeto. Mas, ao tornar-se homem público, Joaquim Nabuco tomou rumos diferentes dos seguidos pelo pai rigidamente jurista. Tomou rumos sociais. Pode-se dizer que plasticamente sociais, no sentido de não terem sido doutrinamente isto ou aquilo. Henry George

Gilberto Freyre

chegou a inspirar-lhe perspectivas. Mas não se tornou exatamente adepto de George. Nem de Auguste Comte. Os Positivistas nunca o atraíram com suas abstrações supostamente objetivas. Se teve alguma coisa de romântico, foi de romântico à inglesa: temperado o romantismo pelo realismo. A Rui, foi o que quase sempre faltou: o senso de realidade social. A sensibilidade à realidade social brasileira.

Para Nabuco, povo, gente do povo, homem do povo, negro, gente de cor, foram realidades com que conviveu. Para Rui, terão sido quase sempre abstrações. Puras abstrações, até. Ou figuras de retórica.

Permita-se ao autor deste texto insistir na consideração de uma aqui já sugerida possibilidade de autobiografias individuais contribuírem para autobiografias nacionalmente coletivas. Em livro publicado, há alguns anos, em Portugal e, em nova edição brasileira, em Mato Grosso, pretendeu o autor desse texto sugerir bases ou oferecer subsídios para uma "Sociologia da Biografia". Expressão aparentemente paradoxal essa Sociologia da Biografia –, que tem ao meu ver sua justificativa. Sociologia da Biografia é sociologia de indivíduo socializado em pessoa, considerado em aspectos significativos dessa socialização e quer esse indivíduo tenha sido homem de ação – político, diplomata, militar, missionário, revolucionário prático –, quer intelectual, artista ou místico.

Aceitando ideia de autor alemão, também ele ainda pouco lido entre nós – Eugen Rosenstock-Huessy –, situo-me entre os que veem nas biografias, ou nas autobiografias, de indivíduos representativos – como são quase todos os superiores pelos talentos ou pelas virtudes – biografias individuais, que podem ser contribuições para biografias – ou autobiografias – coletivas. Ou lastros para essas biografias assim sociais, com os indivíduos simplesmente pessoas físicas despersonalizadas, de certo modo, em figuras simbólicas. A história de uma época política ou ligada a essa história de um parlamento político. O coletivo através do individual.

Tanto as biografias individuais como as coletivas têm, nos retratos dos seus heróis ou super-heróis, sugestões ou informações

Em torno de Joaquim Nabuco

antropológica, sociológica e psicologicamente – e não apenas históricas – extremamente valiosas. São documentos que, além de ficar fisionomias, olhares, expressões em face de diferentes combinações – ou desajustamentos – de hereditariedades biológicas com circunstâncias sociais ou culturais, também indicam relações de um só indivíduo com os diferentes tempos físicos e psicológicos e também sociais por ele vividos, quer como indivíduos apenas, quer como parte de um complexo que, por se tornar superindividual ou coletivo, não deixa de conter sobrevivência pessoal que não se dissolve de todo no complexo coletivo.

De Joaquim Nabuco, os numerosos retratos, já referidos, nos apresentam sua figura em idades biológicas em circunstâncias sociais diversas, sem que essa diversidade comprometa o que foi nele uma rara permanência de personalidade caracterizada por contradições também incomuns. Ele foi, por exemplo, um aristocrata que, mesmo assumindo atitudes e proferindo discursos aparentemente demagógicos, não se desaristocratizou nunca. Sua biografia individual é das que mais concorrem para fixar, numa superbiografia coletiva, o tipo de aristocracia, por natureza, engajado em ação política, por vezes, contrárias a interesses de sua classe, com esse tipo apresentando-se, de modo geral, em muita coisa sempre o mesmo, seja qual for o seu meio. Nesse caso, Joaquim Nabuco teria por semelhantes, um Adams, um Jefferson, um Theodore e um Franklin Roosevelt, nos Estados Unidos; um Bolívar, na América Espanhola; Chateaubriand, na França; um Balfour, um Disraeli, um Churchill, britânicos. Outros brasileiros. No Brasil, os parentes psicossociais de Joaquim Nabuco terão sido José Bonifácio, outros Andradas, Machado de Assis, o Bispo Dom Vital, o Cardeal Arcoverde, tantos outros de seus e nossos compatriotas de feitio irredutivelmente aristocrático, mesmo quando políticos ou líderes de atitudes ou ideias, liberais e, até, como o próprio Nabuco na idade madura, e não apenas na mocidade, capazes de arrojos revolucionários.

Em certos retratos de Nabuco jovem – ou de meia idade – sente-se o orador por vezes veemente e até dionisicamente ardoroso que ele foi como abolicionista e dentro de sua atuação abolicionista, como parlamentar ou deputado geral, embora essa fleuma não se apresente nele sob o aspecto de demagogo ou de insurreto descontrolado. Mas são retratos em que o retratado, quer pela fisionomia, quer pela postura, contrasta, de alguma maneira, com o Nabuco de seus dias de Embaixador apolíneo, de Doutor *Honoris Causa* de universidade ilustre, de brasileiro olimpicamente acima de partidos, de facções, de ideologias – da própria ideologia monárquica. Um Nabuco esse, apolíneo, não somente brasileiro ilustre de um Império ou de uma República, mas de uma Nação nos começos de uma sua já grandeza nacional. Ou de uma sua projeção internacional além de pan-americana. De um cidadão do mundo capaz de exprimir sua filosofia de vida em língua francesa e de discursar, como conferencista, em língua inglesa, não apenas sobre letras brasileiras, mas sobre o, para ele, maior gênio literário que se exprimiu em língua portuguesa: o também nobre, ainda que pobre e desprezado pela nobreza convencional de seu país: Luís de Camões.

O retrato – quer o desenhado ou pintado, quer o fotográfico ou cinematográfico – acentou-se sempre que é elemento valiosamente biográfico, pelo que acrescenta de psicológico, de antropológico, de psicossomático aos informes escritos a respeito de personalidades. Joaquim Nabuco não chegou a ser cinematografado. Mas poucos brasileiros – repita-se – terão sido tão fotografados, ao mesmo tempo que tão raramente caricaturado: o que é uma pena – essa escassez de caricaturas. Compreende-se, porém – insista-se neste particular –, que, ao contrário do que sucedeu com Rui Barbosa – de cabeça disforme para o corpo franzino – e com o próprio Barão do Rio Branco – gordo demais para ser uma figura bem proporcionada –, Joaquim Nabuco, pelo que, no seu físico, era tão harmonioso quanto em sua personalidade, pouco tenha seduzido os caricaturistas. Seus retratos de várias épocas revelam um homem que, na velhice como na mocidade, foi anticaricatural. Quase perfeito nas suas harmonias de formas. Exemplar no equilíbrio de relações entre sua altura e seu peso.

Em torno de Joaquim Nabuco

E essa harmonia e esse equilíbrio, seus retratos de várias épocas indicam que foram nele uma constante. Com a idade, não se arrendondaram suas formas como verificou na velhice com o Barão do Rio Branco. Nem se manifestou nele a calvície como em Rui Barbosa depois dos cinquenta anos. Nem lhe faltou a visão normal: falta que exigisse dele o constante pincenê que se tornou característico – acentue-se sempre – do mesmo Conselheiro Rui Barbosa, quando provecto, mesmo ao discursar.

Repita-se de Joaquim Nabuco que, considerado através dos seus sucessivos retratos, o que nele foi sempre um aspecto virilmente belo acentuou-se no outono da vida, em vez de perverter-se por força de achaques por vezes próprios de idade avançada. Alguns dos retratos de Joaquim Nabuco provecto nos transmitem dele a impressão de um tipo superiormente eugênico de longilíneo, de homem de origem mediterrânea, de aristocracia como que por natureza. Impressiona. Seduz. Transmite a quem se detém no exame de sua fisionomia e de seu porte uma agradável impressão de superior inteligência completada por uma também superior expressão de bondade e até – acrescente-se – de ternura. Uma impressão de indivíduo-pessoa goetheanamente extrovertido, a quem não faltasse o toque de introvertido da estirpe de Newman: o Newman que decerto concorreu para levar ao Catolicismo integral. Uma impressão de ex-dionisíaco capaz de deliciar-se com a vida, ao ponto de aceitá-la nos seus aspectos superiormente sensuais que entretanto, crescentemente se tornou menos o predominantemente dionisíaco que apolíneo, dos seus dias de grande parlamentar aos seus também grandes dias de ministro em Londres e de Embaixador em Washington. Menos homem do mundo – embora o fosse de modo o mais elegante, social.

Sabe-se que, ao lado da fotografia paramentado magnificamente de Embaixador, prezou, no fim da vida, seu retrato de Doutor *Honoris Causa* por universidade dos Estados Unidos. Retrato de toga, não de senador de tipo romano, mas de beca acadêmica de mestre, de tipo antes grego que romano. O que coincide com a sua confissão de ter sido seu desejo de provecto voltar ao Brasil para viver entre jovens, doutrinando-os, ou, com eles, analisando grandes problemas da condição humana.

Pena que tenha sido tão diferente o retrato que dele se pintou, menino de Massangana e afilhado de Dona Ana Rosa, criado mais como menina do que como menino pela madrinha extremosa com seu afeto mais que materno. Um bom retrato pintado de menino de engenho, comparado com os dos de homem feito, quase sempre triunfante – como orador parlamentar, como diplomata, como conferencista universitário –, talvez nos esclarecesse aspectos da personalidade do autor de *Minha Formação* que permanecem um tanto obscuros. Há quem diga do menino que é "pai do homem". Uma pintura artisticamente superior de Nhô Quim de Massangana talve nos explicasse uma parte do abolicionista anticlerical e outra parte do Embaixador convertido ao Catolicismo, que, aparentemente, foram dois contrários de Joaquim Nabuco, quando, na realidade, completaram-se. O menino não é só "pai do homem": é também, nas sínteses biográficas, o unificador dos contrários que se manifestam no adulto. Conforme as circunstâncias de que falava Ortega: "eu sou eu e minhas circunstâncias". O menino é mais eu do que circunstâncias.

O que nos leva a insistir em valorizar os retratos pelo que indicam ou sugerem das relações entre homens e circunstâncias. No caso, entre Joaquim Nabuco e as várias circunstâncias que sobre ele atuaram diversamente, desde a adolescência de "Quincas, o Belo" até sua velhice olímpica de Embaixador do Brasil, em Washington. Os adultos, quase sempre de homem de belo porte. Nhô Quim de Massagana, em pintura, a imagem de um menino quase feio. Pena – diga-se outra vez – que seu melhor retrato não seja o desse menino germinal.

Uma das contribuições do retrato para os estudos biográficos de base antropológica, além de histórica, é a de permitirem, quando são numerosos com relação a um só indivíduo, que sejam constatadas mudanças de aparência do retratado de acordo com sucessivas circunstâncias, em certos casos tão diferentes umas das outras.

Em torno de Joaquim Nabuco

Esse um ponto em que se deve insistir e que nesta introdução vem sendo motivo de repetições. Como já recordado de livro do autor deste texto, de introdução a uma Sociologia da Biografia, pertence ele aos que atribuem importância antropológica ou psicológica aos retratos, embora lhe parecendo – é claro – exagero o método seguido por aqueles biógrafos, dentre os chamados "intuitivos", de apreenderem, principalmente de impressões colhidas de retratos, suas interpretações de personalidades históricas: método de que Emil Ludwig informa, no seu trabalho em inglês intitulado *Of Life and Love* (Nova Iorque, 69), ter seguido com relação a Napoleão. É de um escritor que se tornou notável pelas suas qualidades de psicólogo, por meio de obras de ficção – Somerset Maugham –, a advertência, no ser *The Summing Up*, de serem importantes os indícios psicológicos sobre fotografados, oferecidos pelas fotografias. O que vem a favor da relativa importância dos retratos para a interpretação das personalidades, tal como a influenciaram circunstâncias vividas pela mesma personalidade, através de diferentes tempos sociais. Com o que parece colocar-se de inteiro acordo um profundo conhecedor do assunto, o Professor Garraty, ao escrever, no seu *The Nature of Byography*, que *photographs and paintings can certainly be of some use in interpreting personality*. Admite, assim, a importância, para a afirmação de uma personalidade cujo biógrafo se sirva, no seu esforço de interpretá-lo, de retratos, como de outros dados antropológicos e plásticos – ou psicossomáticos – dos seus característicos físicos. Inclusive a altura: um Joaquim Nabuco acima do comum. E é evidente – acrescente-se a Garraty –, além da altura, o ser, o indivíduo objeto do estudo biográfico brevilíneo ou longilíneo (Nabuco distingue-se como longilíneo). Eugênico ou cacogênico (Nabuco foi naturalmente eugênico, ao contrário de seu insigne contemporâneo Rui Barbosa e tanto quanto o também seu contemporâneo, além de comprovinciano, Joaquim Arcoverde, o Cardeal). Dos brasileiros de sua época, Joaquim Nabuco parece ter sido o mais notável pelo aspecto virilmente belo de seu físico. Entretanto, são retratos os seus – fotografias na sua quase totalidade – em que não se percebe, de parte do retratado, o afã vaidoso ou orgulhoso de oferecer-se à admiração ou ao intusiasmo dos que o contemplassem em efígie. O Narciso, real ou suposto, que terá sido Joaquim Nabuco, não se apresenta ostensivamente, sob esse aspecto, nos seus, embora a vários deles não faltem o *aplomb*, o brio, a consciência de quem sabia ser homem de estirpe além de socialmente nobre, por natureza superiormente eugênico. E parecesse, como retratado, reclamar em vez de pedir a palavra para discursar.

Creio poder dizer-se dos vários retratos de Joaquim Nabuco – retratos de fases diferentes de sua vida, que o fez experimentar, nos dias de ostracismo, a solidão de Paquetá e, anos depois, o esplendor de cortes europeias, sendo ele ministro do Brasil – que em todos eles se surpreende o aristocrata nunca endurecido naquele tipo de "conquistador" que Alberdi considerava marcar a superioridade em latino-americanos mais "europeus". Ou apenas "europeus".

Talvez se possa sugerir dos retratos de Joaquim Nabuco feitos na Europa que, nos olhos, exprimem saudade ou nostalgia – no sentido de sentir a ausência ou a falta do Brasil. E, nos feitos em seu País, que lhe falta à fisionomia alguma coisa de essencial que seria a presença europeia. Isso de acordo com o próprio drama que o autor de *Minha Formação* confessa haver experimentado. Ou visto e sentido com os próprios olhos indagadores e sensuais, além de fotogênicos.

Olhos que, em fotografias de Joaquim Nabuco – nas da idade provecta –, não se apresentavam nunca nem de óculos nem de pincenê. Eram, ao contrário dos ouvidos, perfeitos. Como que permaneciam jovens no homem de sessenta anos que chegou a ser o grande brasileiro de Pernambuco. Olhos que, nos retratos dessa sua fase de vida esplendorosa, contrastam, nas fotografias, com a alvura do cabelo e dos bigodes que nele se tornaram precocemente brancos. E com o tempo, branquíssimos. Cabelos e bigodes de velho coexistiam em Joaquim Nabuco com os olhos de homem, neste particular, sempre moço que foi o autor de *Minha Formação*.

Em torno de Joaquim Nabuco

Olhos que fotógrafo algum conseguiu supreender envelhecidos ou decrépitos: sempre saudáveis. Sempre goetheanamente atentos às sugestões do mundo exterior às suas cores, às suas formas, aos seus encantos. E, como fosse ele um místico, dentro de um artista ou de um esteta, é provável que nos seus momentos de maior concentração religiosa os fechasse, para não se deixar seduzir pelos encantos visuais do exterior.

Não estão incluídas, nos retratos a que se refere esta introdução, aquelas caricaturas de Joaquim Nabuco, em revistas ilustradas do País, que documentam sua popularidade de homem público ou agitador. Têm seu interesse, mas, na verdade, quase sempre lhes falta o exagero ou distorção das verdadeiras caricaturas. Volta-se aqui a ponto já referido nesta introdução.

Outra relação pode-se sugerir que venha completar essa, das caricaturas. Merecem elas ser reunidas e interpretadas sociologicamente, num volume especial. A parte dos retratos propriamente ditos. Analisando-se as legendas, críticas ou apologéticas que as acompanham como revelações mais da personalidade de Joaquim Nabuco que de seu físico, se surpreenderá a malícia de seus contemporâneos com relação tanto a um como ao outro. O físico era, no abolicionista desassombrado, dos que desencorajavam, nas críticas de suas ideias e de suas atitudes, o próprio ânimo caricatural. Ou a malícia caricaturesca.

Atente-se num aspecto da atuação parlamentar de Joaquim Nabuco: a qualidade de sua voz. Ouvi, mais de uma vez, de Oliveira Lima e da esposa, Dona Flora Cavalcanti de Albuquerque, brasileiros de Pernambuco, que, em certa fase, muito conviveram com Joaquim Nabuco, que sua voz era decepcionante. Observação que, aliás, consta das memórias de Oliveira Lima. Se, ao orador empolgante, faltava voz idealmente sonora, os aplausos que despertava, ao discursar na Câmara, de deputados e galerias, indicam que sua eloquência de dicção e sua elegância de frase prescindiam — tal a sua sedução — de voz ideal, ou perfeita, para ouvidos mais exigentes. O que nos põe diante de um orador parlamentar, imperfeito em sua arte: no físico de sua arte relativo a voz. Na qualidade fisicamente musical de sua expressão. Mas sabe-se de essa deficiência ter ocorrido em outros insignes oradores parlamentares. No Brasil, com Rui Barbosa, ainda mais do que com Joaquim Nabuco. Ambos teriam sido superados, neste particular, por um Epitácio Pessoa, inferior aos dois, noutros poderes de comunicação, além de artística, carismática, com públicos heterogêneos.

Esse aspecto do imperfeccionismo oratório de Joaquim Nabuco nos leva a outro: o do purismo de sua expressão parlamentar. Joaquim Nabuco foi, escrevendo, um príncipe de estilo literariamente sedutor, sem se ter constituído em modelo português castiço, puro, exemplarmente gramatical.

Deficiência que marca seus discursos parlamentares. A frase saía-lhe solta, expressiva, bela, artisticamente imagística, dos improvisos. Mas nem sempre exemplarmente castiça. No orador, como no escritor, podia-se, por vezes, sentir o cosmopolita que ele, aliás, se prezava de ser na sua formação. No total de sua formação cultural: o literário, o artístico, saber de várias origens.

Sem ter sido, na sua expressão literária, tão afrancesado quanto seu contemporâneo Eça de Queiroz, o fato é ter sido um renovador, no Brasil, da língua nacional, quase tanto quanto, em Portugal, o grande Eça, por meio de assimilações de sugestões, quer francesas, quer inglesas, com as quais deu imprevistas agilidades ao seu dizer, como orador, do mesmo modo que ao seu escrever, não só como autor de livros: também através de sua expressão jornalística. Pois de Joaquim Nabuco pode-se dizer ter dominado as três formas de expressão – a oratória ou parlamentar, a literária, a jornalística –, a cada uma delas como que nabuconizando, através de ritmos inconfundivelmente seus.

Joaquim Nabuco antecipou-se em ser, como parlamentar brasileiro, antes social que sociólogo. Ao apresentar-se como "reformador social", ele se define por essa opção, para a época, insólita, de renovação da ação política pela perspectiva social. Social e não apenas jurídica. Dominava o juridicismo como, em nossos dias,

Em torno de Joaquim Nabuco

viria a dominar o economicismo. Para Joaquim Nabuco, a perspectiva devia ser amplamente especial. Em sua dinâmica, a parassociológica embora, em seus discursos, não haja nem sociologismo nem qualquer *ismo* sectário. Mas neles, é evidente a presença de um nada ortodoxo bacharel em Direito, porventura sensibilizado pelo fato de, em nossa Faculdade de Direito, ter madrugado uma maior valorização, no modo de se anunciarem, das Ciências Sociais que das Jurídicas. Uma perspectiva sociológica em potencial de que o deputado geral por Pernambuco tornou-se o profeta máximo. Nas suas críticas de situações sociais, então caracteristicamente brasileiras, fez-se um vigoroso João Batista a clamar contra aquele latifúndio monocultor e escravocrata que outro brasileiro de Pernambuco, com ele ecológica e intelectualmente aparentado, viria a revelar, apresentar, caracterizar mais de cinquenta anos depois de Nabuco parlamentar, em termos existencialmente sociológicos ou sóciopolíticos. Depois do clamar do profeta, a análise, em grande parte objetiva, de situações só passíveis de ser alteradas, corrigidas, superadas, através de reformas sociais. Inúteis as soluções apenas jurídicas e até as somente políticas. Como Joaquim Nabuco atestava, como deputado geral, aos seus companheiros de representação no Legislativo, essas soluções tinham que ser ampla e corajosamente sociais. Reformas socialmente revolucionárias.

Dado o fato de Joaquim Nabuco ter-se revelado, no seu pensamento social e no seu comportamento específico, ser parlamentar sob o aspecto de "reformador social", o que, nesse pensamento e nesse comportamento, apresenta-se válido atualmente? O que se pode dizer constituir, nesses setores, uma atualidade de Joaquim Nabuco? Haverá essa atualidade – é claro que não absoluta, mas relativa –, ou, nos referidos setores, Joaquim Nabuco tornou-se um puro fantasma ou quase um fantasma em termos de pensamento social de um homem público para problemas do Brasil de sua atuação no parlamento?

Em notáveis páginas sobre o que seja "tradição clássica" e em face dela, atualização no trato do social por pensadores, cientistas e homens de ação atuais, o sociólogo C. Wright Mills – o autor

Gilberto Freyre

do famoso livro que é *The Sociological Imagination* (Nova Iorque, Oxford, 1959) – salienta o valor dessa tradição, mesmo se admitindo impactos renovadores. É o que escreve em introdução à obra coletiva *Images of Men; the Classical Tradition in Sociological Thinking* (Nova Iorque, 1960). Um exemplo: Mills encontra no Herbert Spencer de *The Study of Sociology* um incontestável antecipador de Mannheim: uma tradição clássica a reafirmar-se, dado que há uma atualidade neste último. E Auguste Comte? Mills considera-o sem atualidade alguma. Inclusive por ter deixado de ser lido: *"he is rather dull to read about and altogether dull to read. He seems to me pedantic and irrelevant"*. O que indica, da parte de Mills, essa exigência para pensador social antigo ser atual: continuar não só relevante como de leitura atraente no que disse ou escreveu há um século ou mais, sobre o assunto social. Enquanto o Begehot, inglês, tão querido de Joaquim Nabuco, como pensador social, parece a Mills superior ao francês Tarde em atualidade. Ou em impor-se como clássico.

Aplicado esse critério ao pensamento social de Joaquim Nabuco, quer o revelando em livros, quer o expondo em discursos parlamentares, pode-se dizer que, facilitada ao leitor de hoje a leitura desses livros e desses discursos – o que não está exatamente acontecendo –, pode-se supor que ele continua a impor-se como clássico. Relevante, decerto. E, de algum modo, pedante. E sim, atraente.

Aconteceu há pouco, em comemoração de Joaquim Nabuco, promovida, no Recife, pela Fundação com seu nome, ter ator de boa voz e boa expressão lido trechos de discursos parlamentares e abolicionistas do autor de *Minha Formação*. (Aplausos veementes). Procura de seus livros. Confissões de alguns dos ouvintes – quase todos jovens e estudantes universitários – de terem sido grandemente sensibilizados pelas perspectivas sociais abertas nesses discursos antigos. Antigos mas, segundo teste tão significativo, clássico. Atuais.

Atual continua o sociólogo italiano Gaetano Mosca, autor do já antigo *Teorie dei Governi e Governi Parlamenteri*, com o qual domínios da natureza, prodigamente abertos diante de nossas vistas", não serem eles "explorados por nós mesmos". Em parte, exato. Em parte, não. Sabe-se hoje ter o pré-brasileiro explorado o ferro desde os começos, na sua parte tropical da América, de uma agricultura de cana e de uma indústria do açúcar. E, dessa exploração, participando um escravo afronegro, segundo bons informes, mais conhecedor de técnicas de mineração – posteriormente aplicadas a ouro e a diamantes – que europeus livres. O que explicaria situações de prestígio social que viriam a ser alcançadas por escravos, de um e outro sexo, engajados em atividades de mineração, desde então ligadas a triunfos ou facilidades de ascensão social alcançados por escravos, a certa altura, libertos ou alforriados.

Ainda de 1879 – na sessão de 1º de setembro – é o discurso de Joaquim Nabuco com um significativo pronunciamento de sua parte, em que se afirma brasileiro de Pernambuco por algum tempo holandês:

"Filho de Pernambuco (...) muitas vezes tenho pensado no que seria de toda aquela parte do País e, naturalmente, pelo influxo de sua civilização, o resto dele, se os brasileiros daquela época – talvez apaixonados demais, digo talvez, porque o sentimento de patriotismo, esse impulso que leva o homem a morrer pela pátria, está acima de qualquer análise –, apaixonado talvez demais pela sua religião, pelo seu governo, pelo processo de sua formação social, pelo que lhes parecia ser a pátria, fazendo causa comum com a Metrópole, não tivessem expulsado, à força de heroísmo, os holandeses do seu solo. Eu imagino muitas vezes o que teria sido a sorte deste País se aquela raça ousada que, no século XVII, trouxe consigo os dois princípios a que ela deve sua independência, dois princípios hoje tão desprezados pelo governo liberal, a liberdade de consciência e a liberdade de comércio... Sim, Senhores, esses dois princípios, a raça holandesa os trouxe para esta terra no século XVII, quando eles não floresciam, por assim dizer; foi na costa de Pernambuco que essas duas liberdades foram primeiro acesas e que primeiro elas alumiaram, como as luzes cambiantes de um grande farol, os mares da América!".

Pronunciamento interessantíssimo, este, do ponto de vista de uma interpretação do ideário liberal de Nabuco, quando jovem parlamentar e, como parlamentar, representante de um Pernambuco, segundo ele próprio, beneficiado singularmente pelo contato com norte-europeus Protestantes e, progressivamente, burgueses, que descreve inadequadamente como "raça". E talvez – dentro de seu pendor racionalizante ligado ao emotivo – para não parecer fascinado por uma grande personalidade – e essa grande personalidade, a de um alemão e não um holandês –, é curioso ter deixado de referir-se ao seu querido Maurício de Nassau, como europeu da Renascença. E quase um contraste, sob alguns aspectos, com a burguesia mercantil dominante na Holanda e senhora, quase absoluta, da exploração econômica do Brasil pela Companhia das Índias Ocidentais.

Curioso, também, que deputado mais Católico, na época desse pronunciamento, de um então acatólico Joaquim Nabuco, não lhe tenha lembrado o seguinte: que a vitória absoluta da, para ele, "raça holandesa", no Brasil, poderia ter significado uma arianização de Pernambuco ou do Nordeste, mas, à custa da substituição do Catolicismo pelo Protestantismo. Uma substituição que teria importado em quebra nada insignificante da unidade cultural do Brasil, salva ou resguarda pelos pré-brasileiros que, nas Batalhas dos Guararapes, venceram "a raça" holandesa. Pré-brasileiros constituídos por homens das três procedências étnico-culturais que, em Pernambuco, como em muitas partes do Brasil colonial, já assimilaram a predominância, no futuro brasileiro, do unificador processo biossocial da miscigenação, sobre qualquer racismo segregador ou diferenciador. Critério, esse, tão importante para o futuro total do Brasil – e, em 1879, já provável –, cuja projeção sobre esse futuro como que escapou à argúcia do, tantas vezes, desde jovem, Joaquim Nabuco, quando, como parlamentar, teve de definir-se em face de atitudes brasileiras com relação a não arianos. E repudiar a miscigenação brasileira, para optar pelo exemplo de absoluto arianismo adotado, então, pela Austrália. Daí estas suas palavras, no referido discurso, de exaltação à política, não só antiafronegra como antioriental da Austrália: política "sem nenhum preconceito" ao julgar-se incompatível "com a raça amarela".

A 3 de setembro de 1879 é, ainda, a propósito de, na verdade, infelizes, tentativas de substituição, na economia brasileira, do braço escravo afronegro por um braço, também servil, que Joaquim Nabuco dá motivos de um, nele, surpreendente arianismo: a presença de orientais no Brasil seria, etnologicamente, uma degradação. E revelando seu pendor para reconhecer "raças inferiores" e "raças superiores", Joaquim Nabuco, ante uma tentativa, da parte de alguns homens públicos, de substituírem, na lavoura, o braço afronegro pelo chinês, advertia para o que lhe parecia de fato e perigo a ser evitado no Mundo Novo: o de "raça superior" sucumbir ao contato com a "raça inferior". Poderia ter especificado: quando a "raça inferior" tem a vitalidade, isto é, a capacidade de sobreviver em condições as mais difíceis, da chinesa. Outro discurso de Joaquim Nabuco, do seu ano de estreia no Parlamento é, por um lado, a reafirmação de um pensamento anticatólico que ele viria a repudiar no esplendor de seu outono e contém trechos dos mais impressionantes de sua eloquência parlamentar. É quando se refere à chamada "poesia da morte". E diz: "...é preciso confessar que, nas grandes épocas do Catolicismo, esta poesia da morte era uma poesia terrível: não era mais uma poesia que conciliasse, como a poesia grega, o homem com a morte: era mais uma poesia que mostrava uma eternidade de penas horríveis e que, pelo inferno e pelo purgatório, levava o homem a um paraíso de que o próprio gênio de Dante não pôde fazer uma morada alegre e feliz". E, atendendo a um aparte pró-Católico do Deputado Antônio Carlos, compara a exclusividade dos cemitérios Católicos, pretendia por ortodoxos, com o preconceito de raça nos Estados Unidos, com os homens de cor não podendo entrar em certas igrejas, não podendo ser enterrados em certos cemitérios, não podendo frequentar certos teatros, por ter ficado, da luta em torno da escravidão, o ódio entre duas raças. E a um aparte do Deputado Teodoro Souto, de que "somos superiores" (aos estadunidenses), Nabuco exclama enfaticamente, repudiando seus aparentes arianismos:

Gilberto Freyre

"Somos infinitamente superiores nisso, porque, entre nós, todos os homens são iguais. A inteligência não se mede pela raça nem se conhece pela cor". Ao que, entretanto, Joaquim Nabuco quis manifestar-se veementemente contrário, foi "separação dos homens nos cemitérios", a propósito, salientando, no seu discurso, nessa "separação de cemitérios", um exemplo bem pernambucano: o de a Igreja ter impedido o sepultamento de Abreu e Lima em cemitério Católico.

A 4 de setembro de 1880, em comentário a um seu projeto de emancipação, refere-se ao transporte de escravos do Norte para o Sul do Império, para denunciá-lo como cruel. Segundo ele, a Província de São Paulo, que tudo devera, outrora, à iniciativa livre, à perseverança, à audácia de seus filhos, e que vinha espantando o Brasil com o seu desenvolvimento material e moral, com o prodígio da associação dos capitais, estava perigosamente concentrando, nestes últimos anos, em seu solo, uma população estranha e, assim, arriscando-se aos inconvenientes de uma imigração negra fora de proporção com a população branca dos centros agrícolas. O mesmo estaria acontecendo com o Rio Grande do Sul. De onde uma sua proposta: de declarar-se livre o escravo, transportado, depois de lei contrária a essa importação interprovincial, de uma província a outra.

A 14 de setembro de 1885, discute-se, na Câmara, um projeto de monarquia federativa. Joaquim Nabuco, o primeiro orador. Considera o assunto tão grave, que lhe impõe a necessidade de medir cada uma de suas palavras: "terei ocasião de justificar a federação monárquica, no Brasil". E adianta, da federação: "Nós a encontramos no crescimento gradual e lento do nosso País. Encontramo-la associada às antigas Capitanias. Encontramo-la antes da Independência e, a despeito dela, durante todo o Primeiro Reinado, durante toda a Regência e, em que a centralização se aperfeiçoou e fez desenvolver completamente, à superfície do espírito que aumenta toda a história brasileira".

São palavras que o leitor de hoje lê como se fossem não somente de um parlamentar versado na história de seu País, mas de um

Em torno de Joaquim Nabuco

historiador magistral: o que viria, de seu ostracismo de homem público fiel à Monarquia, a escrever a obra-prima de literatura e de historiografia que é *Um Estadista do Império*.

Para o parlamentar, historiador e um tanto sociólogo, de 1885, chegara o momento de o Brasil voltar às formas antigas e primitivas do desenvolvimento natural do Brasil. Como abolicionista, afirmava ter chegado "a ocasião de começar uma outra propaganda, para que não aconteça com as Províncias o mesmo que aconteceu com os escravos". Pois os abolicionistas, prestes a verem triunfante sua causa, sentiam-se obrigados a confessar que "o abolicionismo apareceu uma geração mais tarde do que era preciso...". E que as consequências da escravidão se prolongariam no Brasil além de sua extinção.

Quando à necessidade de o Brasil ser uma monarquia federativa, Joaquim Nabuco confessava, nesse discurso de 1885, não deixar de participar, com os demais brasileiros, do orgulho pela grandeza territorial do País. Contra o que se insurge é contra um Brasil de tão grande extensão ser "governado pela mesma centralização absurda". Somente a federação tornara possível a existência de grandes países como os Estados Unidos.

E juntando a causa federalista à causa abolicionista: "O abolicionismo e o provincianismo têm quase os mesmos fundamentos". Ao que se seguem, usado o conceito de provincialismo como equivalente do de federalismo – equivalência que viria estender-se, no Brasil, partindo do Recife de Joaquim Nabuco, sob novo e criativo conceito de regionalismo –, considerações de caráter surpreendente, para a época, sociológico. Depois de apresentar o abolicionismo como base de uma "reforma social que significa o trabalho livre, uma reforma econômica, no futuro, a pequena propriedade... uma reforma agrária... uma explosão de dignidade humana, de sentimentos de família, de respeito ao próximo, uma reforma moral de primeira ordem", Joaquim Nabuco exclama, nesse seu signicativo discurso de 1885 na Câmara dos Deputados: "Pois bem, em mim, pelo menos, a origem do meu provincialismo de hoje é a mesma. Não se trata de criar diversas pátrias, mas de fortalecer o sentimento de Pátria; não querer destruir a unidade moral do nosso povo, tão fortemente acentuada, mas, pelo contrário, fazer que sua unidade corresponda a um alto apreço do valor da nossa nacionalidade. O que se quer, sobretudo, é tornar o território brasileiro vivo, animado, independente, para que o Brasil readquira a sua expansibilidade e se desenvolva, em vez de retrair-se sobre si mesmo como está acontecendo. E que, neste incomparável de terra, não cresça uma abstração chamada "Estado" à custa de um território e de uma nação, e que um governo, isto é, um nome, não esterelize e não atrofie essas duas grandes realidades: um povo e um mundo".

Provincianismo, o de Nabuco parlamentar de 1885, que, mais como Regionalismo do que Provincianismo, ressurgiria – repita-se – no seu, muito seu, Recife, na década de 20 deste século. Juntando defesas de constantes vitalmente brasileiras, a quase Sociologia do Nabuco de seus dias de parlamentar juntou-se a um, a seu modo, Modernismo, tais suas maneiras inovadoras de versar assuntos já versados por alguns de seus predecessores, segundo antigos estilos de oratória ou de eloquência. Foi, assim, um moderno e, até, um, de certo modo, modernista, num estilo de expressão parlamentar que não deixou de preceder o que seria o seu estilo, também ele, para a época, moderno, de ser notável escritor literário em língua portuguesa.

Manifestação de modernidade de perspectivas, tanto de Joaquim Nabuco, em particular como do Brasil mais culto, em geral que se encontram em seu referido discurso de 1885, na Câmara dos Deputados, é aquela em que assinala: "hoje os tempos são muitos diversos: a adoração monárquica está viva apenas no espírito de alguns subservientes; o fanatismo acabou nas prisões dos bispos de Pernambuco e do Pará; a escravidão foi varrida do Norte ao Sul por um verdadeiro simum nacional; e já não há medo de que o fantasma da guerra se levante dos túmulos do Paraná e do Paraguai, para vir agourar, o nosso futuro pacífico, liberal e americano". Adiantando confiar antes numa "ideia liberal que afirmasse com todas as suas forças o ideal de uma pátria reconstituída sobre grandes alicerces modernos" que "no culto de algumas múmias, ou falando de instituições decadentes, o culto dos sarcófagos que guardam a poeira embalsamada do passado". Monarquista, sim. Mas empenhado na modernização da Monarquia, no Brasil por meio da monarquia federativa que libertasse as Províncias – ou as regiões – de sua condição de Brasis vítimas de excessos de centralização.

Daí comparar, no mesmo e veemente discurso, essa causa, para os seus últimos dias de parlamentar, superiores a um navio que haveria de, um dia, "avistar a terra que demanda, porque ele (navio) vai entregue ao Futuro, que é a maior das divindades nacionais", Que modernista ou futurista já fora, ou viria a chegar a tanto, no Brasil, na expressão, pela arte da eloquência, de sua crença num Moderno ou num Futuro renovadores de situações nacionais?

Atente-se, entretanto, no seguinte: nesse parlamentar de ímpetos suscetíveis de ser considerados "modernistas" ou "futuristas" em suas perspectivas nacionais, nunca deixou de haver, em potencial, um historiador brasileiro, sensível a passados e tradições nacionais: o historiador que viria a afirmar-se na obra magistral que é *Um Estadista do Império*. Também em potencial estava um quase sociólogo e, além de um quase sociólogo, um escritor literário que se revelara, em *Minha Formação* e noutros escritos ou em discursos e conferências, de cunho literário, em universidades dos Estados Unidos, um estilista magnificantemente renovador da língua portuguesa, através de, por alguns críticos mais ortodoxos consideradas suas imperfeições, seu não purismo.

Portanto, em potencial, estava no parlamentar de 1879 a 1888 – sob alguns aspectos, tão do atual e tão do futuro nas suas perspectivas brasileiras – um homem sensível a solicitações de passados, quer universalmente ilustres, quer nacionalmente significativos. E, por essa sensibilidade, levado a estudos sociais que, nele, ultrapassam os convencionais conhecimentos jurídicos e políticos. Por conseguinte, um dos brasileiros de sua época, mais abrangentes, em perspectivas e em interesses intelectuais.

Em 1888, o rumo da atuação parlamentar de Joaquim Nabuco continuou o de um homem público, antes "reformador social" que de político convencional de partido. Em discurso de um 7 de maio, já próximo do dia 13, o abolicionista abrangente, como que dramaticamente, exclama:

"Não é este o momento de se fazer ouvir a voz dos partidos. Nós nos achamos à beira da catadupa dos sentidos nacionais e junto dela é tão impossível ouvir a voz dos partidos como seria impossível ouvir o zumbir dos insetos atordoados que atravessam a queda do Niágara. É este, incomparavelmente, o maior momento da nossa pátria. A geração atual ainda não sentiu coisa semelhante, e precisamos lembrar-nos de que nossos pais, que vivam o 7 de abril, ouviram os nossos avós, que viram a Independência, para imaginar que, nesta terra brasileira, houve, de geração em geração, uma cadeia de emoções parecidas com esta". (*Apoiados. Muito bem*).

O por vezes parlamentar impetuoso, nas expressões eloquentes de suas crenças num Futuro com F maiúsculo, a reconhecer, com seu inato senso de equilíbrio, a importância dos ritmos das experiências nacionais que precedem grandes atualidades ou grandes momentos modernos. Na verdade, quase a antecipar-se naquela concepção de um tempo tríbio que, anos depois, viria a ser lançado, entre estudiosos de Ciências Sociais, por um seu conterrâneo do Recife, em livro intitulado *Além do Apenas Moderno*: em espanhol, de edição Espasa-Calpe, prefaciada pelo filósofo espanhol Julián Marías, *Más Allá de lo Moderno*.

Mais do discurso de 7 de maio de Joaquim Nabuco na Câmara dos Deputados:

"Dentro dos limites de nossa vida nacional e feito o desconto da marcha de um século todo, 1888 é um maior acontecimento para o Brasil do que 1789 para a Europa. (*Apoiados. Muito bem. Bravos*). É literalmente uma nova pátria que começa e, assim como à mudança de uma forma de governo caem automaticamente no vazio as instituições que a sustentavam ou

Em torno de Joaquim Nabuco

viviam dela, é o caso de perguntar, Sr. Presidente, se os nossos velhos partidos, manchados com o sangue de uma raça, responsáveis pelos horrores de uma legislação barbaramente executada, não deviam ser, na hora da libertação nacional, como o bode expiatório nas festas de Israel, expulsos para o deserto, carregados com as faltas e as maldições da nação purificada".

E adiante:

"Parece, porém, Sr. Presidente, que é preciso mesmo por amor do escravo, para que a grandeza deste decreto não seja discutida em nenhum dos cantos do nosso território, que ela seja revestida de todas as solenidades, por maiores e por mais dolorosas que sejam todas as delongas que exige a elaboração das leis".

Joaquim Nabuco lembra, nesse discurso, recente episódio europeu: o de a França, esmagada pela Alemanha, "ter comprado à vista sua liberação por um sacrifício que admirou o mundo inteiro e fez renascer a confiança perdida na vitalidade da nação francesa e no destino da raça latina. (*Muito bem*). É o exemplo que eu ofereço à nação brasileira". E especificando: "... queria agora, que, aos gritos de 'viva a Princesa Imperial' (longos aplausos) e 'viva a Câmara dos Srs. Deputados', decretemos neste momento a abolição imediata da escravidão no Brasil".

O Presidente pede ao orador que mande à Mesa o seu requerimento por escrito. E o deputado por Pernambuco:

"Requeiro que o Sr. Presidente nomeie uma Comissão Especial de Cinco Membros para dar parecer sobre a proposta do Poder Executivo que extingue o elemento servil. Sala das Sessões, 8 de maio de 1888. *J. Nabuco.*".

A 10 de julho – já depois da festa do 13 de maio – Joaquim Nabuco voltaria à tribuna. Mas para assunto diverso. Mas a um reparo do também representante de Pernambuco, Rosa e Silva, de "mais grave é promover a abolição e querer abandonar a lavoura", seguido deste outro – "o que não é lógico é pregar que a abolição não prejudicaria a lavoura e as forças produtoras do País e hoje dizer que a terra não tem valor. Digam os outros, não o nobre deputado" –, Joaquim Nabuco exclama:

"Eis a dificuldade que há em discutir por meio de diálogos uma questão de caráter econômico. Eu não disse que a terra e a produção não têm valor: o que digo é que não conhecemos hoje esse valor para darmos a garantia do Estado de até 300 mil contos, para fazermos uma tão colossal experiência *in anima vili* das gerações presentes e futuros". O até há pouco lírico a tratar de assunto financeiro ou econômico, com os pés solidamente na terra. Mas sem deixar de considerar projeções de solução abolicionista:

"Eu pensei que o nobre Presidente do Conselho queria servir-se da força do abolicionismo, que se precipita de toda a altura do antigo para o novo de nossa sociedade, para mover as grandes reformas nacionais; vejo, porém, Sr. Presidente, que S. Exa. quer procurar a sua força motora no grande pântano da escravidão. (*Muito bem; muito bem. O orador é muito cumprimentado*)".

Trata-se já de transabolicionista a lutar contra prováveis manobras antiabolicionistas. Assunto delicado demais para ser considerado, sem mais aquela, por Nabuco, em ocasião tão efusiva.

A 8 de agosto de 1888, Joaquim Nabuco reaparece na tribuna da Câmara com projeto federalizante: um projeto de reforma constitucional, no sentido de estabelecer o regime federal ao Governo do Brasil. Para Joaquim Nabuco, a federação no Brasil era reclamada pelas seguintes situações especificamente nacionais: a extraordinária extensão do território; a diversidade de interesses provinciais; a impossibilidade de fazer, de delegações do Governo Central, governos provinciais; a absorção constante e contínua, pelo Estado, do elemento provincial. Nas palavras do convite federalista: "A vida nacional, com o governo atual, há de forçosamente concentrar-se na parte de onde se irradia a ação do mesmo governo. Isso é fatal ao desenvolvimento das diversas zonas do nosso território". E adiante: "Não somente ideias de federação e Monarquia não se opõem e não se excluem, como hão de ser os diferentes Estados confederados do Brasil, unidos pelo laço nacional da Monarquia". Uma concepção que faria do Brasil uma originalidade sociopolítica, mas essa originalidade sociopolítica à base do que hoje se consideraria um fundamento ou um condicionamento vitalmente socioecológico. Uma antecipação no gênero a revelar, em Joaquim Nabuco, um quase cientista ou pensador original a pensar, como parlamentar de um novo tipo, em futuros brasileiros, não só em termos transpolíticos quase de todo diferentes dos convencionais. Pena que, com a implantação da República, o Brasil viesse a perder, no seu Congresso, e na sua vida pública, homem de arrojo, nas suas originalidades de pensamento mais que político, de Joaquim Nabuco. Foi considerando originalidades dessa espécie que, em recente diálogo, no Seminário de Tropicologia da Fundação Joaquim Nabuco, com o admirável escritor e pensador que é o Professor José Guilherme Merquior, discordei de sua colocação, entre ensaístas latino-americanos que têm sido também pensadores sociais, de Haya De La Torre, acima de Joaquim Nabuco. Retificação com a qual o lúcido crítico de ideias viria a concordar.

Do mesmo discurso de Nabuco, de 8 de agosto de 1888, na Câmara dos Deputados, sobre a federação e monarquia no Brasil, é este lúcido pronunciamento: "A raça latina, Sr. Presidente, incapaz de refrear suas paixões quando elas chegam ao exaltamento de que irrompem as guerras civis, não teria conseguido evitar o grande conflito a que os Estados Unidos souberam fugir em 1876". Exagero, talvez, pró-estadunidense, de Nabuco, embora pudesse ele repetir o que da República dos Estados Unidos têm dito alguns dos apologistas de seu federalismo: vir esse federalismo, em face de dias mais difíceis, coexistindo com um presidencialismo, do qual já houve quem dissesse ter chegado a ser, em termos eletivos, um equivalente de poder monárquico.

No notável discurso sobre monarquia e federação, que foi quase uma despedida de Nabuco da atividade parlamentar, ele foi enfático em proclamar sua convicção monárquica de democrata liberal: "... tenho fé e fé viva na encarnação democrática do espírito monárquico no Brasil". E mais: "... a Monarquia será, ainda depois da Abolição, um elemento de regeneração nacional, de levantamento gradual do nosso Povo..." No que, tendo havido excesso de otimismo, com relação à Monarquia brasileira, de parte de um parlamentar, por vezes tão crítico, em discursos veementes, de práticas monárquicas dos dias de Pedro II, não deixou de haver vaticínio exato quanto a felizes sobrevivências monárquicas na República de 89. Uma República que viria a recorrer a titulares e conselheiros do Império, como Visconde de Cabo Frio, o Barão do Rio Branco, o Barão de Lucena, o Conselheiro Rodrigues Alves, o Conselheiro Afonso Pena, o Conselheiro Rosa e Silva, para servirem, com suas experiências, seus saberes, suas orientações, ao novo regime. Pena não terem conseguido a colaboração, em política interna, de Joaquim Nabuco que, em discurso na Câmara, proclamou da Monarquia ter realizado, no Brasil, "obra nacional por excelência": em primeiro lugar, a Independência com Pedro I; em segundo lugar – ainda consoante Joaquim Nabuco –, a unificação do povo brasileiro; em terceiro lugar, a abolição da escravidão, o que – a síntese é de Nabuco ainda parlamentar ou deputado geral – "quer dizer a igualdade das duas raças vinculadas ao nosso solo".

O discurso de Joaquim Nabuco, de 15 de outubro de 1888, é outro de seus significativos pronunciamentos, já de transabolicionista. Nele, diz, o campeão máximo da campanha pela abolição, precisar o Brasil, triunfante essa campanha, caminhar resolutamente pelo caminho das "grandes reformas populares". Palavras que revelam sua preocupação, tão de alguns dos seus discursos do Recife, de integrar-se o ex-escravo na sociedade brasileira, como trabalhador livre e cidadão pleno.

Na sessão da Câmara de 15 de novembro de 1888, o Deputado Joaquim Nabuco, falando por futuro já a esboçar-se no presente, insiste no assunto:

"A questão é que esta raça" – brada, referindo-se ao ex-escravo – "ainda não tem as garantias necessárias para o homem livre trabalhar. Se há queixas de que o negro é vadio, de que é ladrão, vagabundo, pergunte-se: qual foi a raça no mundo que

Em torno de Joaquim Nabuco

jamais aprendeu a respeitar a propriedade senão pela educação que recebeu nessa propriedade? Há raça que, privada de tudo, já atingiu a qualquer grau de moralidade possível?... Como educaram os fazendeiros aos escravos para exigirem deles, hoje, procedimento diverso"?

Ao lado desse discurso, talvez um tanto vago, é preciso que se leiam aqueles em que, no Recife, em comícios, Joaquim Nabuco especificou o preparo de que necessitava o trabalhador brasileiro livre, categoria a que se devia incorporar o ex-escravo. O artista, como Nabuco gostava de chamar esse trabalhador livre destinado a constituir novo e criativo tipo de classe média. O artista capaz de orgulhar-se do trabalho, da atividade, da criatividade de suas mãos. Pelo que, insistia Joaquim Nabuco, nos seus discursos de exaltação do trabalhador livre e de apologia da dignidade de seu trabalho manual, em que se cuidasse, no Brasil, mais da preparação desse tipo de trabalhador ou, segundo ele, artista, do que em aumentar o número de bacharéis e de doutores, em grande número destinados ao funcionalismo público. O destinado salutar do ex-escravo e do descendente de escravo seria o de criativo trabalhador-artista que enriquecesse as tradições de bons funileiros, ferreiros, marceneiros, carpinteiros, pedreiros, alguns deles já constituindo uma espécie de nobreza de mestres dessas artes. A essa altura, cabe ao autor do texto de comentário à presente edição de nova ou renovadora seleção – renovação que o obriga a repetir, quase de todo, a seleção de 1949 de discursos parlamentares de Joaquim Nabuco, da edição da Câmara, por ele próprio apresentados e prefaciados – lembra, hoje, que nessa esgotadíssima edição, ao prefácio do autor deste texto, juntou-se erudita introdução do então secretário da Câmara, o ilustre deputado pelo Paraná Munhoz da Rocha. Um dos mais cultos, mais brilhantes, mais conscienciosos parlamentares que o Brasil tem tido a seu serviço, em qualquer época. *Discursos Parlamentares*, intitula-se a seleção de discursos de Joaquim Nabuco na Camara dos Deputados (1879, 1880, 1885, 1888), publicada, pela mesma Câmara, no Rio de Janeiro, em 1950, trazendo na capa os seguintes informes:

Publicação Comemorativa do 1º Centenário do Nascimento do Antigo Deputado por Pernambuco, Iniciativa da Mesa da Câmara. E mais: *Seleção e Prefácio do Deputado Gilberto Freyre. Introdução do Deputado Munhoz da Rocha.* A seleção abre com uma fotografia de Joaquim Nabuco quando deputado geral por Pernambuco.

No prefácio à edição publicada em 1950, dizia o prefaciador e organizador da atual edição que o Professor Harvey Walker – aliás, seu ilustre colega –, em livro intitulado *The Legislative Process,* então recém-aparecido nos Estados Unidos, afirmava: *"Oratory has gone out of fashion".* E especificava que, em vez de Clays e Websters, o Parlamento dependia crescentemente de homens antes dedicados à pesquisa que à oratória, antes à ciência política que à arte da persuasão, antes à psicologia aplicada que ao exibicionismo. Uma crise da oratória, tanto nos Estados Unidos como na Grã-Bretanha. Ao que o prefaciador de então e autor do texto da seleção atual oferece este comentário: "Nabuco não se sentiria diminuído em sua eloquência por essa crise atual da eloquência".

Acentue-se, da erudita introdução do então Deputado Munhoz da Rocha, à edição de 1950, este início, em expressivas palavras:

"Joaquim Nabuco nos deu uma das culminâncias de nossa eloquência parlamentar de todos os tempos, compreendendo como ela deve ser. Na verdade, ele focaliza sempre, nas suas lides parlamentares, o ponto nevrálgico das discussões, facilitando-nos a percepção das grandes preocupações da época em que ilustrou a tribuna da Câmara. Foi um modelo insuperável de eloquência parlamentar. Foi, sempre objetivo, característico essencial desse gênero de eloquência".

E adiante:

"Não se exige, é evidente, que, nos debates parlamentares, as ideias discutidas devam necessariamente tender a um projeto de lei. Seria restringir em excesso uma das maiores funções do Parlamento, função que se equipara à de legislar: a da fiscalização, a da vigilância constante, a do alertamento,

Em torno de Joaquim Nabuco

a da crítica, do livre exame de todos os atos do Governo a apontar as falhas, um refúgio de fácil e segura acessibilidade a todos os apelos dos pequenos e injustiçados".

E mais:

"Mas a eloquência parlamentar deve fugir da acadêmica que veicula questões abstratas e distantes, temas fugidios, sem nada concluir ou indicar, sem trazer, mesmo longinquamente, uma ideia, uma contribuição aos problemas para cuja solução o parlamentar é chamado".

O organizador da atual seleção de discursos parlamentares de Joaquim Nabuco – promovida pelo Presidente Nelson Marchezan – após cuidadoso exame, decidiu, dentro do desempenho de tarefa em que ouviu vários de seus auxiliares de pesquisas na Fundação Nabuco – principalmente o Príncipe da Documentologia no Brasil, Mestre Edson Nery da Fonseca –, manter a seleção de 1949, publicada em 1950. Apenas com um acréscimo: o de, na verdade, importante e notável discurso de 1879 em que o então jovem representante de Pernambuco abordou pioneiramente assunto interessantíssimo: a substituição, no Brasil Império, da madeira pelo ferro, na sua Engenharia Naval. Atendeu, assim, o organizador da seleção de discursos para a nova edição – de iniciativa, oportuna e inteligente, do Presidente Nelson Marchezan –, sugestão do também jovem pesquisador da mesma fundação, Sílvio Soares.

A esses pesquisadores da Fundação Nabuco, os agradecimentos do encarregado, tanto da seleção de discursos para a nova edição, como do texto que acompanha, na qual se procurou, além de situar tanto a ação como o pensamento de Joaquim Nabuco parlamentar num contexto sociocultural, brasileiro e transbrasileiro, da época, caracterizar sua personalidade, quer de tribuno, ou parlamentar, em particular, quer de homem público-intelectual, em geral. Inclusive, através de suas fotografias mais expressivas de atitudes de homem público. Sobretudo, as mais ligadas à sua atividade de deputado geral. Nesse particular, foi valiosa a colaboração do Presidente da Fundação Joaquim Nabuco, Dr. Fernando de

Mello Freyre, através do Departamento de Iconografia da mesma Fundação, dirigido pelo pesquisador Fernando Ponce de Leon.

À bibliografia geral, que acompanha o texto – trabalho da pesquisadora Maria Elisa Collier Pragana, orientada por Mestre Edson Nery Fonseca –, junta-se informe bibliográfico, elaborado pelo admirável mestre, de outros textos do autor acerca de Joaquim Nabuco, considerado em vários aspectos de sua personalidade.

Agradecimentos a todos esses bons colaboradores e também ao datilógrafo Bartolomeu Macedo, a este pela dedicação com que realizou seu trabalho.

O autor do texto pede que lhe sejam desculpadas repetições: subproustianismo, de sua parte, de que não consegue corrigir-se, talvez por temer, em particular, aquele perfeccionismo que diz serem arriscadas emendas em sonetos, mesmo maus. Além de repetições, desconexões entre certos parágrafos. Entre repetições de pormenores, a insistência de registrar de Joaquim Nabuco ter envelhecido sem usar óculos ou pincenês.

Acredita, entretanto, sugerir, em seu texto, perspectivas inovadoras de uma interpretação de Joaquim Nabuco parlamentar, ao colocá-lo situado em contextos que, de algum modo, tanto o condicionam como foram por ele influenciados. O que talvez concorreu para o esclarecimento de certos aspectos do novo tipo ou da nova figura de parlamentar que Nabuco foi de modo merecedor desta caracterização: ter sido notavelmente criativo e inovador.

Em torno de Joaquim Nabuco

Revolucionário conservador[26]

O Sr. Gilberto Freyre (prolongadas palmas): – O menino nascido há cem anos num sobrado do Recife foi homem menos do seu tempo do que do nosso. Em Joaquim Nabuco só o cabelo envelheceu depressa: tão depressa que aos cinquenta e poucos anos já estava quase todo branco como seu retrato de perfil tirado em Londres depois de nomeado Ministro da Inglaterra.

As ideias que lhe animaram as atitudes de homem público, estas chegam até nós espantosamente jovens: tão jovens como se fossem ideias de homem de hoje. E homem de hoje com a coragem de antecipar-se, em mais de um ponto, à maioria dos chamados "bem pensantes" e de arriscar-se a ser acusado de "petroleiro" ou "anarquista" ou "comunista", como foi Nabuco nos seus dias de "reformador social". "Petroleiro", por uns; "cortesão de pulseira", por outros: eis que chegaram a vaiá-lo uma vez no Teatro Santa Isabel. Sinal de que era repelido pelos dois extremos. "Reformador Social" foi o que ele desejou ser de preferência apolítico, um vez convencido de que os problemas brasileiros de mais urgente solução eram, na base, sociais e não apenas políticos. Os representados pela escravidão mais do que os representados pela Monarquia.

Por essa atitude antecipou-se Joaquim Nabuco aos homens públicos do Brasil do seu tempo na compreensão da realidade não apenas brasileira mas humana, que é fundamental e complexamente social; e não principalmente política, como pretende o maurrasismo. E na compreensão exata e profunda dessa realidade parece que só o antecedeu entre nós o primeiro José Bonifácio, também pensador alongado em homem de ação, com olhos de revolucionário e pés quase sempre de conservador.

---

26 Revolucionário-conservador. In: *Quase política: 9 discursos e uma conferência*. Rio de Janeiro, José Olympio, 1950. p. 82-111.

Revolucionário-conservador foi também Joaquim Nabuco sob a aparência suave e o andar tranquilo – andar, dizem-me os que o conheceram, pausado e firme, nunca o arrogante de quem sentisse a necessidade de afirma-se ou de prestigiar-se pelo modo de atravessar as ruas ou caminhar entre os homens – de "reformador social". Definia assim pelo próprio modo de andar, tão diferente do de Silveira Martins e do de Lopes Trovão, sua atitude de homem público insatisfeito ou inconformado com os programas ou as atividades dos partidos políticos de sua época, embora incapaz de extremar-se em demagogo ou "repúblico". A verdade, porém, é que, participando da luta abolicionista, do modo por que participou, não se empenhou numa reforma porém numa revolução muito mais vulcânica do que a republicana, por ele tão temida.

A verdadeira revolução brasileira da segunda metade do século XIX foi a abolicionista; e não a republicana de que Nabuco não quis de modo algum participar, contido nos restos de ânimo antimonárquico que lhe haviam agitado a adolescência, pelo sentido histórico que lhe haviam agitado a adolescência, pelo sentido histórico da expansão ou do desenvolvimento brasileiro. Repetiu José Bonifácio. Fora o Andrada emancipacionista, nas lutas pela independência, ate à revolução; mas, ao mesmo tempo, conservador da Monarquia, porém, não aceitaria título ou graça que o arredondasse em cortesão.

Atitude igual teria Nabuco que, menos revolucionário, teria, decerto, chegado até nós Barão ou Visconde de Massangana, do mesmo modo que seu patrono de Academia e mestre, ao que parece, de dandismo, Antônio Peregrino Maciel Monteiro, Barão de Itamaracá. Se o título de fidalgo não livrou o ilustre mestiço da alcunha maliciosa de "bode cheiroso", aumentou-lhe o prestígio entre as mulheres de vestidos de seda, contentes de serem cortejadas por barões, mesmo mestiços. (Riso).

Precisamente neste ponto – no fato de ter sido antes um protetor da Monarquia que um protegido dela – creio ter Joaquim Nabuco se antecipado, como raros brasileiros do seu tempo, em

Em torno de Joaquim Nabuco

ideias, hoje renovadoras, entre nós das relações dos homens com as instituições dominantes em épocas como a dele e, especialmente, a nossa, de desintegração ou crise de valores. Valores por muito tempo soberanamente protetores dos homens mas afinal incapazes de se prolongarem, sem uma renovação, em valores operantes.

Joaquim Nabuco parece ter compreendido que, em tais épocas cabe aos homens de responsabilidade intelectual ou política, mesmo quando revolucionários na substância, serem conservadores de formas e de ritos para que dentro desses ritos se processem menos crua ou violentamente alterações necessárias ao melhor ajustamento entre os homens. O sistema inglês de revolução política e até social; e também o da Igreja Católica que tem sabido conservar-se atual, sem sacrifício da sua ancianidade, e do mundo e até das nações, sem prejuízo da sua sacralidade.

Já esbocei uma vez a sugestão, agora apenas repetida a propósito de atitudes, nem sempre bem compreendidas, de Joaquim Nabuco, de que há gerações ou homens a quem toca a missão nada suave – ao contrário, às vezes acre – de serem antes os protetores que os protegidos de velhas instituições maternais ou paternais a cuja sombra nasceram e se criaram. Instituições como a Monarquia, a Igreja, a Família patriarcal. Instituições por natureza protetoras, nos seus dias de estabilidade, de homens ou de indivíduos inquietos e instáveis, mas nos dias de desintegração, necessitadas de protetores que as resguardem das agressões dos revolucionários puros ou radicais e permitam que elas, instituições, se alterem, sem perderem a aparência de maternais ou paternais. Pois as instituições parecem ter sexo, conforme o valor que principalmente encarnem para os homens: a imagem materna ou paterna. Vivemos, os próprios homens, num mundo de símbolos cujas raízes principais são estas: mãe e pai. O próprio filósofo do super-homem morreu louco só sabendo dizer com um menino que apenas aprendesse a falar: Mamã, Mamã.

Não creio que seja preciso alguém sectário da Psicanálise para admitir que ela possa esclarecer atitudes de grandes homens e não apenas de doentes recolhidos em clínicas elegantes ou mesmo em hospitais comuns. Nem me parece que se faça nova violência à já tão violada realidade brasileira ou se fantasie o passado íntimo do homem que há cem anos começou a ser menino em Pernambuco, admitindo, em Joaquim Nabuco, um indivíduo em quem, a admiração pelo Pai ilustre, mas distante, não foi nunca superior, como influência sobre o desenvolvimento da sua personalidade, à ternura ou ao encanto, porventura tocado de amor, pela imagem materna que, sob forma sociológica – tantas vezes superior à substância biológica –, parece ter sido, para ele, antes a figura da madrinha que a da própria mãe. Viu o Joaquim Nabuco menino – "Nhô Quim" ou Quinquim – cair morta do seu trono de senhora de engenho a majestosa mas doce madrinha, para nunca esquecer o dia terrível dessa desgraça, para ele imensa. Homem feito ele diria em carta a José Mariano, de que passou o original, que não poderia haver dor que se comparasse à do filho que perde a própria mãe. Dor que ele já experimentara ao perder a madrinha.

Quem ler a página de *Minha Formação* onde é recordada a morte de Dona Ana Rosa sente que foi esse o drama que marcou mais profundamente a vida de menino de Joaquim Nabuco, de que a de homem tanto haveria de depender. Que marcou mais profundamente sua formação. Dona Ana Rosa não fora para ele, é certo, proteção contra um pai ortodoxamente patriarcal que o aterrorizasse, como, em geral, os pais do patriarcalismo aos filhos inermes e aliados das mães, dos outros meninos, dos malungos, das mucamas, das negras velhas. Mas fora ela, durante anos, sua única proteção, sensível, visível, tangível – e tanto materna como paterna – contra todos os inimigos de um menino de engenho. Contra ciganos. Contra macumbeiros. Contra o saco, a cabra-cabriola, o cresce-e-míngua, a mão-de-cabelo, o papão. Contra bichos, inclusive os bichos-de-pé extraídos entre agradáveis coceiras por dedos ágeis de mucama dos pés dos sinhozinhos, para que os pés dos sinhozinhos não se apostemassem em pés de negros. Contra os senhores de engenho, homens e até velhos, que castigavam cruelmente meninos da idade dele, Nhô Quim de

Em torno de Joaquim Nabuco

Massangana – apenas de cor diferente da sua –, meninos e meninotes que vinham à casa-grande de Massangana pedir misericórdia a Dona Ana e a ele próprio, "Nhô Quim". E ainda, contra incertezas de posição de filho segundo com relação ao mais velho ou ao caçula na constelação familiar, exato como é que o menino de Massangana cresceu, no engenho, filho único, embora, adolescente, se encontrasse na situação psicologicamente significativa de um dos filhos do Senador Nabuco, nessa pluralidade tendo porventura se atenuado os inconvenientes da primitiva situação em virtude da qual quase deixara de se chamar Joaquim Nabuco para tomar o nome da família da madrinha. Ou antes: marido da madrinha, figura de homem por ele substituída no afeto, de fundo talvez erótico, embora sublimado em amor de mãe, de Dona Ana Rosa.

Em memória dele, Nhô Quim quase se chama Joaquim Aurélio Nabuco de Carvalho. Foi este o desejo da quase-matriarca: absorver o nome paterno de Nhô Quim no do seu defunto marido que se chamara Joaquim Aurélio. A esse respeito são de vivo interesse as revelações que nos traz documento de 1853 ainda pouco conhecido: o inventário do espólio de D. Ana Rosa Falcão de Carvalho, descoberto num dos cartórios da cidade do Cabo pelo escrivão Miguel de Lima e há pouco divulgado, com inteligentes comentários, pelo advogado Luís Cedro. Deixou a senhora de Massangana para o afilhado, e filho do Exmo. Sr. Dr. José Tomás Nabuco de Araújo", não poderiam a pretexto algum "ser vendidos por seu pai" nem ser "sujeitos às dívidas deste, quais quer que sejam", mas administrados e conservados até a maioridade de Joaquim – isto é, Joaquim de Carvalho –, gasto apenas quando fosse necessário para a sua educação – diz o documento – "primária e superior a qual quero e é minha vontade que seja ampla e superior, digo ampla e completa". A proteção da mãe sociológica ao filho superando a do pai biológico.

Talvez resultasse dos mimos exagerados com que parece ter sido criado pela madrinha senhora de engenho – verdadeira "mãe com açúcar" da definição de avó, atribuída a Lauro Müller – o fato de haver se extremado Nhô Quim em adolescente um tanto dengoso. Em menino, segundo ele próprio, incapaz de entrar em venda ou taverna onde se vendesse toucinho. "Eu não entro em vendas", disse ele, um dia, talvez menos esnobemente que sob o jugo de sua aversão a toda espécie de sebo ou banha, ao profesor que lhe perguntara como havia de pedir em um armazém, pelo sistema métrico, quatro libras de toucinho.

Não só o toucinho repugnava ao ainda verde mas já delicado dava Quincas, menino de colégio no Rio de Janeiro, náuseas e até o fazia vomitar. No Pedro II comia helenicamente pão seco. Compreende-se, assim, que o internato, com comida certamente frita na banha, a carne nem sempre tenra, o peixe nunca o bom e gostoso das praias do Cabo com as espinhas catadas pela mãe da mucama, tenha sido para ele o sofrimento que foi. Que as próprias empadas de palmito e camarão – delícia dos outros meninos – o fizessem vomitar. Que a casa-grande à margem do Rio Trapicheiro, nos arredores da Chácara do Vintém, onde residiam os internos do Pedro II, e de onde saíam para as aulas solenemente vestidos de casacas verdes com botões dourados e altas cartolas já quase de doutores, tenha sido para ele o oposto da casa-grande de Massangana, onde vivera quase numa redoma, quase num nicho de Menino Jesus que fosse também um São Joaquim ou um Santo Antônio. Que a vida de interno de colégio tenha lhe deixado para sempre uma impressão de horror talvez misturada a certo ressentimento do pai e principalmente da mãe que não tivesse para ele o mesmo carinho que a madrinha. Que não tenha permitido a filho algum ser aluno interno de colégio.

Entretanto, a vida um tanto áspera de internato, no meio de meninos às vezes grosseiros, talvez tenha sido para Joaquim Aurélio um corretivo da vida de menino criado em Massangana com excessos de filho único. Como substituto do Joaquim morto mas não esquecido por Dona Ana. Como filha e não apenas filho de Dona Ana. Com ternuras e dengos que, prolongados, poderiam ter feito dele, Joaquim Aurélio, um eterno Quinquim de Dona Ana Rosa.

Em torno de Joaquim Nabuco

Em vez de um Joaquim Nabuco, Quinquim teria sido talvez outro Raul Pompeia. Em vez de *Minha Formação* teria sido talvez obrigado a escrever, sob o disfarce ou não de romance do sabor d'*O Ateneu*, um "minha deformação" doloroso.

A verdade é que ele, que a princípio deve ter sido, pelos seus dengos, menino um tanto malvisto pelos internos, quase sempre rudes e intolerantes de adolescentes com maneiras de moças, acabou, em brinquedo célebre, eleito "imperador". "Não houve cabala", recorda Vieira Fazenda em suas notas de 1910. O imperador eleito que, a exemplo de Pedro II – nem sempre o Pedro Banana das caricaturas –, devia ser individuo de vontade viral, formou logo ministério e indicou os nomes dos senadores e deputados. Fizeram-se condecorações de papelão. Tudo foi bem até o momento em que Sua Majestade Quincas, o Belo, prendeu um deputado. O Parlamento revoltou-se. O imperador perdeu o trono. Mas perdeu o trono por um ato – talvez por um abuso – de energia. Evidentemente já não era Quinquim de Massangana. Já não era Quinquim de Dona Ana Rosa. Já não era Nhô Quim: Menino Jesus das negras do engenho da madrinha. Já era Quincas: capaz de ser enérgico com outros Quincas, Totônios, Chicões. Já era Joaquim. Joaquim Aurélio. Quase Joaquim Aurélio Nabuco de Araújo. Embora nunca viesse a montar imperialmente a cavalo como um Pedro I, ou caudilhescamente a galopar em corcel, um Pedro Ivo, ou a dançar donjuanescamente valsa como um Maciel Monteiro ou um Rodrigo Silva ou um Osório, já reunia traços viris de imperador, de rei, de chefe, de caudilho. (Aplausos).

Explica-se, assim, que Joaquim Nabuco crescesse, como cresceu, sentindo necessidade de ser protegido por instituições em que visse refletida a imagem materna, adjetivadamente matriarcal, da madrinha, e ao, mesmo tempo, experimentando a necessidade de proteger velhas instituições que já não pudessem proteger, como outrora, os homens inquietos e sós: a Monarquia encarnada na figura de mulher, ao mesmo tempo frágil e maternal, da Princesa Isabel. A civilização britânica encarnada na rainha Vitória. O Cristianismo encarnado na Santa Madre Igreja. A Família cristã encarnada em senhoras que lhe lembrassem principalmente Dona Ana Rosa, de quem a mãe biológica de Nabuco seria, como lembrou Carolina Nabuco, a rival, sem de todo superá-la. Ou instituições ainda novas cuja vocação ou função protetoramente maternal não fosse ainda reconhecida pelos homens necessitados de proteção: o Pan-americanismo encarnado na imagem supranacional da América e exigindo das pátrias ou nações, redefinição da soberania nacional de cada uma. A América pátria maior que as pátrias americanas.

O revolucionário-conservador parece que se explica, em Joaquim Nabuco, não só pela plasticidade com que soube adaptar-se ao duplo papel que sentiu ou julgou ser reclamado dele pelas circunstâncias – o papel de revolucionário, conservando – como pela predisposição, para esse papel, que nele se operara sob circunstâncias de uma meninice singular: a de menino criado fora do alcance do paternalismo do próprio pai – o pai ilustre admirado de longe – mas não do terrorismo ou do paternalismo áspero irradiado pelos pais de outros meninos, senhores de engenho de Pernambuco, que castigavam filhos e, principalmente, crias de escravos de casas-grandes; a de menino protegido, contra as repercussões, sobre a sua sensibilidade, desse e de outros abusos de poder patriarcal ou paternal, pela figura da madrinha – antes viúva e substituta de patriarca que matriarca ela própria e famosa pela bondade com que tratava os negros, embora não deixasse de ser, a seu modo, severa para com eles. Aparentemente severa, pelo menos.

Admita-se ou não, a interpretação semipsicanalítica, semissociológica, de personalidade, que aqui ousadamente se sugere para explicar o que houve de contraditório em Nabuco – sua condição de revolucionário sempre perturbada pela de conservador, seu ímpeto romântico de protetor dos fracos sempre igualado pela sua necessidade de ser ele próprio protegido, como um eterno menino, por instituições que continuassem a ser, ou parecessem continuar a ser, para ele, o que fora a madrinha na casa-grande de Massangana – no que temos, de qualquer modo, de concordar é no fato ou na realidade dessa condição: Joaquim Nabuco foi sempre, contraditoramente, um revolucionário-conservador.

Em torno de Joaquim Nabuco

E nesse ponto, embora se assemelhando ao primeiro José Bonifácio, antecipou-se aos que hoje desejam para o Brasil uma política de organização nacional que seja, ao mesmo tempo, revolucionária e conservadora. Que realize alterações substanciais na economia, nas relações entre grupos, nas relações entre a liberdade do individuo e as necessidades da comunidade, conservando, o mais possível, formas e ritos sociais que suavizem a transição e até permitam sobrevivências úteis de instituições em parte substituídas ou modificadas. Era o que não compreendiam os Silva Jardins e os Quintino Bocaiuva. Foi o que compreendeu Nabuco, passado o radicalismo da adolescência durante a qual a vida de internato, sob o despotismo de censores, parece ter aguçado nele, ao mesmo tempo, saudade da meninice em Massangana e a vontade de apresentar-se na toga viril.

De passagem direi que discordo dos que imaginam a meninice pernambucana de Nabuco a dos meninos tipicamente criados em engenhos do norte no meado do século passado. Meninos nos seus brinquedos de bodoque, nas suas judiarias com passarinhos, ovelhas e muleques, nas suas travessuras de banho de rio, nos seus desadoros com cavalos, nos palavrões que cedo aprendiam com os cabras da bagaceira, nos "oxente" e nos "vote" com que imitavam as negras de cozinha, nas xumbergações com crioulinhas de que resultaram fixações meio mórbidas em torno da vênus fusca por que são ainda hoje famosos homens das mais velhas e ilustres famílias de Pernambuco – desde o tempo de Antonil, escândalo dos moralistas. É significativo o fato de que Nhô Quim cresceu sem saber montar a cavalo – tendo sido o perfeito baiano da caricatura gaúcha, embora fosse, pela bravura tranquila e às vezes quixotesca, o perfeito gaúcho a pé da caracterização de Silveira Martins do pernambucano. Cresceu sem ter aprendido a dançar com as mucamas, algumas com certeza dianas e mestras de pastoris: nunca soube dançar. Sem ter adquirido o gosto pelo fumo nem a mania – notada pelo Padre Lopes Gama nos meninos de engenho do seu tempo – de cedo quererem imitar os grandes usando facas de ponta de brinquedo.

Gilberto Freyre

Foi Joaquim Nabuco, ao que parece, menino criado em Massangana um tanto como menina, como, em geral, o filho único. Brincando mais de padre – talvez com as saias de viúva de Dona Ana Rosa – do que de cambiteiro ou tangerino. Mais de dizer missa do que de rodar em almanjarra. Donde, mais tarde, no Pedro II, ter sido escolhido pelos organizadores do teatro do colégio, para fazer papel não de homem mas de moça no drama *Artur* de dezesseis anos depois. "Neste drama" – recordou em 1910 no jornal *A Notícia*, um seu companheiro do Pedro II, Vieira Fazenda –, "coube a Nabuco fazer parte de Maria seduzida e abandonada por certo Lorde Malvill". Faltava-lhe aliás jeito para ator. Diga-se a favor desse brasileiro sempre desdenhoso dos mestres – tanto os do Pedro II como os da Faculdade de Direito do Recife, que para ele eram uns estagnados e uns estéreis – que nunca se salientou pela memória. Nunca foi exemplo de bom estudante de colégio ou de academia, numa época em que a chamada "memória de anjo" era a qualidade suprema de menino ou de rapaz com pretensões a gênio. E como não era decorador nem seguia passivamente o compêndio, desgostava os mestres convencionais como Frei José dos Santos Maria. Foi Frei José que uma vez deu ao estudante revolucionário este conselho: "Olhe, Sr. Nabuco, nada de inovações. Cinja-se ao compêndio e irá sempre bem!"

Conselho que ele jamais seguiria. Menino de colégio já se preocupava com a política. Já procurava pensar por si e não pela cabeça do pai ou professores. Era principalmente de política que se ocupava no jornal manuscrito do colégio ao mesmo tempo que se desinteressava do estudo da Música e do de Desenho; e sempre o menino de Masangana criado mais como menina do que como menino, dos exercícios de ginástica.

O que não significa que fosse entre os colegas um narciso sempre preocupado em vestir bem como as meninas e, em geral, os filhos únicos. Esse gosto veio já ao homem feito, talvez por influência do filho do Barão de Penedo que conheceu em Londres. Adolescente e mesmo rapaz, seria "o descuidado no trajar e inimigo das modas a que chamava bagatelas" recordado por Vieira

Em torno de Joaquim Nabuco

Fazenda a propósito do colegial. Foi muito tempo Nabuco no trajar "como então se dizia, um perfeito filósofo". Só fazia exceção – aqui repontava o narcisismo de que mais tarde tanto o acusaria Oliveira Lima – "no baile de S. Joaquim". No baile de seu santo. Calçava então luvas, frisava o cabelo, perfumava-se com o extrato de sândalo. Era como se a madrinha ainda fosse viva e quisesse o afilhado digno do seu santo que fora também o santo de Joaquim de Carvalho, o marido morto.

Joaquim Nabuco talvez tivesse razão quando desejava, aos quarenta anos, que a Monarquia – que para ele era um pouco Dona Ana Rosa, sob a figura de D. Isabel, e não, como para outros sentimentais, D. Pedro II, por um processo de remorso inteligentemente estudado pelo escritor paulista Sr. Luis Martins – se prolongasse, no Brasil, até que a República nos chegasse naturalmente; e não antes de seu tempo, como em 89. Até que Dona Ana Rosa morresse aos cem anos, sem deixar filhos. E a República se tornasse mulher feita, capaz de ser mãe ou madrinha dos brasileiros desprotegidos.

Por outro lado, também o sistema de trabalho escravo, que era o sistema patriarcal, por ele e, principalmente, pelos seus companheiros mas radicais de aventura abolicionista, derrubado em 88, num como furor romântico de filhos contra pais, poderia ter chegado ao fim atenuado, na consequência de sua queda, por mais cuidadosa e generalizada preparação da economia brasileira para o trabalho livre. A falta dessa preparação sabe-se hoje que representou mal enorme para o Brasil e – dura verdade – para o próprio negro. Deixou o negro de ser protegido pela casa-grande patriarcal sem que o estado tomasse a si a proteção do ex-escravo, fantasiado de cidadão no mais triste dos carnavais que já houve no Brasil. Ao contrário: o Estado Monárquico é que quis proteger-se dos inimigos republicanos, tão fortes depois de 88, fazendo de preos armados de facas e foices, sua guarda, sua defesa, sua principal tropa de resistência – a famosa "guarda negra" – depois dos capitães-do-mato. O roto a cobrir-se com os trapos dos esfarrapados. A Monarquia de manto de veludo estraçalhado pelas mãos dos radicais a cobrir-se com os restos de baeta velha e suja do negro falsamente livre que não fora, havia tempo, preparado, pelos estadistas monárquicos, nem para a liberdade nem para o trabalho livre.

De Joaquim Nabuco é justo que se diga não ter sido, como tantos dos seus companheiros de geração, bacharel simplesmente romântico ou doutor romanticamente simplista no seu modo de encarar a chamada questão servil no Brasil. Como nenhum outro homem público do seu tempo ele viu na questão chamada servil, para outros só econômica ou apenas jurídica, isto é, de pura modificação do *status* econômico ou civil do preto, madrugar, entre nós, a questão social, desde mil oitocentos e oitenta e pouco, teria se iniciado, no Brasil, a preparação do negro, ou, pelo menos, a do adolescente de cor, para a liberdade e para o trabalho livre: preparação de que a Monarquia não cuidara e de que a República só viria verdadeiramente a cuidar em 1909, fundando, de um golpe, vinte escolas para a formação técnica de artífices. Iniciativas de um homem de cor e de origem humilde, o admirável Nilo Peçanha, que chegou a Presidência da República sem procurar negar sua origem nem renegar sua meia-raça. Ao contrário: orgulhando-se de certo modo de ter sido não menino rico e mas garoto pobre. (Aplausos). Sinal de que talvez tivesse alguma razão o velho Rebouças quando, ainda na primeira metade do século XIX, pedia na Câmara, na sessão de 1843, que a população mulata tivesse um representante no ministério para a administração suprema ficar completamente nacionalizada. Pois, a seu ver, os mulatos tinham na guarda e defesa da monarquia constitucional representativa um interesse maior que o dos demais brasileiros – tanto já lhe deviam; e a esse interesse – parece ter sido este o pensamento de Rebouças – era justo que juntassem sua participação ativa no governo, não como mulatos fantasiados de doutores brancos mas como mulatos identificados, pela sua situação de homens de meia-raça, sem títulos falsos de branquidade, como aquela parte da população que, por algum tempo, correspondeu, entre nós, ao proletariado livre dos países economicamente mais adiantados. Proletariado livre, outrora representado, nas Câmaras coloniais de feitio português, pelos juízes do Povo ou pelos XVIII, e ao próprio começo do XIX, quase sem voz própria no governo e quase sem indivíduos ou órgão que reclamasse seus direitos perante os poderes públicos.

A Revolução Baiana chamada "dos alfaiates" é o que parece ter principalmente sido: um protesto contra a negação desses direitos que, abolidos, criaram uma situação falsa para numerosos brasileiros. Saídos de uma população quase toda mestiça em sua composição étnica ou cultural. O proletário ou filho proletário que se elevava intelectual e moralmente, quase sempre deixava de querer parecer mestiço e de querer ser considerado individuo saído da população mecânica ou operária, para procurar confudir-se com os doutores ou os bacharéis. O mulato A. J. de Fiqueiredo reagiu, é certo, de algum modo, contra essa tendência geral entre os mulatos do século XIX: entre aqueles que, valorizados pela cultura intelectual ou enobrecidos pelo casamento com iaiá branca ou rica, deixavam de pensar na sorte dos demais mulatos e dos demais mecânicos para se identificarem com os interesses dos doutores e bacharéis brancos e adotarem seus símbolos sociais.

Creio que entre as influências recebidas por Joaquim Nabuco adolescente deve ser incluída a desse mulato socialista do Recife, do meado do século XIX, com quem confraternizara, nos seus dias de residência em Pernambuco, o socialista francês Louis Léger Vauthier. De ambos viveu cordialmente próximo, no seu tempo de magistrado ou advogado na capital da velha Província do Norte, Jose Tomás de Nabuco de Araujo, a quem Vauthier, diretamente e por intermédio de Figueiredo, parece ter transmitido, se não o entusiasmo, a curiosidade simpática por algumas das ideias de crítica socialista pré-marxista ao sistema feudal de grande propriedade territorial e escravocrata. Sistema ainda dominante, naqueles dias, em países como o Brasil e como a Santa Rússia.

Os reparos de Nabuco de Araújo à grande propriedade territorial que o ensaísta Otávio Tarquínio de Sousa, sempre perspicaz nos seus estudos do passado brasileiro, encontrou, há pouco, em documento esquecido, parecem refletir traços de influência recebida de Vauthier e de Figueiredo. Também parecem acusar traços dessa influência recebida pelo grande estadista do Império, da pregação socialista de Vauthier e de Figueiredo. Também parecem acusar traços dessa influência as palavras com que o próprio Joaquim Nabuco, em discursos proferidos no Recife e no Rio de Janeiro durante os anos mais agitados da campanha abolicionista, salientou a necessidade de deixar o Brasil de formar apenas doutores ou bacharéis para valorizar o trabalho manual degradado pela escravidão. Essa valorização teria de exprimir-se na formação de técnicos ou artífices que não trocassem a dignidade de sua arte pelo emprego público. "Não serei eu" – disse Joaquim Nabuco no Recife, num dos seus memoráveis discursos de candidato a deputado em 1884 – "quem se preste a desmoralizar as artes e as profissões mecânicas prometendo empregos públicos e estimulando assim uma propensão nacional que é uma forma de incapacidade moral para o trabalho e da inferioridade em que é tido, ambos efeitos da escravidão..." Pelo que, com quem ele desejava identificar-se não era nem com o funcionário público nem sequer com o homem de profissão científica – a seu ver, elementos de "uma aristocracia intelectual grande demais para um povo tão oprimido como o nosso"; e sim com "o insignificante, o obscuro, o desprezado elemento operário porque está nele o germe do futuro da nossa pátria".

Tocava-lhe também o sentimento à sorte dos homens do interior – gente "sem garantia de ordem alguma": os que cultivavam o solo sem salários, como os escravos, os pequenos lavradores ou moradores dos feudos. "Por uma série de circunstâncias " – dizia Joaquim Nabuco em 1884 – "serão precisos talvez trinta anos para se fazer compreender essa classe, a qual é uma população, que ela também tem direitos. Vós, porém, artistas das cidades, não levareis todo esse tempo a adquirir a noção da vossa dignidade e dos vossos direitos e, em minha opinião, não há neste momento medida mais urgente do que a de educar-vos para a posição que ocupais – não somente cidadãos a cujo alcance a Constituição pôs todos os cargos públicos mas também de classe chamada nada menos do que a salvar o País pela reabilitação do trabalho". Ora, o trabalho manual que existia então em nosso País era, conforme ainda Joaquim Nabuco – "quase todo de descendentes de escravos, de homens em cujo sangue cristalizou algum sofrimento de escravo".

De modo que vendo o Brasil salvo pela reabilitação do trabalho, o moço fidalgo de Massangana, o neto de Morgado, via o Brasil salvo pela reabilitação do homem de cor. E ele próprio salientava em 1884, pensando, decerto, em brancos do seu próprio sangue, em Paes Barretos, em Calvalcantis, em Wanderley, em Albuquerques elos de Pernambuco, que na mendicidade vinham caindo "descendentes de antigas famílias, netos de morgados". E comentava: "para a aristocracia educada na escravidão... pedir é menos humilhante que trabalhar". Completemos o que parece ter sido seu pensamento inteiro: que os descendentes de escravos e de negros trabalhassem sem pedir esmola nem emprego. Que se elevassem pelo trabalho manual, intelectual, técnico, independente, elevando também o Brasil. (Aplausos).

"Vós sabeis que as artes nasceram entre nós e que vida difícil elas têm tido. O seu nível pouco tem subido do que era no tempo colonial e sua organização ainda é rudimentar". São ainda palavras de Joaquim Nabuco num dos seus discursos de 1884, o mesmo em que dá o proletariado nacional como tendo saído, em grande parte, do sangue dos escravos.

E definindo-se com relação ao protecionismo às indústrias que não significasse proteção ao trabalho ou ao trabalhador: "As altas tarifas necessárias para instalar a fantasmagoria das nossas indústrias não bastam para dar-lhes impulso, para habituá-las a lutar com a indústria estrangeira. Os altos preços da vida, a falta de economia, a frouxidão dos princípios sociais, tudo opera para elevar o custo da mão de obra, e isso, junto a nenhuma educação mecânica do operário, impossibilita o que todos devêramos tanto desejar – nacionalização das indústrias essenciais à vida".

Via claro, em ano tão remoto, que não nos cumpre favorecer indústrias nacionais só no benefício de industriais que se arredondam em milionários elevando a extremos os preços dos seus produtos com sacrifício do consumidor e sem proveito para o trabalhador (aplausos) sem cuidarem do aperfeiçoamento dos produtos. Sem melhorarem as condições técnicas do seu fabrico, visando àquele aperfeiçoamento assim como o barateamento de preços no interesse do consumidor. (Aplausos).

Era pela nacionalização das indústrias essenciais mas não pela nacionalização das indústrias, em geral, e do comércio. Nacionalização que afastando o estrangeiro, repelindo o capital, criasse – são palavras exatamente suas – "um privilégio para alguns brasileiros à custa da comunhão toda..." E acrescentava "... nada mais patriótico do que todos concorrermos para que os artigos produzidos em nossas oficinas possam substituir e dispensar a importação estrangeira". Mas que isso se conseguisse pela proteção inteligente e legítima às artes. "começarei por dizer-vos francamente" – dizia Nabuco em 84 – "que não acredito na proteção das tarifas". Essa "espécie de proteção" parecia-lhe "roubo do pobre"; e, "num País agrícola"... técnica: "... se eu entrar para a Câmara tratarei de mostrar que os sacrifícios que temos feito para formar bacharéis e doutores devem agora cessar um pouco enquanto formamos artistas de todos os ofícios".

Suas ideias de nacionalização de indústrias essenciais não o levaram nunca à atitude de socialista de Estado – de Estado absorvente da iniciativa particular ou da vida local. De modo algum: foi sempre descentralista e sempre personalista no sentido cristão ou britânico. No seu primeiro ano de deputado por Pernambuco, discutindo-se na Câmara a parte da proposta do orçamento relativa à imprensa ou tipografia nacional, disse Nabuco em discurso de 14 de abril de 1879: "A comissão de orçamento parece querer habilitar a tipografia nacional para concorrer com a indústria privada". E pormenorizando: "Bem, o que eu queria dizer era somente que, se a tipografia nacional quisesse fazer concorrência às outras tipografias e aumentar por aí a sua renda, eu não acompanharia o pensamento do governo. O Estado já explora muito, não deve explorar a imprensa que, ao contrário, no nosso País precisa de animação".

Em torno de Joaquim Nabuco

Na sua conferência de 22 de junho de 1884 no Teatro Politeama do Rio de Janeiro, salientava da indústria do café: "... essa indústria única é o monopólio de uma classe também única", com o fazendeiro já reduzido a "empregado agrícola que o comissário ou acionista de banco tem no interior para fazer o seu dinheiro render acima de 12%..." Via ele o feudalismo agrário vencido, absorvido, superado no Sul do Império pelo feudalismo industrial e bancário. E antecipando-se de certo modo não só aos regionalistas brasileiros de hoje e, particularmente, àqueles que se levantam contra a absorção dos pequenos lavradores pelas usinas de capitalistas ausentes e constituídos em firmas comerciais ou bancárias, perguntava em discursos de 10 de julho de 1888 na Câmara dos Deputados: "... qual é a solução científica do problema da lavoura no Brasil? Para cada gênero de cultura, para cada zona de produção, para cada centro de capitais, a solução é diversa; não há uma só". E quanto ao contrato dos chamados engenhos centrais com os senhores de terras, em que se proibia às companhias ou empresas capitalistas, exploradoras dos engenhos centrais, "tratar diretamente com os moradores": "... Desse modo tínhamos garantido com o dinheiro dos pobres um privilégio para os ricos, e empresas subvencionadas ficavam pela lei do monopólio obrigadas a não aceitar as canas do lavrador sem a licença do senhor de engenho". E rebatendo pontos de vista defendidos então por Andrade Figueira e Rosa e Silva dizia Nabuco nesse discurso já pós-abolicionista que seus ideais abolicionistas "eram no sentido da pequena propriedade".

Considerava necessário o que chamava a "democratização do solo" pelo "parcelamento", pelo "mercado de terra", pela "vida local", "pelos meios, enfim, que o nobre deputado [Andrade Figueira] disse outro dia que seriam o apanágio da República e que são antes pelo contrário, da democracia monárquica".

Em discurso, também na Câmara, de 4 de setembro de 1880, ele já dissera, aliás, que via alastrar-se o da escravidão – e poderia ter acrescentado: do latifúndio e da monocultura – por uma província – são palavras suas de elogio ao passado paulista – "que tudo deveu outrora à iniciativa do trabalho livre, à perseverança, à audácia dos seus filhos, a Província de São Paulo, que tem espantado o Brasil com seu desenvolvimento material e moral, com o prodígio da associação dos capitais, realizando grandes empresas de comunicação..." E não só por São Paulo se alastrava o mal da escravidão: pelo próprio Rio Grande do Sul.

Até Minas Gerais – favorecidas, pelas suas condições diversas de solo, para a policultura e para o trabalho livre – encontrava na voz de um dos seus filhos mais ilustres, Martinho Campos, quem enfrentasse Joaquim Nabuco na Câmara de 1880 dizendo-lhe em aparte áspero, provocado menos por Nabuco que por Marcolino Moura, defender a propriedade de escravos dos ataques dos abolicionistas "como se defende a bolsa dos ataques do salteador".

Temendo o novo feudalismo industrial-capitalista – como ao poder econômico dos grandes capitalistas triunfantes sobre os grandes senhores de terras chamariam alguns sociólogos modernos – Nabuco não fechava os olhos ao poder, ainda vivo, do "feudalismo territorial" no nosso País: o "grande feudalismo territorial", como chamou em discurso proferido na Câmara a 10 de agosto de 1880. Era então o Império, ao seu, ver, País "onde apenas se sai da cidade, se entra nos grandes domínios feudais... soberanias absolutas" que precisávamos reduzir como o fizera já "a Rússia, país muito mais atrasado politicamente do que nós" pois não chegara à "evolução natural do Sistema Representativo..." Contra a tese de que esse problema – o do latifúndio, ligado à monocultura e à escravidão, problema que só nos nossos dias seria estudado como constelação sociológica ou como sistema econômico ligado ao social, da família patriarcal e rural, em estudos iniciados no Recife, embora hoje se faça constante confusão em torno do assunto, isto é, em torno da origem desses estudos; contra a tese de que tão grande problema devia ser resolvido pelo fazendeiros e pelos capitalistas, ou fosse, por aqueles velhos senhores feudais e pelos novos, instalados em palacetes nas cidades, levantou-se Joaquim Nabuco com veemência nos seus dias de "reformador social": "não é uma questão, senhores, que possa ser

Em torno de Joaquim Nabuco

tratada entre os agricultores e os negociantes. Não! O Brasil é alguma coisa mais do que um grande mercado do café!"

E revelando o sentido ético e não apenas econômico que animava seu reformismo se não socialista, socializante: "Se é do café que sai a nossa riqueza atual, nós somos mais do que um entreposto comercial. Somos um País que tem passado e um futuro..." E ele era sensível tanto às sugestões do futuro quanto às do passado brasileiro.

O futuro brasileiro fascinava-o sem desprendê-lo, porém, do que o passado do nosso País tinha já de original, de próprio, de capaz de desentranhar-se em valores caracteristicamente nacionais e em benefício de um mundo menos dividido em castas ou raças que o dos seus dias ou mesmo atual (aplausos) pois se em alguns dos seus discursos contra a imigração chinesa há expressões que podem ser hoje interpretadas como etnocêntricas ao ponto de chegarem ao preconceito de raça vizinho do ódio ou da intolerância, em conjunto, suas ideias, suas tendências e suas atividades foram no sentido de caminhar-se para um mundo – de que a América seria a antecipação – em que os prejuízos de casta, de raça, ou de religião não dividissem os homens. (Aplausos). Embora lhe parecessem desejáveis e não apenas inevitáveis as aristocracias de virtude, de inteligência e de saber, repugnavam-lhe as castas. Os privilégios. Os artifícios que ferissem a condição humana. (Aplausos).

Daí sua campanha pelos cemitérios públicos. Daí ter se colocado, mais de uma vez, contra o clero brasileiro: mesmo contra seu grande comprovinciano Dom Vital. Daí ter sido, tanto quanto Rui e quase tanto quanto o admirável mestre de liberalismo dos dois que foi Saldanha Marinho – de quem repetiu ou desenvolveu mais de uma ideia – pela separação da Igreja ou da Religião – na verdade, do Clero –, do Estado.

Nessas antecipações, ao antecipado em ideias se juntou mais de uma vez o antecipado em técnicas de persuasão da massa ou de orientação do público. Numa de suas cartas, ainda inéditas, datada de Londres, de 16 de novembro de 1882, e dirigida ao Dr. Jaguaribe, escreveia Joaquim Nabuco: "Falta ao partido abolicionista, infelizmente, uma só coisa mas essa é o nervo das propagandas pela imprensa: dinheiro; talento, coração, coragem, abnegação, independência, temos; o que não temos é dinheiro. Se fôssemos um partido rico poderíamos encarregá-lo de publicar obras abolicionistas, traduções de livros como a *Cabana do Pai Tomás*, essa Bíblia da emancipação dos escravos. Vidas de abolicionistas célebres, poesias como o *Poema dos escravos*, de Castro Alves e edições de livros como os *Herdeiros de Caramuru* (sobretudo o 1º volume) e de documentos da nossa História como os papéis de tráfico".

Nesse ponto tinha Nabuco ideia diversa da de Rui. Quando ministro da Fazenda do Governo Provisório, Rui, num impulso de grande emotivo, mandaria queimar quantos papéis relativos à escravidão estivessem ao alcance daquele Ministério. Nabuco, divergindo do seu insigne companheiro de geração, insistia, em 1882, em que se publicassem não só obras contra a escravidão mas documentos. Na verdade, papéis como os que recordam o inquérito feito por ingleses no Brasil, no meado do Século XIX, sobre as condições de trabalho escravo entre nós, são documentos que, publicados, resultariam honrosos para a gente brasileira.

A visão de Nabuco não só de problemas como de técnicas de ação política distanciou-se escandalosamente – repita-se – dos homens públicos brasileiros do seu tempo ao reconhecer no Brasil a questão social do trabalhador em face da exploração capitalista e a necessidade de cuidar-se imediatamente do assunto: "É tempo de cuidarmos do nosso povo, e pela minha parte pelo menos não pouparei esforços para que o Estado atenda a esse imenso interesse do qual ele parece nem ter consciência". E tornando claro seu compromisso de bater-se pela proteção do Estado ao homem do trabalho: " É essa a dupla proteção que vos prometo promover: a primeira, leis sociais que modifiquem as condições de trabalho como ele se manifesta sob a escravidão, e façam da indústria nacional concorrente vitoriosa da estrangeira em tudo que for seu legítimo domínio e, a segunda, a que o Estado vos deve e tem tardado demais a vos dar: a educação de cidadãos e de artífices".

Reunindo muitas das condições favoráveis ao chamado homem carismático – certo, como é, que o caudilhismo não é só o que se manifesta de bombachas e de botas, como foi o de Rosas na Argentina, mas também o que veste e até ostenta a casaca e a cartola, como foi o de Mustafá Kemal, na Turquia ainda quente do seu domínio –, Joaquim Nabuco não abusou nunca do seu prestígio entre a gente do povo, para tornar-se demagogo; e da demagogia passar ao domínio carismático sobre a plebe. Nunca. Leiam-se seus discursos e seus escritos de abolicionista que foi, também, no melhor e no mais alto sentido da palavra, trabalhista: em nenhum deles se encontra outra técnica senão a da persuasão, a do esclarecimento. Nunca a mistificação. Nunca a arte do Don Juan político, pálido e de olheiras, como uns, ou exuberante de saúde animal, como outros. Nunca a arte do Don Juan político que abusa do amor conquistado à massa inerme para pensar por ela, sentir por ela e decidir por ela as menores coisas. Para impedí-la de organizar-se conforme suas necessidades e seus interesses ficando a ele, Don Juan político, o privilégio de falar hoje pela plebe das cidades, como ontem falara pelas chamadas "Classes Conservadoras" ou pelas "populações rurais", a cada uma impedindo de pensar em função de seus interesses e de suas necessidades para por todas falsamente pensar, sentir, falar ele, exclusivamente ele, Don Juan político, segundo seus caprichos de momento ou seus interesses de conquistador de multidões. (Prolongados aplausos).

Joaquim Nabuco não foi nunca nem Don Juan de multidões nem de classes. Resistiu à tentação, que mais de uma vez o deve ter assaltado, ao ouvir suas palavras poderosamente másculas cobertas pelos aplausos quase em fim de multidões, sôfregas como mulheres, nos seus momentos de maior exaltação, para serem conquistadas, dominadas, subjulgadas de modo absoluto pelo fidalgo belo e viril que parecia saber compreendê-las melhor que seus iguais, que seus parceiros, que seus aduladores.

Mais do que isso: Joaquim Nabuco procurou despertar nos homens de trabalho a responsabilidade de se dirigirem a si próprios e de serem seus próprios redentores. (Aplausos). Deviam os homens de trabalho organizar-se, unir-se, associar-se: "Não sois muitos, é certo, mas ligados um ao outro pelo espírito de classe e pelo orgulho de serdes homens de trabalho num País onde o trabalho ainda é malvisto, sereis mais fortes do que classes numerosas que não tiverem o mesmo sentimento de sua dignidade. Vós sois a grande força do futuro, é preciso que tenhais consciência disso, e também de que o meio de desenvolver a vossa força é somente a associação. Para aprender, para deliberar, para subir, é preciso que vos associeis. Fora da associação não tendes que ter esperança".

Bom outra teria sido a palavra do demagogo interessado em mover multidões de acordo com seus caprichos. Joaquim Nabuco dirigia-se a grupos específicos de homens para que se organizassem e deliberassem por si sobre suas necessidades e suas aspirações. Não os queria servilmente a seus pés, como mulheres russas aos pés de um Rasputin de blusa ou de dólmã que substituísse as barbas de profeta pelos bigodes do político militar. Sua técnica de persuasão repita-se que foi semelhante à dos modernos trabalhistas ingleses, embora nunca sua palavra secasse na dos homens puramente lógicos: sabia comover os simples como da vez em que se referiu, em comício, aos homens de cor que, traindo a própria causa – a da Abolição –, colocavam-se contra sua gente para servirem aos exploradores do trabalho escravo ou proletário. "Há entre vós, homens de cor" – bradou Nabuco – "mas neles não haverá um só desses judas que por 30 dinheiros vendem sua raça, sua Mãe".

Ele traiu de certo modo a própria classe paterna – a dos proprietários de terras e de homens – foi para tornar-se um dos maiores revolucionários que teve o Brasil. Para denunciar os abusos de poder dos senhores de terras e de escravos, onde esse poder melhor se consolidara em sistema sociologicamente feudal: em Pernambuco.

Fora a impressão de um observador francês – o Conde de Suzannet – que conheceu Pernambuco poucos anos antes daquele que nasceu, no Recife, Joaquim Nabuco. Impressionou-se o poder feudal dos senhores de engenho da região. Entretanto, ele, Suzannet – que evidentemente não conversara com o Padre Lopes

Em torno de Joaquim Nabuco

Gama nem lhe lera os artigos – jamais ouvira um brasileiro censurar qualquer senhor pelo abuso de poder. O próprio presidente da Província – Barão da Boa Vista – estava implicado em assassinatos cometidos por membros de sua família. A amante de outro poderoso do dia mandara friamente raspar a cabeça de bonita mulata só para humilhá-la no que uma mulher tinha então, ainda mais hoje, de mais expressivo da dignidade de seu sexo: a cabeleira. Um rapaz pobre que pretendera casar com uma moça da família Albuquerque vira-se ameaçado de morte só por pretender casar com iaiá tão fina sendo ele tão pobre. Tal o Pernambuco ainda feudal dos anos que precederam o ano de 1849 – o ano do nascimento de Joaquim Nabuco, num sobrado nobre do Recife, o ano, também em que junto a outro sobrado – casa de esquina, das que têm dado ânimo à velha superstição "casa de esquina, morte ou ruína", "casa de esquina, triste sina" – foi morto, durante a chamada Revolução Praieira, o Desembargador Nunes Machado, boa e brava figura de Pernambucano, como Nabuco, bem-nascido; e revoltado como ele e como qualquer Natividade Saldanha de origem turva, contra os excessos igualitários da Revolução Francesa, então ainda quente na memória e nos próprios olhos dos franceses: principalmente fidalgos.

Joaquim Nabuco, neto de morgado, curou-se desde adolescente de preconceitos excessivos, de fidalguia de sangue, tornando-se ele próprio revolucionário dentro da tradição pernambucana de homens nascidos em engenhos ou sobrados patriarcais mas fascinados por causas populares: Nunes Machado, Pedro Ivo, José Mariano, José Maria. Não recordaria este anúncio de advogado no *Diário de Pernambuco* de 6 de novembro de 1833, do meu próprio bisavô, assassinado aos trinta anos quando viajava do Recife para o Engenho Palmeira, de sua família: "... Dr. José Alves da Silva Freire, Bacharel formado em leis, se oferece gratuitamente às pessoas oprimidas pela prepotência dos poderosos..."

Nabuco tornou-se revolucionário não apenas político porém social: chegou às vezes – nem sempre, pois com relação à imigração chinesa deixou-se trair por preconceito de raça – ao próprio sentido moderno de democracia étnica desenvolvido por pensadores brasileiros desde José Bonifácio e ultimamente redefinido por antropologistas como o professor Roquette-Pinto. Nisso, entretanto, Nabuco não foi original: era o seu sentido de democracia social o já esboçado não só por José Bonifácio como por Arruda Câmara. Por outros revolucionários sociais dos princípios de século XIX. E não nos esqueçamos do fato de que Charles Comte – o pensador francês hoje considerado precursor de Boas e da escola alemã de antropologistas que opõe a cultura à raça – teve considerável influência sobre brasileiros do meado do século passado.

Da Revolta Praieira que ensanguentara Pernambuco no ano do seu nascimento, Joaquim Nabuco compreenderia ao escrever *Um Estadista do Império*, que fora um movimento social e não apenas político. Um aspecto da insatisfação pernambucana com o regime feudal não só de exploração do escravo pelo senhor mas, principalmente, de degradação do branco pobre e, aparentemente, livre do interior e das cidades, onde faltavam-lhe condições de vitalidade econômica e social para competir com o estrangeiro, com o europeu, com o português. Por isso é que, numa de suas mais notáveis conferências de revolucionário social, Nabuco destacou ser o Brasil do seu tempo um País em que a escravidão já não escandalizava tanto, como outrora, pelos seus aspectos ostensivos: começara a ser um País inquietante pelo crescimento de uma população livre que nada tinha que pudesse "chamar seu", sem "miserável e dependente no mesmo grau que o escravo". A escravidão, "sistema agrícola e territorial", tornara-se "um regime social" e estendera " o seu domínio por toda parte ". Nas suas palavras de exata caracterização dos males menos visíveis de escravidão: "... a escravidão não é uma opressão ou constrangimento que se limita ao ponto em que ela é visível: ela espraia-se por toda a parte: ela está onde está; em nossas ruas, em nossas casas, no ar que respiramos, na criança que nasce, na planta que brota do chão..."

De modo que não era apenas o escravo que Joaquim Nabuco enxergava. Ultrapassando os abolicionistas do seu tempo, ele enxergava a necessidade, que outros homens públicos do

Em torno de Joaquim Nabuco

Brasil nem mesmo hoje enxergam, de redimir-se, valorizar-se, elevar-se o homem aparentemente livre mais pobre que a escravidão, como regime social, tornou-se quase pária entre nós. Igual a outro observador francês do século XIX que viu o Brasil com olhos honestos de crítico – Couty – Joaquim Nabuco cedo chegou à conclusão de que a escravidão não permitia que nos organizássemos em povo. Que nos reduzia a senhores e escravos. E sem povo as instituições não podiam ter raízes. Não era possível haver vontade nacional por trás de poderes políticos dependentes daquele regime social. As reformas, apenas políticas, exprimiam – dizia ele – cinquenta anos de "esperanças populares atraiçoadas". Em vez de outras reformas políticas, clamava Joaquim Nabuco – revolucionário com aparência de reformador – por uma "reforma agrária" que acabasse com o monopólio territorial, com a grande propriedade e não apenas com o senhor de escravos. Que criasse a pequena propriedade. Que racionalizasse a agricultura. Que defendesse os direitos do homem de trabalho. "É preciso" – dizia ele em 1884 – "que os brasileiros possam ser proprietários de terra e que o Estado os ajude a sê-lo". E mais: "eu, pois, se for eleito, não separarei mais duas questões – a da emancipação dos escravos e a da democratização do solo". É que "acabar com a escravidão" não bastava; era preciso "destruir a obra da escravidão". Esforço em que se especializará o Instituto de Pesquisa Social Joaquim Nabuco. (Aplausos prolongados).

Outros clamaram mais do que Joaquim Nabuco contra desajustamentos apenas políticos e por soluções simplesmente jurídicas ou reformas apenas de superfície. Ele clamou contra desajustamentos sociais e por soluções e reformas sociais, com uma voz que chega aos nossos ouvidos cheia de mocidade, de atualidade, de contemporaneidade. Foi mais profundo do que os outros. Viu mais claro do que os outros. Enxergou, mais do que os outros, problemas do seu tempo, aspectos que só nos nossos dias estão sendo considerados pelos homens públicos mais lúcidos. Antecipou-se ao Trabalhismo, ao Socialismo, ao Sindicalismo entre nós. Mas sem cair nunca na abstração esquemática. Nem na repetição passivamente muçulmana do que estava escrito nos profetas estrangeiros. Nem na demagogia. Ao contrário; fazendo-se notar tal modo, depois de sua volta da Europa, por apuros de trajo, de maneiras e de cultura europeia que os caricaturistas da época esmeraram-se em caricaturá-lo de bigodes brilhantes de brilhantina, o lenço perfumado à francesa, pulseira de moça. Quase o mesmo, aliás, vinham fazendo os cômicos com o também pernambucano Dom Vital, capuchinho educado na França a quem o anticlericalismo da época não perdoou nunca o fato de ser frade bonito, viril e limpo. O Conde d'Úrsel refere que durante os dias da Questão Religiosa apareceu num jornal do Rio de Janeiro reclame de perfumista que se gabava de fornecer a Dom Vital brilhantina com que o bravo pernambucano perfumava a barba: a barda do frade. Não encontrei nos jornais da época reclame semelhante com relação ao autor de *O Abolicionismo*, cuja bela cabeça, entretanto, aparece em mais de um rótulo de cigarro chamado Joaquim Nabuco, como pude verificar na coleção Brito Alves de rótulos de cigarros brasileiros do século XIX.

Em algumas das cartas a amigos íntimos, Joaquim Nabuco parece o *dandy* fascinado por Maciel Monteiro que, depois de homem feito, nunca deixou de ser: numa ocasião bradando fradiquianamente por gravatas – "gravatas, gravatas, gravatas!"; enquanto o Poole, de Londres, não lhe fornecesse as roupas já encomendadas. Difícil como é conciliar esse Nabuco fradiquiano com aquele que o Recife conheceu no meio das multidões do São José e de Santo Amaro, apertando mãos ásperas de negros velhos, de funileiros, de sapateiros, de ferreiros, agradando mulequinhas sujas, confraternizando com operários pobres, a verdade é que assim foi o fidalgo de Massangana. Contraditório, diverso, rico de contrastes em sua personalidade. Conservador e revolucionário. Anticlerical e religioso. Democrata e monarquista. Provincianista e universalista. Acadêmico e descuidado do purismo acadêmico. Homem de gabinete e homem de rua. Curvando-se diante de baronesas no Teatro Santa Isabel e enfrentando nas ruas do Recife a fúria da polícia e dos capangas dos barões escravocratas, contra os quais o desassombrado José Mariano organizara sua própria capangagem que defendia também Joaquim Nabuco. De um desses capangas, célebre pelas muitas mortes, ainda conheci o filho, cozinheiro da nossa casa, o velho e adamado José Pedro: tão adamado que para ele era problema doloroso matar uma simples galinha.

Por suas contradições Joaquim Nabuco foi homem profundamente do nosso tempo. Também nós somos contraditórios. Também nós caminhamos hoje, com um gosto de aventura semelhante ao dele, para as surpresas da renovação social sem querermos abandonar de todo a rotina macia do passado, cuja doçura Proust nos ensinou a amar e em que Nabuco, ao retirar-se, nos fins do século XIX, da vida política, foi encontrar seu melhor consolo, descobrindo em livros, documentos, retratos, "em tradições" – segundo ele próprio escreveu – "quase desconhecidas hoje, os traços da original, delicada e em alguns respeitos ideal civilização em que pôde florescer por tanto tempo a única Monarquia da América!". Civilização para cuja ruína ele, entretanto, concorrera através de uma revolução violenta, embora feita debaixo de flores: a Revolução de 13 de Maio.

Também nós nos encontramos hoje num Brasil em que dificilmente há equilíbrio entre os dois extremos. Em que ou domina o velho ou o novo, sem a justa conciliação ou contemporização entre os excessos de inovação e conservação. "Já antes dos 40 anos o brasileiro começa a inclinar a sua opinião diante das dos jovens de 15 a 25", escreveu Joaquim Nabuco em 1895, crítico do que considerava a nossa neocracia. Crítico da abdicação dos pais nos filhos que vinha se sucedendo ao excessivo paternalismo de outrora. E pensando, principalmente, ao que parece, nos jovens bacharéis e capitães republicanos que vinham dominando, na República, a política, as letras, o Exército, observava: "imagine-se a França entregue inteiramente como grande potência europeia à direção do Quartir Latin. Em menor escala esse é o nosso caso. O resultado é uma prematuridade abortiva em todo o campo de inteligência, pelo que o talento nacional, que é incontestavelmente pronto, brilhante e imaginoso, está condenado a produzir obras sem fundo e, portanto, também sem forma, porque o Belo na Escultura, como nas Artes, não é outra coisa senão a força. Será difícil a um estudante nosso de mérito servir-se a primeira vez do microscópio sem logo descobrir um novo organismo que os sábios estejam procurando em vão, há anos, nos diversos laboratórios da Europa". E acrescentava: "eu receio muito o dia em que tivermos um cardeal nosso. O representante no sacro Colégio da nossa impulsiva mentalidade, se o conclave não ceder às suas vistas superiores, ameaçará vir para a imprensa contar as irregularidades da apuração das cédulas, perturbando a eleição que há dois mil anos se faz tranquilamente do sucessor de São Pedro".

Nessa impaciência com a pressa – a pressa na literatura, nas artes, na política – e com o furor dos novos em superarem os antigos apenas pelo brilho ou a afoiteza das improvisações, Joaquim Nabuco foi também um antecipado. Desgarrou-se dos hábitos que se tornaram predominantes no Brasil de sua época de homem feito, para situar-se entre aqueles brasileiros que, hoje, já não acham ridículo o indivíduo que estuda, investiga e pesquisa longamente a realidade viva ou o passado aparentemente morto da nação ou de qualquer de suas regiões. Que não admiram o talento apenas cintilante do improvisador mas se orgulham de institutos como o de Manguinhos e o de Geografia e estatísticas, onde se faz obra demorada de análise, do feito da que o próprio Nabuco realizou em torno da questão da Guiana Inglesa; ou sobre o Segundo Reinado no livro monumental que é *Um Estadista do Império*.

Noutro ponto foi ainda Joaquim Nabuco um antecipado: na sua atitude para com o exército. No seu tempo, o comum era o bacharel ou o intelectual, no Brasil, ver no militar um inimigo; e o militar ver no bacharel, um adversário. Eduardo Prado encarnou bem o civilismo sectário do bacharel daqueles dias: civilismo sectário que chegou quase aos nossos dias ao lado de sobrevivências do culto oposto – o florianista.

Joaquim Nabuco, fiel à Monarquia, não se deixou, entretanto, levar pela mística antimilitarista; nem se fechou no civilismo de seita que faz da casaca a toga quase santa de um culto religioso. É dele, sobre o assunto, umas das páginas mais argutas que se escreveram entre nós. Aí reconhece que, no Brasil, desaparecida a Monarquia – por natureza "permanente, neutra, desinteressada e nacional" diante das lutas entre partidos ou facções – " teríamos forçosamente que substituí-la pelo elemento que oferecesse à Nação o maior número daqueles requisitos, e esse era exatamente o militar". Isso "por ser o espírito militar o mesmo de um extremo a outro do País, isto é, nacional" e "por ser o Exército superior às ambições pessoais em que se resume a luta dos partidos que sem a Monarquia teriam barbarizado o País". E ainda: "Estranho como isso pareça o governo militar nos períodos em que o Exército se torna a única força social e adquire consciência disso, o meio de espanto militar, assim como a Monarquia era o único meio de abafar o Monarquismo que desde o próprio Bolívar até hoje sobrevive no sangue depauperado das nações americanas".

De modo que em vez de lamentar a intervenção do Exército na transição da Monarquia para a República, Joaquim Nabuco viu nessa intervenção um acontecimento feliz para a comunidade brasileira. No que se revelou um antecipado. Admitido um ou outro desvio como o surto militarista de 1912, ou a complacência de chefes militares com o golpe de 37, o Exército vem cumprindo, no Brasil, a missa de elemento nacional neutro, suprapartidário tanto quanto suprarregional, que a Monarquia desempenhou entre nós. (Aplausos). E Nabuco – o último dos homens a poder ser acusado de militarista – viu claro esse aspecto em dias turvos como os primeiros anos da República de 89.

Por outro lado seu pendor para o socialismo não o levou nunca ao uniformismo nem nacional nem internacional. Foi sempre um homem ardentemente de sua província, cujas mangueiras não esqueceu nunca. Como não esqueceu nem mesmo em Londres, sua cidade, o velho Recife de Maurício de Nassau. Lembrando-se do Recife de Nassau é que deu ao filho o nome de Maurício. E ninguém se teria escandalizado mais do que ele, se fosse vivo em 1937, com a atitude dos retardados ideológicos que perturbaram de tal modo as comemorações brasileiras da chegada ao Brasil de Maurício de Nassau, ao ponto de quase impedirem que holandeses e brasileiros se juntassem em torno daquelas comemorações.

Ao mesmo tempo foi pan-americanista que compreendeu como raros homens do seu tempo, a necessidade de blocos transnacionais com inevitável redefinição da soberania nacional: "pois estamos caminhando para uma época" – escrevia em 1906 – " em que a sorte de todos eles [os problemas internos], sem exceção, tem de afetada pela solução que tiver o conflito de influência e preponderância entre os grandes sistemas atuais de força..." Palavras de antecipados cuja importância não escapou, em 1927, à inteligência admiràvelmente arguta do Sr. Raul Fernandes. Palavras de antecipados que parecem ter orientado o claro espírito político do Sr. Osvaldo Aranha (aplausos) nos dias em que retardados ideológicos, para não dizer mentais, de outra espécie, pretenderam afastar o Brasil do sistema atual de força a que pertence no seu próprio interêsse e no da América e das nações democráticas, para isolá-lo dentro de uma mística já superada de absoluta soberania nacional. (Aplausos).

Foi ainda Joaquim Nabuco o universalista que deixou fixada página já clássica a flutuação de todo sul-americano mais culto entre o seu País e a Europa. Foi lusita que, nas universidades norte-americanas, falou à mocidade dos Estados Unidos, não nacionalistamente, de um Gonçalves Dias de "minha terra tem palmeiras", mas supranacionalmente, de um Camões grande demais para ser só português ou apenas brasileiro. (Aplausos). Um Camões de que, na verdade, a América inteira precisava, e ainda precisa, de sentir à base de sua formação heroica: consequência de uma fase na vida do mundo em que o gênio português foi, ao mesmo tempo, tão da terra e tão do mar; tão de Portugal e tão da aventura, do universo, do mundo: "Minha alma é só de Deus, o corpo dou eu ao mar".

Em Joaquim Nabuco antagonismos vários se juntaram para permitir que ele fosse, com toda a antecipação do seu Pan-americanismo, um tradicionalista, numa época célebre, no Brasil, pelo desapego às tradições. Um americanista que nunca se despersonalizou por amor ao que o progresso mecânico tem de despersonalizante. Das suas cartas ainda inéditas de mocidade há uma, escrita dos Estados Unidos, a um amigo brasileiro, que nos deixa claramente ver sua repulsa ao que lhe pareceu excessivamente mecânico na vida norte-americana da época ainda paleotécnica de progresso ianque. Num grande hotel do norte dos Estados Unidos, não se conformou com o ruído, na imensa sala de jantar, das centenas de pessoas que comiam mecanicamente ao mesmo tempo; nem com outro ruído de coletivismo mecânico que diz na carta qual era com a exatidão dos bons realistas. É que seu parassocialismo era intensamente personalista. Nesse ponto se antecipou, como noutros, ao moderno Socialismo ou Trabalhismo inglês, que não esquece a pessoa nem pela raça nem pela classe nem pela massa. (Aplausos).

Outras antecipações poderiam ser destacadas em Joaquim Nabuco. Antecipações de ideias e antecipações de atitudes.

Mas o tempo já foi esgotado na tentativa de resumo das que foram, talvez, as principais. Pelo que só nos resta imitá-lo, embora "tarde", "muito tarde", na prática em que, como orador, afastou-se dos hábitos de sua época, famosa pelos discursos extremamente longos: na prática de raramente falar mais de uma hora. (Aplausos que se prolongam por vários minutos).

Joaquim Nabuco, eleito novamente deputado por Pernambuco (1885-1888), juntamente com José Mariano. Foto de A. Ducasble, Pernambuco, Photographie Artistique.

Um aspecto de Nabuco: Quincas, o Belo[27]

O Diretor da Biblioteca Nacional, que é um dos nossos mais finos letrados – o Sr. Josué Montello – lembrou-se de associar a casa ilustre que dirige ao primeiro centenário do nascimento de Joaquim Nabuco, publicando uma série de retratos do grande brasileiro. Nabuco menino de Massangana. Nabuco adolescente. Nabuco estudante. Nabuco *dandy*. Nabuco abolicionista. Nabuco homem de família. Nabuco rodeado de filhos. Nabuco de sobrecasaca e cartola, nos seus dias olímpicos. Nabuco na sua velhice gloriosa.

E como o diretor da Biblioteca Nacional me tivesse encarregado de escrever o prefácio para esse volume, tive de procurar familiarizar-me com a coleção de fotografias oficiais ou retratos de família que mostram Joaquim Nabuco em diferentes idades, trajes e atitudes. Ele foi realmente belo tanto na mocidade como na velhice. Talvez na velhice ainda mais do que na mocidade.

Compreende-se assim que a beleza, a saúde, a robustez, tenham atraído para a sua figura antipatias e despeitos. Que uns o tenham chamado "Quincas, o Belo" como se fosse defeito ser um grande homem, belo, são e robusto e não feio, pálido e franzino como, em geral, os homens públicos e, principalmente, os homens de letras nos países da América Latina.

Nabuco tinha evidentemente a consciência de sua beleza física como tinha de seu talento. Não era homem de falsas modéstias. Mas seu narcisismo não o fazia delirar. Tanto que não se conhecem dele grandiosos retratos de corpo inteiro pintados por pintores célebres. Retratos que o Ministro em Roma ou o Embaixador em Washington bem poderia ter encomendado a artista, então na moda e especializado em acentuar nos homens ilustres os traços de nobreza ou linhas de beleza.

---

27 Um aspecto de Nabuco: Quincas, o Belo. *Revista Branca*. Rio de Janeiro, jan./fev. 1950.

De Nabuco, as fotografias que se conhecem constituem documentação interessantíssima, a atestar que esse extraordinário pernambucano, neto de morgado, foi na verdade, uma das maiores expressões de beleza viril de seu tempo e não apenas de seu país. Também sob esse aspecto ele honrou a gente brasileira.

Se o fato de ter sido homem belo e alto fez que contra ele se voltasse o despeito ou o ressentimento dos feios inconformados com sua fealdade, por outro lado, permitiu-lhe, só pelo prestígio de sua presença, desmentir no estrangeiro a lenda negra de que todo brasileiro era pequenote ou feio como Santos Dumont ou Rui Barbosa.

Em torno de Joaquim Nabuco

A propósito de retratos[28]

Há no Itamaraty um retrato de Joaquim Nabuco que não é digno nem do Itamaraty nem de Joaquim Nabuco. Daqui faço um apelo ao meu eminente amigo Sr. Raul Fernandes, um homem de gosto – e não apenas de espírito – para que retire da ilustre parede o mal pintado retrato, tão em contraste com o vizinho: o do belo e jovem Guedes, pintado em Roma por um artista célebre.

E a propósito: não é curioso que de um homem não só da rara beleza de Joaquim Nabuco como de seu falado narcisismo, não nos reste um retrato feito por artista ilustre, que tivesse se esmerado em fixar figura tão sedutora de brasileiro e de latino? Parece que, sob esse ponto de vista, Nabuco não se preocupou com a sua sobrevivência. Ou confiou demais nas fotografias que lhe fixassem a figura através das várias fases de sua formação?

Fotografias de Joaquim Nabuco existem várias; e as melhores ou as mais significativas vão aparecer em breve num livro que está sendo esmeradamente preparado pela Biblioteca Nacional, por iniciativa de seu diretor, Sr. Josué Montello. Iniciativa feliz, pois dará ao brasileiro de hoje a oportunidade de acompanhar o desenvolvimento da personalidade de Joaquim Nabuco através de retratos e caricaturas que lhe fixam a figura varonil em várias atitudes, idades e situações.

De qualquer modo, porém, é lamentável que não exista do mais belo dos brasileiros um retrato pintado por artista célebre ou de talento. Ou por pintor ilustre.

Pintura, quase só resta de Joaquim Nabuco, o retrato de Massangana mandado fazer pela madrinha por pintor desconhecido. Sinal de que o autor de *Minha Formação* continha-se no seu narcisismo.

---

28 A propósito de retratos. *O Cruzeiro*, Rio de Janeiro, 24 jan. 1950. Coluna "Pessoas, coisas e animais".

Mesmo assim, o Itamaraty está no dever de substituir o mau retrato de Joaquim Nabuco que lá se encontra por um que seja fiel a alguma de suas boas fotografias. É o Brasil que tem hoje o dever de zelar pela beleza – e não apenas pela obra admirável – de Joaquim Nabuco.

Um recifense evocado por outro recifense[29]

Um ano dos centenários de Nabuco e de Rui, escrevi que esses centenários seriam um "teste" para a cultura brasileira do meado do século XIX. Desse "teste" a paciente saiu-se tão bem que está a merecer elogios.

Tanto um como o outro centenário foram comemorados de modo honroso para o Brasil. Ao contrário do seu sucedeu com o 4º centenário da chegada, ao nosso País, de Maurício de Nassau – quanto a histeria falsamente patriótica de grupo, então poderoso no governo e na própria imprensa, conseguiu impedir as comemorações – desta vez o Brasil portou-se como um *gentleman* com relação a grandes embora discutidas figuras de seu passado.

Creio não exagerar dizendo que foi o centenário de Nabuco que provocou maior interesse da parte dos intelectuais brasileiros embora o inquérito realizado pelos jovens diretores da admirável *Revista Branca*, entre os estudantes de várias áreas do País, tenha revelado ser bem pequena a influência do mestre de *Minha Formação* sobre a gente intelectual mais nova do Brasil. Mas isso tem acontecido com o próprio Goethe na Alemanha. Umas gerações de novos têm sido quase essa fonte de águas espiritualmente vivas como ao motivo mais forte de sua cultura e de sua ação.

Rui foi comemorado especialmente pelos juristas, pelos políticos e pelos acadêmicos. Era natural que o fosse, grande como ele foi como advogado, como homem público e como mestre da língua. A repercussão do centenário de Nabuco tinha que ser mais ampla. Embora tenha deixado um tanto frios os acadêmicos severamente ortodoxos em seu culto da pureza da língua, agitou, mais do que o de Rui, outros meio intelectuais.

---

29 Um recifense evocado por outro recifense. *O Cruzeiro*. Rio de Janeiro, 8 de abril de 1950. Coluna "Pessoas, coisas e animais".

O Brasil de 1949 parece ter sentido que dos dois gigantes o mais próximo, pela sensibilidade e pelas preocupações, dos problemas brasileiros de hoje, foi, com toda a sua incorreção de frase, o pernambucano de Massangana, o cidadão do Recife, o deputado que na Câmara do fim do Império discutiu assuntos ainda mais agora atuais. Também o artista sóbrio, simples, incisivo da *Minha Formação* e de *Um Estadista do Império*, em contraste com o escritor às vezes ramalhudo que foi Rui.

Falei no "cidadão do Recife". Esse aspecto da personalidade de Joaquim Nabuco foi versado por outro "cidadão do Recife" – do Recife dos nossos dias – num dos trabalhos mais sedutores e mais vibrantes que apareceram entre os discursos comemorativos do centenário do grande brasileiro. Refiro-me à conferência lida pelo Sr. Aníbal Fernandes no Instituto Histórico do Rio de Janeiro em agosto do ano passado. Ouvi-me comovido. O Sr. Aníbal Fernandes leu-a como se tivesse se aprimorado num curso especial de declamação com Mme. Manuel. Acabo de ler o trabalho que amigos do Recife mandaram imprimir: é realmente uma das melhores obras de evocação e de interpretação de Nabuco – o Nabuco homem de jornal, de academia, de salão e de igreja – que o centenário do bravo pernambucano provocou.

Contrastando Rui e Nabuco[30]

Que Joaquim Nabuco tenha concordado com a queima de "livros de matrícula de escravos" – compreende-se embora não se justifique. Eram livros que podiam servir a proprietários de escravos que se julgavam feridos em interesse e até em direitos.

O que nem se compreende nem se justifica é que um homem da eminência intelectual de Rui Barbosa tenha sido, no Brasil, já em 1889, o campeão da ideia de queima indistinta dos "arquivos da escravidão" ao alcance do seu poder ditatorial de Ministro da Fazenda do Governo Provisório. Isso em contraste com a atitude daquele mesmo seu contemporâneo – Joaquim Nabuco que, em carta a outro abolicionista da época da campanha antiescravocrata, o Dr. Jaguaribe, salientou a necessidade de serem publicados documentos relativos à história da escravidão no Brasil como os "papéis do tráfico".

Nessas duas atitudes refletem-se as duas personalidades do modo claro. Rui, o homem todo do momento. Dominado pela paixão do momento. Capaz de extremos de bravura pela causa que o apaixonasse no momento, fosse essa causa o abolicionismo ou a reação contra o poder absoluto do Papa; o civilismo ou a reação contra o excessivo poder dos banqueiros ingleses nos negócios do Brasil. Aspecto de sua atividade que acaba de ser posto em foco num livro apologético mas sugestivo: o do Sr. Humberto Bastos sobre *Rui Barbosa, Ministro da Independência Econômica do Brasil*.

A Joaquim Nabuco raramente parece ter faltado o sentido histórico dos fatos, a perspectiva, o sentimento do passado. Donde nunca ter sido um homem dominado inteiramente pelo momento.

---

30 Contrastando Rui e Nabuco. *O Cruzeiro*. Rio de Janeiro, 25 de novembro de 1950. Coluna "Pessoas, coisas e animais".

Nem pela paixão de momento nem pela de partido. Donde nunca ter conseguido ser advogado: nem mesmo à sombra do nome do pai. Nem advogado nem político de partido. Sua vocação foi sempre para homem de Estado, na vida pública, e para historiador, na vida intelectual.

Rui Barbosa, ao contrário, foi essencialmente advogado a vida inteira. Sempre advogou. Sempre foi partidário. Sempre agiu sob a paixão por uma causa ou por uma doutrina.

Daí lhe ter faltado o feitio de estadista. Daí lhe ter faltado sabedoria – tão dos baianos – de contemporização. Daí a paixão ter feito dele um constante e grande, imenso, tremendo, advogado: até mesmo como Embaixador do Brasil em Buenos Aires e delegado em Haia.

Publicações oficiais, essas desconhecidas[31]

Escreve-me um estudante do Pedro II perguntando-me se existe realmente uma seleção dos discursos proferidos na Câmara dos Deputados por Joaquim Nabuco; e pedindo-me um exemplar do livro tão raro, embora tão novo. Seleção que o adolescente soubera ter sido trabalho meu do mesmo modo que fora minha a ideia de publicar aquela casa do Parlamento nacional um volume com o maior número possível de discursos do interesse político-social proferidos pelo grande brasileiro, quando deputado do Império ou da Nação.

Existe realmente esse livro quase desconhecido. Publicou-o a Mesa da Câmara, o ano passado. Publicou-o como participação da Câmara nas comemorações do centenário de nascimento do autor de *Um Estadista do Império*. E o estudante do Pedro II poderá conseguir o livro que deseja solicitando-o à secretária da Câmara.

Mas a verdade é que é quase como se o livro não existisse porque quase não se encontra. Receberam-no os parlamentares. Receberam-no os ministros do Estado e os do Supremo. Alguns jornalistas do Rio também o receberam. O público porém – o grande público – ficou alheio a livro tão oportuno quanto difícil de ser visto ou adquirido. Livro que deveria estar nas bibliotecas de todas as cidades e de todos os colégios do Brasil: e não ignorado, como está.

Esse é o destino melancólico de quase toda publicação oficial entre nós: nasce e morre quase desconhecida do grande público. Quando aparece em livrarias é entre livros rasos e por um preço de livro de luxo. Fora do alcance do adolescente pobre, do estudante, da gente média.

---

31 Publicações oficiais, essas desconhecidas. *O Cruzeiro*, Rio de Janeiro, 31.3.51. Coluna "Pessoas, coisas e animais".

Falo por experiência pois sou autor ou organizador de quatro livros cuja primeiras edições foram oficiais. Também foi oficial a primeira edição espanhola de um de meus ensaios publicados em Buenos Aires. Quase todas essas edições apareceram e desapareceram sem que o público pudesse tomar contato com elas.

Um argumento contra a nacionalização ou a socialização do livro? É possível que sim. Inclino-me, porém, a acreditar que em países como o nosso os principais inimigos das publicações oficiais são ainda de origem rançosamente capitalista. Os livros oficiais dão lucro ao negociante que os compra ou adquire, quando aparecem, para vendê-los anos depois como "obras raras". Mau capitalismo. Capitalismo parasitário do Estado.

De qualquer modo, incumbe aos responsáveis pela divulgação de publicações oficiais defendê-las melhor do que as defendem hoje, de seus inimigos. Daqueles que as tornam belas adormecidas em bosques que somente eles, negociantes astutos, conhecem e de onde só eles operam o milagre de ressurreições vantajosas para seu comércio.

Não tardaria que, também em virtude de lei de que tive a iniciativa, o Ministério da Educação publique em edição oficial – mas destinada ao grande público – uma seleção, em três volumes ilustrados com fotografias e caricaturas dos escritos de Joaquim Nabuco de maior interesse social. Trabalho de que foi encarregado um intelectual de autêntico valor – o Sr. Simeão Leal – terá decerto a divulgação que merece. Mesmo porque a lei é expressa: destinar o livro ao grande público por preço popular. Os estudantes que fiquem atentos.

Em torno de Joaquim Nabuco

A propósito de um discurso[32]

A Comissão nomeada para julgar os ensaios dos concorrentes aos três prêmios *Joaquim Nabuco* instituídos pelo Congresso Nacional, para comemorar o primeiro centenário do nascimento do grande brasileiro, trabalhou conscienciosamente. Só depois desse trabalho consciencioso decidiu a quem conferir os prêmios. Os prêmios, mais altos que já se instituíram no Brasil para obras literárias: iniciativa de um então deputado por Pernambuco com a qual se manisfestou solidário quase o Congresso Nacional inteiro.

Ao Ministério da Educação coube, em virtude de lei do mesmo Congresso, encarregar-se da rotina de realização do concurso, para o julgamento do qual foram nomeados ainda, pelo Ministro Pedro Calmon, intelectuais ilustres e de tendências diversas: desde a filha de Joaquim Nabuco – escritora devotada carinhosamente à memória do pai – ao Professor Maurício de Medeiros, analista severo e às vezes áspero da obra e da personalidade do autor de *Minha Formação*.

Tiveram os prêmios o bom efeito de fazer que no primeiro centenário do nascimento de Joaquim Nabuco jovens brasileiros de inteligência e de gosto pelos estudos fixassem, em esforços sérios, na análise e na tentativa de interpretação de aspectos esquecidos, ou só superficialmente estudados, da personalidade incomum e da obra extraordinária do historiador de *Um Estadista do Império*. Historiador político do Império e primeiro federalista. Intelectual e homem de ação.

De mais de um membro da comissão julgadora tenho recolhido a impressão de que o concurso – cujos prêmios não tardarão decerto a ser entregues aos vencedores – provocou, na verdade, o

---

32 A Propósito de um discurso. *O Cruzeiro*. Rio de Janeiro, 7 de julho de 1951.

173

aparecimento de estudos admiráveis: sólidos e bem documentados. A altura, portanto – pela seriedade conscienciosa do esforço
que representam – dos prêmios elevados instituídos pelo Congresso Nacional. Quase a altura do porte gigantesco do grande
homem – exemplo de sinceridade e de seriedade conscienciosa –
cuja memória o concurso procurou avivar no espírito das novas
gerações brasileiras e honrar por ocasião do primeiro centenário
do nascimento. Homem sempre a serviço de seu País e sempre
preocupado generosamente com os problemas de sua época, era
justo que o Brasil de agora se preocupasse com a figura e a obra de
filho tão ilustre. De pioneiro tão lúcido.

Menos feliz que o concurso de ensaios, outra iniciativa, do Parlamento Nacional em comemoração do primeiro centenário de
nascimento de Joaquim Nabuco vem tendo sua execução lamentavelmente retardada. Refiro-me à publicação, em edição popular,
dos principais trabalhos de Joaquim Nabuco de "interesse social"
pelo Ministério da Educação. Joaquim Nabuco foi o pioneiro do
Trabalhismo no Brasil e merece essa homenagem. Essa divulgação.
Merece-a mais do que nunca, agora, que está no poder um trabalhista do porte e da responsabilidade do Sr. Getúlio Vargas. E no
Ministério da Educação, um baiano tanto quanto o Sr. Pedro Calmon sensível ao fato de que o pernambucano Joaquim Nabuco era
filho de baiano, juntando em sua rara figura de homem de letras e
de homem de ação duas das mais belas tradições brasileiras.

Em torno de Joaquim Nabuco

Discurso do Deputado Gilberto Freyre apresentando o projeto de criação do Instituto Joaquim Nabuco[33]

Sr. Presidente, Srs. deputados:

Serei breve. O que não poderia era esquivar-me ao dever de vir hoje a esta tribuna, quando o assunto é tal modo urgente que qualquer demora lhe seria prejudicial.

Sabe-se que o Governo Federal por intermédio do Ministério da Educação e Saúde, está empenhado em dar o maior brilho às comemorações do centenário do nascimento do Conselheiro Rui Barbosa. Nada mais justo. É como se a toga de Doutor em Direito que o Sr. Presidente da República acaba de receber da Congregação da Faculdade de Direito do Recife o obrigasse a essa como reconciliação dos militares que na vida política fazem da Lei um culto, com a grande figura de campeão do civilismo e do legalismo que foi Rui.

Entretanto, no mesmo ano do centenário do nascimento do grande brasileiro, filho da Bahia, ocorre o centenário do nascimento de outro brasileiro igualmente grande, este de Pernambuco: Joaquim Nabuco. Para o fato, procurei há longos meses, na verdade há mais de um ano, em discurso apresentado à Mesa desta Câmara para ser dado como lido, e que consta dos anais da Casa e se acha agora publicado em opúsculo, chamar a atenção do ilustre Sr. Ministro da Educação e Saúde e do Parlamento Brasileiro. Verifico, entretanto com tristeza, que não se sabe até hoje de providência alguma no sentido da comemoração do centenário do nascimento daquele que foi, tanto quanto Rui Barbosa, grande como homem público, grande como intelectual: e que, tanto como Rui Barbosa, foi um homem de sua província e de seu Estado e, ao mesmo tempo, um brasileiro do Brasil inteiro, um americano de todas as Américas, um autêntico cidadão do mundo.

---

33 Discurso do Deputado Gilberto Freyre apresentando o projeto de criação do Instituto Joaquim Nabuco. *Boletim do Instituto Joaquim Nabuco de Pesquisas Sociais*. Recife, 1952, nº 1, p. 3-5.

Ao justificar sua bela iniciativa no sentido de atribuir, "como órgão do governo no setor da cultura nacional", a maior importância e o máximo brilho às comemorações do centenário do nascimento do Conselheiro Rui Barbosa, diz o Sr. Ministro da Educação e Saúde que cumpre ao seu Ministério empenhar-se para que aquela celebração se revista do que chama "expressão significativa" e conte com o que denomina "o concurso decidido e participação ativa dos Poderes da República, das demais entidade culturais e de todos os organismos representativos da opinião e dos sentimentos do país". Recorda então S. Exa., de Rui, haver já designado comissão desde 27 de janeiro do corrente ano, para "planejar e organizar as comemorações que nos cabe promover" e haver já se dirigido aos demais titulares das pastas ministeriais, aos Srs. Governadores dos Estados da Federação, aos Srs. Presidentes dos Egrégios Tribunais Superiores do País e ao Sr. Prefeito do Distrito Federal, solicitando-lhes "a indispensável colaboração e apoio para a execução do programa delineado". E agora é para o Congresso Nacional que o Sr. Presidente da República por proposta do seu ilustre Ministro da Educação e Saúde, se volta, para sugerir que o dia do centenário do nascimento de Rui Barbosa mereça do Parlamento a justa consagração de ser declarado de festa nacional, sugerindo-se ainda, aos representantes da Nação Brasileira "a criação de uma medalha comemorativa" e solicitando-se deles autorização para a abertura de um crédito especial de Cr$ 2.000.000,00 destinados a atender às despesas das comemorações.

Tudo, belo e justo. Apenas tendo já tomado a iniciativa de lembrar ao Governo da República que no mesmo ano do centenário do nascimento de Rui Barbosa ocorre o centenário do nascimento de Joaquim Nabuco, sinto-me agora no dever, diante do estranho silêncio em volta do nome e da figura de Nabuco, tão grande quanto a de Rui, tão significativa quanto a de Rui, tão intelectual e civicamente importante para o Brasil e para a América quanto a de Rui, de respeitosamente perguntar desta tribuna aos ilustres responsáveis pelo Governo da República se não cogitam de assumir a iniciativa de homenagens à memória de Nabuco iguais as que propõem com aplausos de todos os brasileiros à memória de Rui Barbosa, para o dia ou ano de centenário do nascimento de tão eminente brasileiro.

Em torno de Joaquim Nabuco

Joaquim Nabuco recifense[34]

Que grande homem mais ligado ao Recife do que Joaquim Nabuco? Tendo nascido num sobrado da capital de Pernambuco em 1849, Nabuco nunca se desprendeu de *seu* Recife, de *sua* Mauriceia, de *sua* Veneza tropical.

O Recife diz-nos sua filha, Carolina, que foi "a sua primeira impressão de uma grande cidade". Por um dos seus papéis íntimos, escritos já na idade madura, sabe-se que depois de homem feito não esqueceu a cidade materna: o Recife, por ele descoberto com olhos de menino de oito anos. O Recife "com suas pontes, sua torres, os mastros dos seus navios, apertados uns contra os outros e ancorados dentro da cidade na água dos rios que a cruzam".

Nunca se apagou de sua lembrança o convento recifense que também conheceu menino: um convento "com grandes escadarias e longos corredores revestidos de azulejos que representavam a vida de S. Francisco de Assis". E já depois de muito viajado, evocaria o seu velho Recife: "como Veneza, é uma cidade que sai d'água e que nela se reflete, é uma cidade que sente a palpitação do oceano no mais profundo dos seus recantos", desse oceano que se vem "quebrar diante dela num lençol de espuma e se ajoelhará ainda por séculos perante a graça frágil dos coqueiros".

Noutra de suas páginas recorda quase proustianamente o rendilhado da sombra das folhas das mangueiras, ao sol brasileiro do Norte, nas areias dos quintais das casas dos subúrbios recifenses que mais deve ter frequentado: os da Madalena, os do Monteiro, os do Poço da Panela, os de Apipucos, os da Casa Forte. Num desses subúrbios diz-se que flertou com uma bonita inglesa. Mas não sejamos indiscretos. Aliás os

---

34 Joaquim Nabuco recifense. *Revista Universitária*. Recife, nº 2, mai. 1955, p. 3.

flertes recifenses de Quinta, o Belo, parecem ter sido quase todos platônicos. Vários, porém todos – ou quase todos – platônicos e rápidos.

É certo, também, que vindo fazer parte de seu curso superior na Faculdade de Direito do Recife, não se impressionou Nhô Quim com os mestres de então. Nem com os mestres nem como os *ismos* jurídico-filosóficos então em moda: seu sentimento dos problemas brasileiros já era o histórico-sociológico, tão característico dos intelectuais autenticamente recifenses. Certo é também que uma multidão recifense chegou certa vez a viajar o abolicionista Nabuco cheio de ternuras inglesas para com o doce e, aos seus olhos, simbólica ou representativa figura da Princesa Imperial. Certo, ainda, que em jornais do Recife foi Joaquim Aurélio debochado, além de muito delicado pelos gaiatos como um "Nhô Quim" excessivamente dengoso no porte e nos modos. Havia no Recife quem o acusasse de pedante, de adamado, de taful. Quem não lhe perdoasse a elegância de usar pulseira. Quem o achasse afrancesado, inglesado, estrangeiro.

Não é de admirar: quase na mesma época, outro grande brasileiro de Pernambuco, muito radicado no Recife, embora nascido em engenho, foi debochado e debicado em extremo em jornais do Recife: Dom Vital, o maior dos bispos que teve até hoje a diocese, depois arquidiocese, de Olinda e Recife. Também de Dom Vital se disse que era adamado. Que perfumava as barbas de capuchinho com a essência de frascos de cheiro mandados vir dos perfumistas mais elegantes de Paris. Que seus sapatos de bico fino eram sapatos de mulher e não de homens. Que chegava vaidoso e cioso de sua figura e de tão voltado para as frivolidades e glórias do mundo.

O Recife, aliás, tem sido célebre pelas agressões de sua imprensa mais afoita a grandess pernambucanos, alguns dos mais ilustres recifenses natos, agressões quase sempre da parte de brasileiros de outras províncias. Contra Nabuco muito se extremaram sergipanos como Tobias e Silvio Romero, em seus dias ainda crus de arrivistas intelectuais e sociais: fase que não conhecêramos

Gilberto Amado e os Anibal Freire nem Odilon Nestor nem Assis Chateaubriand, nem os José Lins do Rego e os Ledo Ivo.

Contra Dom Vital excedeu-se uma revista em que colaboravam principalmente cearenses como Franklin Tavora e paraenses como H. Inglês de Sousa. Contra Oliveira Lima – recifense igual a Nabuco na grandeza da inteligência – concentrou-se todo o talento camiliano de um rio-grandense-do-norte, redator de poderoso jornal de Recife.

Nabuco, entretanto, nunca deixou que seu amor pelo Recife sofresse qualquer influência das agressões que sofreu em seu amado burgo. Ao contrário: chegou à velhice mais recifense do que nunca.

D. Ana Benigna de Sá Barreto, esposa do conselheiro Nabuco de Araújo e mãe de Joaquim Nabuco.

Introdução[35]

Joaquim Nabuco foi decerto o primeiro homem público brasileiro a descobrir-se com a própria mão de grande escritor; e em autobiografia tão psicológica como sociologicamente valiosa, além de notável pela sua qualidade literária. Uma das expressões mais altas da literatura em língua portuguesa.

Apenas Joaquim Nabuco, escrevendo *Minha Formação*, descobriu-se somente pela metade. Conservou para si mesmo, ou dentro de si mesmo, a outra metade de todo semirrevelado: aquela que a sagacidade dos biográficos vem procurando desvendar; e da qual talvez o próprio Nabuco não se apercebesse, senão em partes, ao escrever o mais sugestivo dos seus livros.

Para o Brasil da época em que apareceu, *Minha Formação* foi livro um tanto escandaloso, por ter sido, para muitos, cheio de louvor em boca própria. Não faltou quem acusasse o autor de deselegante narcisismo. Nem quem estranhasse em fidalgo tão autêntico o que vários de seus críticos pareceu mau gosto: o mau gosto de escrever um homem da responsabilidade de Joaquim Nabuco todo um livro acerca de si mesmo; e de escrevê-lo com mais complacência do que rigor crítico, acerca daquela metade, menos de sua pessoa do que de sua vida, mais capaz de sugestionar a seu favor a elite e o público mais culto de seu país.

Não se compreendia então, sem-cerimônia dessa espécie. Era contra as melhores convenções que regulavam o comportamento quer de homens públicos, quer de escritores ilustres. Repugnava os melhores mestres brasileiros de bom-tom que um indivíduo elegante escrevesse de si: de sua própria formação. Faziam-no

---

35 *Introdução*. In: NABUCO, J. *Minha formação*. Brasília, Editora Universidade de Brasília, 1963. p. xi-xxiii

franceses, ingleses e russos é certo: os últimos indo ao extremo de recordar suas deformações. Mas eram estrangeiros. Se, no Brasil, José de Alencar contara já aos seus leitores como e porque se tornara romancista, fizera-o discretamente e em poucas páginas; e quase se limitando a recordar seus experimentos literários num gênero – o da ficção – que não adquirira ainda, entre os brasileiros, plena dignidade intelectual. Pelo que, era até ato de humildade um homem público de importância do autor de *Iracema* dizer-se romancista explicando porque vinha escrevendo romances com mais gosto do que preferindo discursos no Parlamento ou redigindo pareceres jurídico-políticos.

A Joaquim Nabuco não faltou a coragem de deixar claro, na sua parcial mas expressiva autobiografia, que nascera fidalgo; que nascera menino de engenho aristocrático, à sombra de uma madrinha um tanto matriarcal, pela imponência de sua figura e pela amplitude de seu prestígio; e, ainda, que se fizera homem público, por vocação apolineamente patrícia para alta política, já praticada por seu pai "na mais alta hierarquia..." A verdade, porém, é que essa vocação o levara, na mocidade, a atividades antes dionisíacas do que apolíneas, de "reformador social", por ele deixadas um tanto na sombra ao escrever *Minha Formação*.

Pois mais do que simples abolicionista ele se afoitara a ser, quando jovem, "reformador social", contra os interesses da própria casta – a nobreza territorial, a aristocracia escravocrática, a elite de brancos e quase brancos do império agrário – a que pertencia. E ao proceder assim, o processo de seu comportamento talvez tivesse sido um processo de *formação*, no desenvolvimento geral de sua personalidade. Daí, talvez, deixar de dar demasiado relevo nas suas recordações um tanto renaneanas de infância e mocidade, aos seus excessos dionisíacos – ou assim considerados pelo Nabuco apolíneo que escreveu *Minha Formação* – de "agitador social"; revolucionário em várias de suas ideias político-sociais; herético em algumas de suas atitudes com relação à Igreja; a negação intelectual conformado com a ordem estabelecida no seu país e não poucas das inovações que pleiteou, para o Brasil, como homem

Em torno de Joaquim Nabuco

público de feito literário, em comícios no Recife e em discursos na Câmara. Ponto a que voltaremos.

"Está aí muito da minha vida", escreveu o próprio Nabuco ao prefaciar *Minha Formação*. Mesmo assim talvez tenha se exagerado ao escrever "muito da minha vida". O que aí se revela é apenas uma complexa personalidade. "As lacunas deste livro", também as reconhece Nabuco no mesmo prefácio. Mas sem especificá-las. A verdade é que são muitas do ponto-de-vista autobiográfico.

Confessa, é certo, ter estado por "vinte e tanto anos" afastado do Catolicismo – depois de haver entrado na Academia de Direito com "a fé Católica inda virgem"; confessa ter sido invadido, ainda no colégio, "pele espírito de rebeldia e independência" que se aguçara no estudante de Direito, na Academia; que o faria contrapor às vezes, o "seu modo de pensar " ao do próprio Pai. Confessa, ainda, ter fundado, no seu primeiro ano de estudante de Direito, em São Paulo – e ainda contra a vontade e as ideias do Pai – "um pequeno jornal para atacar o Ministro Zacharias".

Foi, como tantos outros, um filho em revolta contra o Pai. Um filho contra o Pai, por avidez de "impressões novas". Também um filho revelado contra a Santa Madre Igreja – talvez pela mesma avidez de ideias novas. Mais: foi um americano literário revoltado contra o apego, – por alguns críticos considerado simples expressão de transoceanismo, de muitos brasileiros daqueles dias à Europa materna. Esse apego, à Europa materna, segundo o imaturo Nabuco de vinte anos, deveria ser substituído pela administração pelos fraternais Estados Unidos: a Europa era "velha" ; a "América" (isto é: os Estados Unidos), "jovem".

Tal desprezo pela "velha Europa" verificou-se por influência, na formação do então jovem brasileiro – formação que às vezes terá sido deformação – de um europeu: certo francês, Laboulaye, que tendo tido a sua voga, breve e até efêmera, entre jovens imaturos brasileiros, do tempo do Segundo Reinado tornou-se escritor ignorado. Medíocre, superficial, raso, não merecia outro destino. Mas a verdade é que chegou a deformar brasileiros do tempo do

Império, levando-os a um radicalismo republicano inspirado no exemplo de uns Estados Unidos, para ele Laboulaye, messiânicos. Um desses brasileiros – repita-se – Joaquim Nabuco. Sob essas outras influências, foi Joaquim Nabuco, na primeira mocidade, um radical para quem o relativo – confessa – não existia. Até lhe ocorreu a aventura da primeira viagem à Europa; e com ela a verificação, com os próprios olhos, de que "as paisagens todas do Novo Mundo" não igualavam, para um americano, como ele, em que o "sentimento" era brasileiro, mas a "imaginação" – sem Nabuco o saber até então – europeia, "uma volta da estrada de Salerno a Amalfi, um pedaço do Cais do Sena à sombra do velho Louvre".

Marcou-lhe de tal modo a Europa o sentido da vida, da arte, da política, que ao viajar, depois de conhecer vários países europeus, pelos Estados Unidos, verificaria fazê-lo sob "a influência europeia". É contraditório, como quase todo indivíduo ainda em formação, concluía, passando de um exagero a outro, que nenhuma "cultura superior", para ser "perfeita e completa", precisava, na "ordem intelectual e moral, compreendendo a arte", de adquirir qualquer "contingente americano". Conclusão que ele próprio retificaria no fim da vida: depois de descrita *Minha Formação* e ao tornar-se entusiasta – segundo Oliveira Lima, excedendo-se nesse entusiasmo – não só do Pan-americanismo como dos próprios Estados Unidos. O equilíbrio à custa de compensações por vezes entre extremos.

A formação de Joaquim Nabuco não parou aos cinquenta anos: idade em que deu forma definitiva à *Minha Formação*. Este livro, Nabuco parece te-lo escrito, pensando com Montaigne, que já se dera bastante aos outros; e que tinha o direito e, talvez, o dever de, à base das experiências por ele já vividas, dar-se principalmente a si mesmo, contemplando-se, analisando-se, aperfeiçoando-se no seu modo interior de ser, escrevendo a história de sua própria vida ou de sua própria pessoa sem temer a acusação de narcisismo da parte de críticos mais ou menos levianos. Ele próprio se refere à época em que a mocidade gasta, num indivíduo, "a sua violência" e lhe permite aquela relação com a vida de que falava Goethe, agradecido a Oesser por ter lhe ensinado que "a beleza" é "repouso"; "de que se segue que nenhum jovem pode tornar-se um mestre". Isto é, um mestre daquela arte da vida que não exclua, nem a arte nem da vida, a sensibilidade ao que numa a noutra seja sugestão de beleza, tanto sensual como espiritual, já em repouso; ou mais em repouso que em agitação. Foi essa precisamente a espécie de beleza com que se procurou identificar Joaquim Nabuco nos seus últimos dez ou doze anos de vida – os vividos depois da escrita de *Minha Formação*. Viveria, então, mais em contato com valores classicamente europeus e superiormente anglo-americanos de arte, de inteligência, de cultura do que no Rio de Janeiro ou em Pernambuco: Sob os coqueiros, as mangueiras, as jaqueiras das paisagens tropicais da sua meninice de brasileiro criado em engenho e da sua mocidade de provinciano, com alguns anos de capital.

Tornou-se naqueles anos, mais do que ao escrever recolhido a si mesmo, *Minha Formação*, uma espécie de tranquilo escultor de si mesmo, procurando desenvolver na alma e conservar no corpo formas como que goetheanas de expressão humana que as mais harmoniosamente belas jamais atingidas por um intelectual brasileiro: um intelectual, em certas fases de sua vida, também um homem de ação. Homem de ação, por algum tempo, na vida pública de seu País. Homem de ação, nos seus últimos anos, na diplomacia e na política internacional.

Como decidira ser político militante dentro de seu País, o jovem Joaquim Nabuco, tão cedo atraído também pela vida diplomática? Em grande parte, por aquela vocação patrícia para a alta política a que já se referencia: "Eu representaria assim no Parlamento a quarta geração da mesma família, o que não aconteceu, suponho, a nenhum outro (brasileiro)". Entre os próprios Andradas, as gerações políticas haviam sido, até então, "apenas três".

Na Câmara foi um orador flamejante que ocupou com frequência a tribuna. Mas de seus muitos discursos, preferidos em 1879 e 1880, diz, arrependido, talvez, de sua retórica de anticlerical e de seus ímpetos de quase demagogo, a contrastarem com a sua vocação apolineamente para a alta política – vocação nele prolongada na de diplomata a serviço suprapartidário do Brasil –

que "não quisera salvar nada senão a nota íntima, pessoal, a parte de mim mesmo que se encontre em algum". Na década seguinte é que se definiria nele o "reformador social", substituída, em sua atividade de homem público, a feição política pela "identificação humana com os escravos": mas sem que tivesse se libertado de todo da retórica de seus primeiros nos de deputado.

Trazia da infância de menino de engenho, criado pela madrinha pernambucana quase matriarcal, mais como filho do que como afilhado, mais como neto do que como filho, mais como menina do que como menino – tanto que em Massangana não aprendera a montar a cavalo – "o interesse pelo escravo". Um interesse com alguma coisa de docemente feminino no seu modo humanitário, sentimental, terno, de ser interesse. O que, sendo certo, antes engrandece do que diminui a figura, na verdade, quase apostólica de abolicionista em que se extremou Joaquim Nabuco. Deixando a políticos convencionais masculinoides a visa de apenas política ou somente econômica do problema brasileiro da escravidão, ele a todos excedeu na amplitude social, humana, suprapartidária, que deu ao seu apostolado a favor dos escravos. E foi esse apostolado que fez dele um radical, com alguma coisa de socialista – socialista ético – em sua crítica ao sistema de trabalho e propriedade dominante no Brasil Império: homens donos de homens; terras imensas, dominadas feudalmente por umas poucas e privilegiadas famílias; escravidão; latifúndio. "Acabar com a escravidão não basta", disse Joaquim Nabuco em discurso de sua fase de "reformador social"; aquela que em *Minha Formação* é recordada, embora de modo um tanto abstrato, em dois capítulos: o XXI e o XXII. E acrescentava: "é preciso destruir a obra da escravidão". Referia-se à expressão nefasta, ao sobejo pernicioso, de um sistema que, de resto, produzira o próprio Joaquim Nabuco e consolidara o próprio Brasil como nação a um tempo aristocrática e democrática. Para ele, a substituição de escravos por "artistas e operários" só aparentemente livres, a continuação do "monopólio territorial", a sobrevivência de "instituições auxiliares da escravidão" – constituem aspectos daquela expressão nefasta que poderiam estender-se,

Em torno de Joaquim Nabuco

além da abolição, prejudicando o desenvolvimento brasileiro ou o futuro nacional.

A abolição da escravidão, no Brasil, considerou-a ele, em sua fase de "reformador social apenas o primeiro passo para "a organização do trabalho nacional". Para a consolidação da "civilização brasileira" sobre bases democráticas. Por enxergar na abolição um aspecto, apenas, da revolução social necessitada pelo seu e nosso País, é que Joaquim Nabuco, desenganado das "reformas políticas", abandonou, "no Parlamento, a atitude propriamente política para tomar a atitude de reformador social". E repetindo palavras, por ele próprio consideradas "revolucionárias", dizia, em 1884, num de seus discursos mais enfáticos: "O que é isso operário? Nada. O que virá ele a ser? Tudo". Pois na gente de trabalho estava "o futuro, a expansão, o crescimento do Brasil". Era o trabalho – ou o trabalhador – que, segundo ele, precisava de ser libertado, levantado e protegido' em toda a extensão do País, sem diferença entre raças nem ofícios' ".

De modo que não há exagero em considerar-se esse Nabuco enfático em sua apologia do trabalhador – um Nabuco inconformado com a ordem social de então que o autor apolíneo de *Minha Formação* deixa um tanto na sombra, talvez mais pelo pudor da ênfase em que por vezes se extremara o "reformador social" daqueles dias do que por qualquer sentimento de total repúdio às "reformas sociais" defendidas pela sua voz de moço em comícios célebres – o verdadeiro precursor do moderno movimento brasileiro de valorização do trabalho e da gente de trabalho.

Não deixa, porém, Joaquim Nabuco, em sua autobiografia de procurar justificar o que a Campanha da Abolição teve de enfaticamente demagógico, um tanto em desarmonia com temperamentos como o seu "o espírito revolucionário" – explica ele – tivera que "executar em poucos anos uma tarefa que havia sido desprezada durante um século". Agindo revolucionariamente, ele próprio se exagerara um tanto na sua extroversão de autor – "a ambição, a popularidade, a emoção da cena, o esforço e a recompensa de luta" –

para vir a corrigir-se desses excessos dionisíacos, contrários aos seus pendores mais íntimos, entregando-se por algum tempo – a época em que escreveu *Minha Formação* – à "nostalgia do passado", a "sedução crescente da natureza", ao "retraimento do mundo", à "doçura do lar". Período a que se seguiria outro – o de Ministro em Roma, o de Embaixador em Washington, o de intercionalista – do qual é pena não nos ter deixado, em páginas autobiográficas, o livro de recordações que completasse *Minha Formação*. Faltou-lhe, para tanto, novo e último período de "nostalgia do passado" e de "retraimento do mundo" – essa nostalgia do passado e esse retraimento do mundo que criam o ambiente favorável à elaboração das grandes autobiografias do tipo da de Newman e das profundas confissões do gênero das de Santo Agostinho.

Arthur Ponsomby, que se especializou na análise da literatura introspectiva de sua gente – a inglesa – é de opinião que essa espécie de literatura – especialmente a que se baseia em diários: e foram diários que serviram de base à elaboração de *Minha Formação* – tem por principal estímulo o egoísmo. Mas adverte: *"egotism except in excess ought not to be regarded as a fault"*. O egoísta que se exprime em autoanálises é, segundo ele, *"self-conscious* e às vezes *self-absorbed.* Mais *the autobiographer is a notorious egoist..."*

Joaquim Nabuco, sem ter sido um *notorious egoist*, foi evidentemente um *self-conscious* e é possível que, retratado na fase da vida em que escreveu *Minha Formação*, possa ser considerado um *self-absorbed*. Ao ter sido forçado pelas circunstâncias brasileiras a abandonar a atividade política para recolher-se à solidão de Paquetá, voltou-se para o passado, tanto pessoal como nacional, primeiro vicariamente analisando a figura do Pai; depois diretamente, analisando a própria pessoa. A biografia do Pai traçou-a sentindo, decerto, no insigne estadista do Império que foi Nabuco de Araújo, o político realizado, quase completo, que ele, Joaquim Aurélio, com a queda do Império, não conseguiria ser. A autobiografia, escreveu-a, contemplando-se, por vezes, com não pouca satisfação; mas evitando aprofundar-se naquilo que um ilustre inglês, seu contemporâneo, Gladstone, chamou, ao autobiografar-se, *"interior matters"*. O que fez sem ter deixado de ser introspectivo: apenas guardando-se de revelar o que pudesse fazê-lo parecer ridículo aos olhos dos leitores. Esta, a grande deficiência de *Minha Formação*: ao anglicizado Nabuco falta em suas páginas o sal daquele anglicíssimo *sense of humour* que leva o indivíduo, mesmo quando homem público; a admitir, na sua vida ou na sua pessoa, fraquezas que o tornem ridículo e até cômico aos olhos dos outros. Falta-lhe – excetuada a evocação da infância em Massangana – maior presença nas reconstituições do seu passado e do passado brasileiro ou estrangeiro, do cotidiano ou de trivial: aquelas *"casual notes"* que nos bons livros de autobiografia, como nos de biografia, dão às evocações a realidade, a vida que, segundo Posomby, *"the more artistic and skilful compositions of fiction cannot produce in quite the same way"*. De onde haver leitores de tal gênero de literatura – biografias, autobiografias, memórias, confissões, diários – de todo afeiçoados ao que, nesses livros e nos de história íntima, se mostra do que os Goucourt consideravam *roman vrai*. Assim afeiçoados à literatura biográfica, não conseguem, interessar-se, senão mediocremente, por ficção ou sequer por teatro puro: fantasia ou abstração.

O que é preciso, para a literatura desse difícil feitio empolgar leitores pouco inclinados à apreciação da pura ficção, é que nela se encontre, como se encontra no que há de biográfico em *Dom Quixote* ou em *Ulysses*, e de história íntima em *Guerra e Paz*, aquele cotidiano aparentemente desprezível, aquele trivial aparentemente sem importância; e nas autobiografias como nas biografias de grandes homens, o registro de alguma de suas explosões de cólera, de alguma de suas brigas de família, de algum de seus jantares íntimos, de algum de seus pecadilhos de sexo, de algum de seus resfriados: pormenores que façam o leitor regozijar-se – como nota Moore – com a descoberta *"so consoling to human pride that even the mightiest in these moments of ease and weakness resemble ourselves"*.

É o que parece que sempre Joaquim Nabuco em *Minha Formação*: o trivial, o cotidiano, a recordação de episódios que pudessem fazê-lo parecer senão ridículo, trivial, aos olhos do público. De modo que é por informação de contemporâneos indiscretos que se sabe não ter ele, menino de engenho, em Massangana, aprendido a montar a cavalo; que os seus dias de interno de colégio foram dias de sofrimento para o adolescente, afilhado daquela Dona Ana Rosa Falcão, que o criara com ternura quase de avó por neto, tendo até pretendido (quem o descobriu vasculhando papéis velhos, foi o advogado Luís Cedro) mudar o nome do filho do Senador Nabuco para outro, que continuasse o da família do defunto marido da mesma D. Ana Rosa, absorvente e um tanto autoritária; e que talvez por ter sido assim mimado na infância, se tivesse tornado meninote dengoso aos olhos dos rapazes do internato mais sacudidos, mais sarados e menos criados do que ele por madrinhas ricas; que no Teatro Santa Isabel chegou, no seu tempo de "reformador social" a ser vaiado por multidão de recifenses, açulada contra "Quincas, o Belo" por agitadores da rua do feitio do aliás seu amigo José Mariano; que, nos seus dias do Recife, foi visto umas tantas vezes, para os lados da então chamada "Linha Principal", dizendo as más línguas da época que namoricava a mais bela inglesa moradora da mesma "Linha": tão bela como mulher – aliás casada – quanto ele, Quincas, o Belo, – naqueles dias, solteiro – como homem. O "belo Quincas", homem de quarenta anos, que também encantara, antes de casar-se com D. Evelina, a filha de opulento fazendeiro de Vassouras, dono de muitos escravos; o qual por isso mesmo teria dito asperamente "não" às pretensões do *flamboyant* abolicionista de tornar-se genro do escravocrata tão ostensivo. É um fracasso este, no amor, que Joaquim Nabuco talvez pudesse ter recordado, de modo velado e, sobretudo, sem amargura, em Minha Formação.

Não o recorda. É um livro pelo qual não se passa nem de leve a saia de sinhá moça com seu ruge-ruge de seda fina: a seda fina das saias de certas elegantes da época, das quais se chegou a dizer, a propósito de outro brasileiro ilustre de Pernambuco (de quem Joaquim Nabuco pensou em escrever a biografia: Maciel Monteiro, Barão de Itamaracá), que fizeram calos nas pontas dos dedos

Em torno de Joaquim Nabuco

do barão galanteador, tantas foram as que levantou com volúpias de Casanova mulato.

Nenhuma trivialidade desse sabor perturba, em *Minha Formação*, o ritmo apolíneo de uma narrativa autobiográfica cujo "autor" ao mesmo tempo que "ator", ao tornar-se, segundo ele próprio, apenas "espectador" de si mesmo, não parece esquecer-se nunca do fato de se ter tornado também, na história de seu País, homem imortal. "Lembra-te de que és mortal", dizia o pregoeiro que acompanhava na antiga Roma o carro do triunfador que fosse acolhido pela capital do grande Império com os seus melhores louros. Joaquim Nabuco parece ter ouvido, ao escrever a parte de *Minha Formação*, pregão bem diferente vindo de si próprio: "Lembra-te de que és imortal!". Imortal na história de seu País e imortal, pura e simplesmente, como alma, de acordo com sua fé de Católico. De onde terminar "a história da minha formação política e mesmo de toda minha formação" escrevendo que reservava o saldo de seus dias "para polir imagens, sentimentos, lembranças que eu quisera levar na alma".

Da paisagem que *Minha Formação* evoca não há exagero em dizer-se que é a mais brasileira das paisagens: a do canavial; a do trópico úmido, onde, com o canavial, desenvolveu-se a primeira civilização que deu expressão mundial ao Brasil; e que foi a civilização do açúcar, a do engenho; a da casa-grande; a da senzala; a da capela de engenho; a do rio ao serviço dos engenhos. É a paisagem das pinturas do holandês abrasileirado Franz Post e dos óleos um tanto aflamengados do Telles Júnior; das marinhas de Rosalvo Ribeiro e das vistas panorâmicas de Lassally.

Outras paisagens vêm se acrescentando a esta, como características de um Brasil ainda agreste ou europeizado por meio de outras técnicas de produção: a das fazendas de criar; a das minas; a das estâncias; a das fazendas de café; a das fazendas de cacau; a dos seringais. Mas foi principalmente dentro da paisagem em que se formou Joaquim Nabuco que o Brasil adquiriu suas primeiras formas de sociedade nacional que foram as de uma sociedade familial, patriarcal; e suas primeiras formas de sistema econômico de repercussão internacional, que foram as de uma economia de plantação à base da lavoura de cana e do fabrico do mascavo.

Igual a Massangana foram vários dos engenhos, das fazendas, das estâncias, que concorreram para a formação de outros Brasis, quer agrário, quer pastoris, em seu modo de ser patriarcais; e também para a formação de outros Joaquins Nabuco. Escrevendo sua autobiografia, "Nhô Quim" de Massangana não escreveu um livro apenas pessoal: escreveu uma parte da história da formação nacional do Brasil. É pena que livros semelhantes à *Minha Formação* não tenham sido escritos, um por um dos Andradas mais antigos, que foram os de São Paulo; outro, por um Antônio Vieira que não fosse impedido de autobiografar-se pela sua condição de padre da Companhia; ainda outro, por um dos poetas mineiros da Inconfidência.

Sob este ponto de vista, – o de um depoimento de interesse nacional, especificamente nacional, dentro do humano – é obra que se inclui entre os mais expressivos livros escritos no Brasil. É o *Education of Henry* Adams brasileiro. O equivalente de *Apologia pro vita* sua em língua brasileira portuguesa. Inclui-se entre aqueles livros com que brasileiros mais ou menos autobiográficos em alguns dos seus modos de ser historiadores sociais ou nos seus métodos de tratar – como fez o tanto subeuropeu Nina Rodrigues – temas sociológicos para eles, demasiadamente antieuropeus mas irresistivelmente brasileiros, têm relevado o Brasil aos seus compatriotas: *Os Sertões*, decerto; porém, antes de *Os Sertões*, o *Selvagem*, de Couto de Magalhães; as páginas de Taunay sobre si mesmo e sobre o Brasil central; as de Capistrano, sobre assuntos coloniais; as de Nina Rodrigues, sobre os negros da Bahia; as de Machado de Assis sobre o Rio de Janeiro; as de Sylvio Romero, em obra monumental, sobre a formação das letras nacionais; as de Tobias, sobre nova filosofia de Direito aplicada ao Brasil; as de Rui Barbosa sobre "suas contradições"; o *Dom João VI* no Brasil, de Oliveira Lima; e mesmo remotamente, a *Língua Nacional*, de João Ribeiro; o *Pelo Sertão*, de Afonso Arinos: *Canaan*, de Graça de Aranha;

Cenas da Vida Amazônia, de José Veríssimo; o *Negrinho do Pastoreio*, de Simões Lopes Neto; a *História do Direito Nacional*, de Martins Júnior; o autobiográfico *O Ateneu*, de Raul Pompeia; *Sousla Croix du Sud*, de Dom Luís de Orleans e Bragança; *Rondônia*, de Roquete Pinto; *Terra do Sol*, de Gustavo Barroso, *Gonzaga de Sá*, de Lima Barreto; *O Problema Nacional*, de Alberto Tôrres; *Populações Meridionais*, de Oliveira Viana; *Bagaceira*, de José Américo de Almeida; o também autobiográfico *Menino de Engenho*, de José Lins do Rego; as memórias de Oliveira Lima; as de Gilberto Amado – grande acontecimento nas letras autobiográficas em língua portuguesa; mas acontecimentos já de nossos dias. O que é certo também da autobiografia de Helena Morley e das *Confissões* de Carlos Drummond de Andrade. A quase todos excede *Minha Formação* em importância sociológica, em interesse humano, em graça literária. Por nenhum excedido nesse conjunto de virtudes, características, quando reunidas, de tão pouco grandes livros.

Os Sertões destacam-se pela ênfase com que seu autor – como Nabuco, também autor – requinta-se não só em representar um Brasil asperamente sertanejo, como em representá-lo ele próprio, nas suas formas angulosamente dramáticas da gente e da paisagem e contrastarem com as dos Brasis mais adoçados pelo açúcar e pelo negro; pelo café, pelo italiano. Cria Euclides, em *Os Sertões*, em torno da gente sertaneja e da interpretação por vezes teatral que nos oferece dessa gente, uma sugestão ostensivamente épica de tema social e de obra literária. A verdade, porém, é que o Brasil evocado por Nabuco em *Minha Formação* não é menos épico, em sua essência, que o retratado por Euclides. O que se verifica é ter havido por parte de um ator-autor maior ênfase oratória, que da parte do outro, no aspecto épico de seu tema e de seus personagens.

Visto de perto, o Brasil de que Joaquim Nabuco nos dá, em *Minha Formação*, uma síntese em que autobiografia e história nacional se confundem, em vários pontos, foi um Brasil por vezes épico, em sua nem sempre melíflua formação patriarcal. Épico na resistência da gente de seus engenhos a franceses e holandeses. Épico nas revoltas de alguns de seus escravos contra alguns de seus senhores. Épico em revoluções como a de Alfaiates, na Bahia; como a dos Padres em 1887, no Nordeste; como as insurreições fluminenses contra reinóis. Épico com Frei Caneca, com Nunes Machado, com a "Praia", com Pedro Ivo. Movimentos, todos esses, de gentes das terras de cana e até dos arredores mais que úmidos líquidos, do Recife: principal ponto de ligação, durante anos, da cultura brasileira em desenvolvimento com artes, letras, ciências, técnicas europeias e anglo-americanas da vanguarda. De onde terem aparecido não em qualquer dos Brasis tropicalmente áridos mas num dos mais intensamente úmidos em sua condição tropical – o de Joaquim Nabuco, por excelência – renovadores políticos, agitadores sociais, intelectuais, revolucionários, alguns deles com um sentido épico de ação, como foram A.P. de Figueiredo – o primeiro critico social profundo do sistema latifundiário e escravocrático dominante no Brasil colonial e imperial; como Teixeira de Freitas, como Castro Alves; como Gonçalves Dias; como Tobias; como os três médicos, fixados na Bahia, do século XIX, na hoje; chamada escola Tropicalista de Medicina; como Sylvio Romero; como Dom Vital.

Sinhás, mães de família, iaiasinhas, mucamas, sinhás moças não foram, no Brasil tropicalmente úmido, gente de vida o tempo todo fácil e rotineiro. Viveram muitas delas dias terríveis dentro de casas-grandes onde a resistência a invasores e a doenças – doenças de meninos, sobretudo – foi esforço duro para muitas e martírio para algumas. Só quem quiser ser estreitamente convencional em seu sentido do que seja épico, deixará de reconhecer o que houve de epopeia na formação da família patriarcal em terras de massapé do Brasil: aquelas onde se formou Joaquim Nabuco, tendo quase alcançado as sangrentas lutas de "praieiros" com senhores de engenho. Foram lutas as da "Praia", que culminaram no ano de 1849: precisamente aquele em que Joaquim Nabuco nasceu num sobrado patriarcal do Recife. Num sobrado perto do rio e não muito longe do mar ao mesmo tempo voltado para o interior: para os canaviais, as terras, o mato do interior.

Joaquim Nabuco atual[36]

O diretório de Estudantes da ilustre Faculdade Brasileira de Filosofia convidou-me há pouco para proferir uma conferência sobre o assunto de minha escolha. Escolhi um que, parecendo gasto, tem aspectos ainda virgens; parecendo apenas biográfico, é também sociológico; parecendo apenas histórico, tem aspectos vibrantemente atuais. Refiro-me ao que em Joaquim Nabuco foi o que ele próprio chamou de sua formação; e o que terá sido, também, por força de circunstâncias de tempo e de meio e de uma carreira que parece ter modificado o seu próprio tipo senão constitucional, psicológico, fazendo-o passar da predominância dionisíaca à predominância apolínea, à sua deformação.

Todo homem é como se desenvolve no tempo-social: formando-se, deformando-se, reformando-se, dentro, quer de seu próprio critério, quer do critério geral de sua época ou de sua civilização, do que seja formação justa ou sadia: critério que também varia. Nunca o homem é exatamente o mesmo em todas as suas diferentes situações de tempo: varia, embora dentro de umas tantas constantes.

O caso de Joaquim Nabuco é, sob esse ponto de vista, interessantíssimo, porque é o caso de um indivíduo, além de superior pela personalidade, representativo de sua gente e de um tipo de civilização que quis reformar, sem destruir. Ele foi talvez o que de mais alto produziu, como figura humana, a civilização patriarcal do açúcar no Brasil, por cuja democratização, embora nascido aristocrata, corajosamente se empenhou.

---

36 Joaquim Nabuco atual. *O Cruzeiro*. Rio de Janeiro, 17 out. 1964. Colunas "Pessoas, coisas e animais".

Ignoro quantos dos estudantes atuais do Brasil já leram *Minha Formação*. Ou outro livro de Joaquim Nabuco. Quantos? Temo que muito poucos.

A verdade, porém, é que Joaquim Nabuco continua a ser, dentre os clássicos brasileiros, um dos de maior influência sobre sucessivas gerações de leitores; sobre minorias inteligentes e cultas dessas gerações.

Joaquim Nabuco ainda atual[37]

Joaquim Nabuco vem, há dezenas de anos, seduzindo sucessivas gerações de leitores inteligentes. Ainda há pouco, a Universidade de Brasília o incluiu entre os autores das dez obras básicas que aquela universidade vai editar, por considerá-las essenciais ao conhecimento do Brasil. E dizem-me pessoas chegadas ao ex-Deputado Francisco Julião que o santo cívico de sua predileção é o reformador social Joaquim Nabuco, paradoxalmente adorado por outros motivos e sob outro aspecto, por jovens tradicionalistas de São Paulo: tradicionalistas que chegam a sonhar com a restauração da Monarquia no Brasil. O que mostra como Nabuco é diverso nas suas sugestões.

Fala-se muito, atualmente, na necessidade de diálogo entre nós, brasileiros. É de fato uma necessidade. Mas de ordinário o que se vê, sob o rótulo de diálogo, é diálogo dirigido, tão evidente nos esquemas de discussão de certos temas dados como atuais para a mocidade ou para a inteligência brasileira quando são, na verdade, já inatuais e até arcaicos. Quem hoje proclama a solução maciçamente socialista, solução moderna para povos em transição, como o brasileiro, é antes um inatual que um atual. Quem fala "conscientização" como um processo linearmente e polivalentemente progressivo em países como o Brasil é, também, antes inatual que atual, como já demonstrou, em recente conferência para estudantes de Direito do Recife, o jovem Professor Pessoa de Moraes.

Não é atual nem moderno aquilo ou aquele que se proclama atual ou moderno mas aquilo ou aquele cuja atualidade ou modernidade é substantiva e não adjetiva. E ninguém pode pretender ser de fato atual ou moderno, ignorando a presença do passado

---

37 Joaquim Nabuco ainda atual. *O Cruzeiro*. Rio de Janeiro, 17 out. 1964. Colunas "Pessoas, coisas e animais"

no presente: uma presença tão irreprimível como a dos instintos analisados por Freud nos indivíduos.

Qualquer repressão ao passado por um povo resulta em presente sociologicamente neurótico para esse povo. Donde a necessidade de cada povo analisar, estudar, compreender o seu passado, antes de entregar-se a aventuras de repressão total ao mesmo passado.

Aspectos da formação de Joaquim Nabuco[38]

Joaquim Nabuco foi decerto o primeiro homem público brasileiro a descobrir-se com a própria mão de grande escritor; e em autobiografia tão psicológica como sociologicamente valiosa, além de notável pela sua qualidade literária. Uma das expressões mais altas da literatura em língua portuguesa.

Apenas, Joaquim Nabuco, escrevendo *Minha Formação*, descobriu-se somente metade. Conservou para si mesmo, ou dentro de si mesmo, a outra metade do todo semirrevelado: aquela que a sagacidade dos biógrafos vem procurando desvendar; e da qual talvez o próprio Nabuco não se apercebesse, senão em parte, ao escrever o mais sugestivo de seus livros.

Para o Brasil da época em que apareceu, *Minha Formação* foi livro um tanto escandaloso, por ter sido, para muitos, cheio de louvor em boca própria. Não faltou quem acusasse o autor, de deselegante narciso. Nem quem estranhasse em fidalgo tão autêntico o que vários de seus críticos pareceu mau gosto: o mau gosto de escrever, um homem da responsabilidade de Joaquim Nabuco, todo um livro acerca de si mesmo; e de escrevê-lo com mais complacência do que rigor crítico, acerca daquela metade, menos de sua pessoa do que de sua vida, mais capaz de sugestionar a seu favor a elite e o público mais culto de seu país.

Não se compreendia, então, sem-cerimônia dessa espécie. Era contra as melhores convenções que regulavam o comportamento, quer de homens públicos, quer de escritores ilustres. Repugnava aos melhores mestres brasileiros de bom-tom que um indivíduo elegante escrevesse de si próprio: de sua formação. Faziam-no franceses, ingleses e russos, é certo: os últimos indo ao extremo de

---

38 Aspectos da formação de Joaquim Nabuco. Nordeste. Recife,n.17, p.6-7, dezembro de 1964.

recordar suas deformações. Mas eram estrangeiros. Se, no Brasil, José de Alencar contara já seu leitores como e por que se tornara romancista, fizera-o discretamente e em poucas páginas; e quase limitando-se a recordar seus experimentos literários num gênero – o da ficção – que não adquirira ainda, entre os brasileiros, plena dignidade intelectual. Pelo que, era até de humildade um homem público da importância ao autor de *Iracema* dizer-se romancista, explicando por que vinha escrevendo romances com mais gosto do que proferindo discursos no Parlamento ou redigindo pareceres jurídico-políticos.

A Joaquim Nabuco não faltou a coragem de deixar claro, na sua parcial mas expressiva autobiografia, que nascera fidalgo; que crescera menino de engenho aristocrático, à sombra de uma madrinha um tanto matriarcal, pela imponência de sua figura e pela amplitude de seu prestígio; e, ainda, que se fizera homem público, por vocação apolineamente patrícia para a alta política, já praticada por seu Pai, "na mais alta hierarquia..." A verdade, porém, é que essa vocação o levara, na mocidade, a atividades antes dionisíacas do que apolíneas, de "reformador social", por ele deixadas um tanto na sombra ao escrever *Minha Formação*. Pois mais do que simples abolicionista ele se afoitara a ser, quando jovem, "reformador social", contra os interesses da própria casta – a nobreza territorial, a aristocracia escravocrática, a elite de brancos e quase brancos do império agrário a que pertencia. E ao proceder assim, o processo de seu comportamento talvez tivesse sido um processo de "deformação", em relação com o que foi, ortodoxamente, antes e depois de seus dias de abolicionista, norma de "formação", no desenvolvimento geral de sua personalidade. Daí, talvez, deixar de dar demasiado relevo em suas recordações um tanto renaneanas de infância e de mocidade, aos seus excessos dionisíacos – ou assim considerados pelo Nabuco apolíneo que escreveu *Minha Formação* – de "agitador social": revolucionário em várias das suas ideias político-sociais; herético em algumas de suas atitudes com relação à Igreja; a negação do intelectual conformado com a ordem estabelecida em seu país em não poucas das inovações que pleiteou, em comícios no Recife e em discursos na Câmara.

Em torno de Joaquim Nabuco

"Está aí muito da minha vida", escreveu o próprio Nabuco ao prefaciar *Minha Formação*. Muito: mas não a sua vida tanto quanto possível completa. Mesmo assim talvez tenha se exagerado ao escrever "muito da minha vida". O que consta de *Minha Formação* é apenas parte de uma grande vida. O que aí se revela é apenas parte de uma complexa personalidade. "As lacunas deste livro", também as reconhece Nabuco no mesmo prefácio. Mas sem especificá-las. A verdade é que são muitas do ponto de vista autobiográfico.

Confessa, é certo, ter estado por "vinte e tantos anos" afastado ao Catolicismo – depois de haver entrado na Academia de Direito com "a fé Católica ainda virgem"; confessa ter sido invadido, ainda no colégio, "pelo espírito de rebeldia e independência" que se aguçaria no estudante de Direito, na Academia, e que o faria contrapor, às vezes, o "seu modo de pensar" ao do próprio Pai. Confessa, ainda, ter fundado, no seu primeiro ano de estudante de Direito, em São Paulo – e ainda contra a vontade e as ideias do pai – "um pequeno jornal para atacar o Ministério Zacharias".

Foi, um tanto quanto outros, um filho em revolta contra o Pai. Um filho contra o Pai, por avidez de "impressões novas". Também um filho rebelado contra a Santa Madre Igreja – talvez pela mesma avidez de ideias novas. Mais: foi um americano libertário revoltado contra o apego, por alguns críticos considerado, erradamente, simples expressão de transoceanismo, de muitos dos brasileiros de seu tempo à Europa materna. Esse apego à Europa materna, segundo o imaturo Nabuco de vinte anos, deveria ser substituído pela admiração pelos fraternais Estados Unidos: a Europa era "velha"; a "América" (isto é: os Estados Unidos), "jovem".

Tal desprezo pela "velha Europa", verifica-se por influência, na formação de então jovem brasileiro – formação que às vezes terá sido deformação de um europeu: certo francês, Laboulaye, que tendo a sua voga, breve e até efêmera, entre jovens ou imaturos brasileiros, do tempo do Segundo Reinado, tornou-se escritor ignorado. Medíocre, superficial, raso, não merecia outro destino.

Mas a verdade é que chegou a deformar vários brasileiros do tempo do Império, levando-os a um radicalismo republicano inspirado no exemplo de uns Estados Unidos, para ele, Laboulaye, messiânicos. Um desses brasileiros, – repita-se – Joaquim Nabuco. Sob essa e outras influências, foi Joaquim Nabuco na primeira mocidade, um radical para quem o relativo – confessa – não existia.

Até que lhe ocorreu a aventura da primeira viagem à Europa; e com ela a verificação, com os próprios olhos, de que "as paisagens todas do Novo Mundo" não igualavam, para um americano, como ele, em quem o "sentimento" era brasileiro, mas a "imaginação" – sem Nabuco o saber até então – europeia, "uma volta da estrada de Salermo a Amalfi, um pedaço do Cais do Sena à sombra do velho Louvre".

Marcou-lhe de tal modo a Europa o sentido da vida, da arte, da política, que, ao viajar, depois de conhecer vários países europeus, pelos Estados Unidos, verificaria fazê-lo sob "a influência europeia". E contraditório, como quase todo indivíduo ainda em formação, concluía, passando de um exagero a outro, que nenhuma "cultura superior", para ser "perfeita e completa", precisava, na "ordem intelectual e moral, compreendendo a arte", de adquirir qualquer "contingente americano". Conclusão que ele próprio retificaria no fim da vida: depois de escrita *Minha Formação* e ao tornar-se entusiasta – segundo Oliveira Lima, excedendo-se nesse entusiasmo – não só do pan–americanismo como dos próprios Estados Unidos. O equilíbrio à custa de compensações por vezes extremas.

Em torno de Joaquim Nabuco

Joaquim Nabuco, pioneiro do trabalhismo no Brasil[39]

Vejo com satisfação que já se esboçam as comemorações do 1º centenário do nascimento do grande brasileiro que foi o Conselheiro Rui Barbosa. Ao ilustre ministro da Educação e Saúde ocorreu a feliz ideia de nomear uma comissão que deverá organizar parte do Ministério que S. Exa. dirige, "condigna comemoração" daquele centenário. E a essa iniciativa não tardará, estamos todos certos, a juntar-se a desta Casa, a do Senado da República, a do Parlamento Nacional, no sentido de organizar-se comemoração igualmente condigna na parte dos representantes da Nação Brasileira, de fato tão significativo para a história não só intelectual como política e parlamentar do Brasil.

Outro centenário altamente significativo para as duas histórias, se aproxima de nós, exigindo de nossa parte providências semelhantes para que as comemorações não venham a juntar-se a improvisos nem sempre felizes, por maior que seja o brilho de festa oficial que os anime. Refiro-me ao centenário do igualmente grande cidadão da América e do mundo, do igualmente grande brasileiro de seu tempo e de todos os tempos, que foi Joaquim Nabuco, cuja voz está entre as que mais enobrecem a eloquência parlamentar no Brasil e que foi pela inteligência, pela cultura, pelo espírito público, uma das figuras máximas de nosso País e do continente americano e até uma das personalidades mais sugestivas do Ocidente no fim do século XIX e nos começos do XX, tal a fama que alcançou com seus escritos em francês e suas conferências em inglês e, principalmente, com a repercussão, que chegou a Londres, a Paris e a Roma, no seu esforço de abolicionista ou de reformador social.

---

39 Pioneiro no Trabalhismo no Brasil. In: *Quase Política*. Rio de Janeiro, José Olympio, 1966. p. 52-68

No Parlamento, ele entrou ainda moço, no início da campanha em que sua bela cabeça haveria de embranquecer-se tão cedo e tão cedo cobrir-se de sua melhor glória: a de ter concorrido para extinguir a escravidão africana na América. Viu-se então esse fato verdadeiramente espantoso: a grande voz do povo trazida para a tribuna da Câmara, de homens então de casaca ou de fraque, não por um homem ostensiva e convencionalmente do povo, mas pelo mais puro dos fidalgos pernambucanos, e o sofrimento da gente escrava traduzido em eloquência da chamada "britânica" – uma eloquência nova, ainda que clássica em suas raízes – não por um brasileiro de origem africana elevado à representação da Nação Brasileira no Parlamento Nacional, como foram alguns do Império e têm sido, felizmente, vários na República, mas por um Paes Barreto autêntico, por um legítimo senhor-moço de casa-grande nascido em sobrado também fidalgo do Recife, por um neto de morgado dos canaviais do Sul de Pernambuco. Um desertor de sua casta, de sua classe, de sua raça, cujos privilégios com vigor e um desassombro que, segundo o depoimento de Graça Aranha, deixou atônito o Parlamento da época.

Mas, se desertou de sua casta, de sua classe e de sua raça, foi para se pôr ao serviço, não de outra casta, de outra classe ou de outra raça, mas daquele Brasil. Daquela América e até da Humanidade sem divisões artificiais entre os homens, que seu claro espírito anteviu com a segurança e o equilíbrio sempre característico, tanto de seu pensamento quanto de sua ação. Donde já se ter dito, e se pode dizer hoje com maior amplitude, que "o mais belo milagre da escravidão" no Brasil foi o de haver formado ela própria "o herói da sua própria Redenção". Formou-o pelo leite de escrava que amamentou o menino branco de Massangana, pelos braços de escravos que primeiro o carregaram, pelos risos de escravos que lhe afugentaram os primeiros choros e tédios de criança, pelas mãos de escravos que lhe levaram à boca as primeiras comidas, talvez pelos beijos de escrava que primeiro lhe deram sugestões de outro amor de mulher além do de mãe, e, ainda, pelo gesto daquele escravo adolescente, fugido de outro engenho, que,

Em torno de Joaquim Nabuco

uma tarde, surgiu diante de Nabuco menino, sentado no patamar da casa-grande de Massangana, para abraçar-se a seus pés, suplicando ao sinhozinho que pelo amor de Deus o fizesse comprar pela madrinha, senhora de engenho.

É certo que milhares de outros escravos fizeram o mesmo com centenas de outros meninos brancos, que poderiam ter sido outros tantos redentores de africanos no Brasil; é, porém, das Escrituras que a semente precisa cair no terreno certo para frutificar plenamente. Joaquim Nabuco foi mais que qualquer outro, branco ou preto, o redentor dos cativos no Brasil, porque mais do que ninguém absorveu dos pretos e dos próprios brancos livres, mas pobres e abandonados, moradores das grandes propriedades feudais do interior, toda a dor, todo o sofrimento, todo o desejo imenso, embora nem sempre claro em todos eles, de liberdade ou de redenção, até hoje ele próprio, Nabuco, transbordar dessa dor, desse sofrimento e desse desejo.

Sua ação política foi esse transbordamento. E esta casa a conheceu nos seus maiores dias que foram os primeiros da grande luta, a princípio tremenda, com Joaquim Nabuco acusado pelos escravocratas intransigentes de "agitador", de "comunista", de "petroleiro". Acusado de viajar com dinheiro de escravos, antigos na família e cruelmente vendidos a estranhos. Acusado de ambicioso. Acusado de falso. Acusado de mal-agradecido. Acusado de efeminado. Mas principalmente de "petroleiro". Eu próprio possuo, entre outros papéis antigos, uma velha carta de senhor de engenho mais arrogante alertando um amigo contra o agitador Joaquim Nabuco. Se esse Joaquim Nabuco agitador, temido pelos conservadores e rotineiros de sua terra e de seu tempo, não chegou a ser perseguido por algum presidente de Província ou chefe de polícia mais afoito, é que viveu numa época – a de Pedro II – diferente das outras. Viveu numa época em que era mais fácil, no Brasil, desaparecer um chefe de polícia, como o que na verdade desapareceu um dia da praça central do Rio de Janeiro sem que até hoje se tenha esclarecido o mistério, do que sofrer um brasileiro ilustre a mais leve agressão arbitrária da polícia ou do Governo. A não ser em virtude, ou por força, da lei, como no caso dos bispos de Olinda e do Pará.

Também seria acusado Nabuco, ainda no inteiro viço da inteligência, de estar em decadência. Começara bem – dizia-se – mas decaíra depressa. Começara escrevendo versos sobre o martírio da Polônia: por que não continuara a escrever versos sobre o martírio de outros povos distantes, remotos, sem tocar nos brasileiros, sem descer aos negros, às senzalas, aos mocambos da terra? Aquele seu "radicalismo", aquele seu "quixotismo", aquela sua "falta de senso prático", sussurravam os "realistas", "os práticos", que era já a decadência do intelectual efêmero – decadência de que se falaria depois abertamente, quando o Brasil perdeu a questão da Guiana, embora defendidos nossos direitos magnificamente pelo advogado ilustre. Alegava-se, como prova de sua decadência, o cabelo precocemente branco. Alegação quase sempre daqueles homens de cor que ele denunciara tão asperamente como traidores dos próprios irmãos africanos. Dos homens de cor partidários do escravismo e servos do feudalismo. Dos homens de cor que não perdoavam a Nabuco a condição de branco com todos os seus característicos, inclusive a brancura precoce do cabelo em contraste com eles, pardos, cujo cabelo só aos setenta começa em geral a embranquecer.

O homem do mundo – que ficou célebre pela voz macia de filho de baiano com que falava com as mulheres nas cortes mais elegantes da Europa; pelos gestos suaves com que encantava as baronesas e as viscondessas decotadas e cheias de joias, nos salões da corte de Pedro II; pela correção litúrgica com que sabia curvar-se, dentro de sua casaca inglesa, diante de um papa todo de branco ou de um príncipe de igreja coberto de púrpura, esse homem macio, esse homem suave, esse homem litúrgico, esse filho de baiano e de pernambucana, foi, na campanha da Abolição, o mais desassombrado e, às vezes, o mais agreste dos Joões Batistas, ousando dizer a palavra dura, mas precisa; áspera, mas necessária, a homens poderosos, a viscondes, a barões, a grandes do Império, ao próprio Imperador, a bispos e padres que por algum tempo o acusaram de inimigo da Igreja, quando eles é que

Em torno de Joaquim Nabuco

comprometiam a Igreja de Cristo, fazendo-a serva, não dos cativos – mais necessitados de amparo cristão – porém dos donos mais ricos de terras e de homens, dos senhores mais opulentos de altares e de cemitérios particulares.

Do seu modo de combater ou de repelir os assaltos de inimigos à sua pessoa ou às suas ideias, diz-nos um contemporâneo que não era "o salto da onça, tão das nossas selvas" – e tão da nossa política, às vezes tão sangrenta ou traiçoeiramente felina – poderia ter acrescentado. Nele não havia nem onça traiçoeira, nem tigre ávido do sangue do próximo. Combatia desprezando o mais possível os ataques, as agressões, as injúrias. Mas nem ataques, nem agressões, nem injúrias o assombravam ou lhe enfraqueciam o ânimo de combate, ou lhe diminuíam a fraqueza quando era preciso chamar "assassinos" aos assassinos, "ladrões" aos ladrões, "contrabandistas" aos contrabandistas.

Numa época de políticos fascinados pelas soluções simplesmente políticas ou jurídicas, dos problemas brasileiros, viu com nitidez latina – uma nitidez que nenhum outro homem público do Brasil de seu tempo excedeu ou sequer igualou – a importância, a necessidade, a urgência, de procurarmos resolver os mesmos problemas indo às suas raízes mais profundas que são as sociais, inclusive as econômicas. Quando erguia a voz contra "a política colonial de três séculos de senzala", era sempre para a caracterizar sociologicamente como "perseguição doméstica e social de uma raça a que o Brasil deve a maioria dos seus habitantes e cujos filhos de hoje são os nossos cidadãos de amanhã". Raça de que disse também com um vigor que hoje lhe valeria a antipatia de certos arianistas nacionais e a acusação de negrófilo que estivesse lançando negros contra os brancos: "Suprimisse mentalmente essa raça e o seu trabalho e o Brasil senão será na sua maior parte senão um território deserto, quando muito um segundo Paraguai, guarani e jesuítico..." E mais de uma vez teve que lamentar que dos próprios homens de cor muitos se encontrassem não entre os abolicionistas, mas por um como masoquismo (como se veio explicar depois), do lado contrário, entre os que queriam a continuação do regime de chicote e de tronco e o Brasil inteiro reduzido à vasta fazenda paternalista; mais de uma vez teve que lamentar que dos moradores dos campos, espalhados pelo interior do Brasil – "homens livres que trabalhavam em terras alheias" – poucos dessem sinal de compreender que os abolicionistas, combatendo o feudalismo dominante, lutavam também por eles – moradores livres, porém pobres, de fazendas e de engenhos feudais: "para dar-lhes uma independência honesta, algumas braças de terras que eles possam cultivar como próprias, protegidos por leis executadas por uma magistratura independente e dentro das quais tenham um reduto tão inexpugnável para a honra de suas filhas e a dignidade do seu caráter, como qualquer senhor de engenho".

É que para Nabuco o abolicionismo não era apenas a libertação dos escravos negros do jugo dos senhores brancos, ou oficialmente brancos. Era também a libertação econômica e social, de moradores aparentemente livres, de domínios essencialmente feudais. Ele se antecipou à luta em que ainda nos encontramos todos, os que dentro de programas políticos antagônicos, combatendo o que continua a haver na economia brasileira – hoje nas grandes indústrias artificiais mais do que nos restos já meio frios dos grandes domínios agrários – de arcaica ou de renovadamente feudal; de exploração do homem pelo homem; de sujeição dos que trabalham aos que simplesmente jogam e dançam. Aos que jogam jogos e dançam danças que não são os do povo mas os dos exploradores do povo.

Quando Joaquim Nabuco disse num dos seus discursos de campanha abolicionista – "nenhuma reforma *política* produzirá o efeito desejado enquanto não tivermos extinguido de todo a escravidão, isto é, a escravidão e as instituições auxiliares", depois de ter salientado ser o Brasil um País ainda de senhores e de escravos, a todos os quais o trabalho repugnava como a pior das humilhações, e de ter destacado que a abolição da escravidão, no Brasil, era o primeiro passo para a organização do "trabalho nacional e por conseguinte da civilização brasileira", dirigiu-se aos nossos avós em palavras que chegam aos nossos ouvidos com o vigor, a mocidade,

Em torno de Joaquim Nabuco

a frescura de uma mensagem de um homem de hoje: dos que se batem pela organização do trabalho no Brasil como condição básica do desenvolvimento não só da democracia como civilização brasileira; dos que hoje situam, acima das reformas simplesmente políticas ou mecanicamente econômicas, as larga e compreensivamente sociais, convencidos de que a escravidão se extinguiu no Brasil com a lei chamada retoricamente "áurea", influências verdadeiramente áureas fazem sobreviver entre nós as "instituições auxiliares da escravidão", a que se referia o grande pernambucano; dos que hoje ainda não veem no interior do Brasil senão num ou noutro trecho uma população de pequenos lavradores e criadores que sequer aproximem da condição dos homens livres.

Como no tempo de Nabuco, ainda há brasileiros que parecendo livres não votam senão como servos. Constituem os feudos eleitorais das áreas estagnadas do interior. Como no tempo de Nabuco, a consciência da Nação brasileira "está ainda com muito poucos". Como nos dias de Nabuco, são hoje quase inúteis as reformas puramente políticas, inclusive as eleitorais, num Brasil ainda em grande parte dominado, nas suas áreas rurais, que são imensas, por aquela instituição auxiliar da escravidão que ele denominou "monopólio territorial".

Porque "o monopólio territorial" significava o feudo eleitoral. E o feudo eleitoral significava a vontade, o interesse, as aspirações populares atraiçoadas pela vontade, pelo interesse, pelas aspirações dos que sendo donos de terras, de fazendas, de indústrias, de fábricas, de barracões absorventes, são ainda, por meio de um terrorismo que sobrepuja, em muitos casos, o próprio terrorismo policial das célebres "volantes" ou "capturas", donos de eleitores tristemente passivos, inertes, impotentes, também comprados e degradados pelo dinheiro de ricos e ricaços nas capitais.

Em 1884, Nabuco proferia palavras que ainda hoje se aplicam à situação do Brasil – um Brasil cujas áreas mais atrasadas são ainda tantas e tão consideráveis pelo número de votos inconscientes que a quantidade e o peso bruto desses votos reduzem a expressão dos conscientes e independentes: os das cidades mais cultas e os daquelas áreas rurais já livres do antigo "monopólio territorial". Exprimindo seu ceticismo diante dos resultados da reforma eleitoral então recente, Nabuco dizia: "... as reformas de que imediatamente necessitamos são reformas sociais que levantem o nível do nosso povo, que o forcem ao trabalho e deem em resultado o bem-estar e a independência que absolutamente não existe e de que nenhum governo ainda cogitou para a Nação Brasileira". E continuava: "Eis a razão pela qual abandonei no Parlamento a atitude propriamente política para tornar a atitude do reformador social. Foi porque também eu me desenganei das reformas políticas". Das reformas apenas políticas, das reformas simplesmente jurídicas e das reformas meramente eleitorais.

A verdade é que nos últimos anos de parlamentar de Nabuco, sua grande preocupação já não era sequer a abolição da escravidão mas "a democratização do solo"; não era a ocupação do território – a imigração – mas a redenção da população nativa. "Acabar com a escravidão não basta – disse ele num dos seus discursos memoráveis – "é preciso destruir a obra da escravidão". E para destruir "a obra da escravidão", no Brasil, era preciso, ao seu ver, antes de tudo, democratizar-se o solo, quebrar-se o "monopólio territorial", destruírem-se os feudos que hoje, aliás, não são principalmente os agrários mas os financeiros e industriais, instalados mais nas grandes capitais, de onde corrompem até instituições urbanas, que nas áreas rurais.

"Sei" – dizia ele – "que nos chamam anarquistas, demolidores, petroleiros, não sei mais, como chamam os homens de trabalho e de salário 'os que nada têm que perder'". Para tais críticos, os homens de fortuna é que deviam governar sozinhos o País por terem o que perder. Ele, Nabuco, porém, não tinha "receio de destruir a propriedade fazendo com que ela não seja um monopólio e generalizando-a porque onde há grande número de pequenos proprietários a propriedade está mais firme e solidamente fundada do que por leis injustas onde ela é o privilégio de muitos poucos".

Em torno de Joaquim Nabuco

O que lhe parecia era que, extinguindo-se a escravidão dos pretos mas continuando de pé o "monopólio territorial", artistas e operários se tornariam simples "substitutos dos escravos", e os aparentes homens livres que eram pequenos lavradores sem terra, do interior, continuariam só na aparência homens livres mas, na verdade, ao sabor da vontade e dos interesses dos donos dos feudos por eles habitados de favor ou por caridade ou pelo amor de Deus. O que lhe parecia era que "o trabalho sem a instrução técnica e sem a educação moral do operário" não podia "abrir horizontes à Nação Brasileira". Insistiu sempre na necessidade de educar-se o trabalhador, certo de que sem essa educação as melhores leis a favor do operário não seriam compreendidas pela gente de trabalho, ainda tão necessitada no Brasil, dessa educação e tão à mercê dos mistificadores: dos que só falam nos direitos, sem acentuarem a responsabilidade social do trabalhador.

"Comunista, por quê?", perguntou Nabuco um dia aos que acusavam de "comunista" o projeto Dantas ou o próprio Nabuco. "Ora, se alguma coisa se assemelha ao comunismo não vos parece que é a escravidão – comunismo da pior espécie porque é comunismo em proveito de uma só classe?" Comunista, entretanto, seria ele chamado hoje, pela pior espécie de "reacionarismo", que é aquele que se disfarça em amigo da gente de trabalho para melhor conservar-se no governo, ou alcançar o poder, quando é opositor.

Nabuco foi amigo leal da gente de trabalho no Brasil da qual o aproximou um socialismo esclarecidamente personalista, com muitas afinidades com o trabalhismo mais avançado de hoje que é o britânico da ala Cripps. Ele que vinha de família privilegiada e poderia ter facilmente subido aos postos mais altos do Império, servindo com pés de lã, mãos de seda e voz de veludo os interesses da grande lavoura e do alto clero, do alto comércio e das novas indústrias, procurou seu melhor apoio nos artistas e operários de sua querida cidade do Recife, sabendo, embora, que no Brasil do seu tempo, como uma vez salientou, "mesmo nas capitais..." "não havia recomedação igual à de candidato dessa aristocracia do comércio e da lavoura" que ele, fiel à sua consciência, às suas ideias, à sua visão de futuro brasileiro, preferia desde moço desafiar desassombradamente. Pois seu desejo, como claramente confessou, era identificar-ser principalmente "com os operários que vivem do seu trabalho de cada dia".

Num de seus discursos de abolicionista, Nabuco repetiu esta frase que ele próprio chamou revolucionária: "O que é o operário? Nada. O que virá ele a ser? Tudo". Repetiu salientando que na gente de trabalho estava "o futuro, a expansão, o crescimento do Brasil", o "germe do futuro da nossa Pátria, porque o trabalho manual... dá força, vida, dignidade a um povo e a escravidão inspirou ao nosso um horror invencível por toda e qualquer espécie de trabalho em que ela algum dia empregou escravos".

Não esquecia, porém, a abandonada gente média, principalmente a do interior: "os moradores livres" – aparentemente livres – do "interior". E era pensando em toda essa população brasileira desamparada e não apenas em uma classe, ou num grupo mais ostensivamente sofredor, que investia contra toda espécie de monopólio ou de privilégio de ordem maternal. Inclusive o protecionismo: a proteção ao que dominava "indústria de falsificação". A respeito do que exclamou num dos seus melhores discursos do Recife durante a campanha abolicionista em 84: "Essa espécie de proteção é o roubo do pobre e num País agrícola é um contrassenso. Não, senhores, não será elevando o preço de todos os produtos, tornando a vida mais cara, obrigando a população a pagar impostos exagerados, que eu me hei de prestar a proteger as artes". Ao seu ver o rumo a ser tomado pela organização da economia devia ser outro: "...aberta a terra ao pequeno cultivador, começando-se a destruir o estigma sobre o trabalhado, o progresso das Artes acompanhará a transformação do País"... Se eu entrar para a Câmara tratarei de mostrar que os sacrifícios que temos feito para formar bacharéis e doutores devem agora cessar um pouco enquanto formamos artistas de todos os ofícios.

Em 1884, não hesitava Nabuco, candidato à Câmara, em prometer à gente de trabalho do nosso País nada menos do que justiça

Em torno de Joaquim Nabuco

e proteção social – aquela justiça ou proteção consagrada pela Constituição de 46: "leis sociais que modifiquem as condições de trabalho como ele se manifesta sob a escravidão..." Para o que estimulava os trabalhadores do Brasil a se associarem: "... ligados um ao outro pelo espírito de classe e pelo orgulho de serdes os homens de trabalho, num País onde o trabalho ainda é malvisto... sereis mais fortes do que classes numerosas que não tiveram o mesmo sentimento da sua dignidade". E ainda: "Fora da associação não tendes que ter esperança". Terminava Nabuco o seu discurso trabalhista – trabalhista sem aspas que o particularizassem, trabalhista no sentido em que somos hoje trabalhistas, homens de partidos diversos e até sem partido nenhum – definido o voto dos que sufragassem o seu nome para deputado por Pernambuco como "ao mesmo tempo uma petição e uma ordem ao Parlamento convocado para que liberte, levante e proteja o trabalho em toda a extensão do País, sem diferenças de raças nem de ofícios". Palavras de pioneiro que precisam de ser definitivamente situadas na história do trabalho no Brasil como a antecipação mais clara do movimento em que hoje se empenham, no nosso País, parlamentares, intelectuais, líderes operários e líderes cristãos no sentido de um trabalhismo ou de um socialismo de sentido ético e não apenas econômico; de alcance social e cultural e não apenas político.

Estranhei uma vez que os políticos brasileiros do tempo de Nabuco tivessem sido alheios à questão social do Brasil; que nenhum, dos grandes, lhe tivesse continuando o esforço magnífico, depois que a fundação da República lhe cortou de repente a carreira política de homem extremamente escrupuloso em seus melindres de lealdade e em sua noção de fidelidade a princípios. Responderam-me apologistas desses outros homens públicos que, na realidade, não havia questão social no Brasil daqueles dias. Eu, porém, cada dia mais me convenço de que vendo no Brasil do seu tempo de madrugar a questão social em seus aspectos mais moderados, enxergando questões sociais, além da dos escravos, sentindo a necessidade de proteção social ao trabalho e aos trabalhadores e, principalmente, à gente média do interior, estimulando as associações operárias –

Nabuco não se assombrava nem se distraía com fantasias: enxergava com olhar claro e certo a realidade. E tivesse essa realidade desde então sido considerada por outros parlamentares e homens de Estados brasileiros, pelos intelectuais e pelo clero, o Brasil seria hoje uma sociedade mais cristãmente organizada; e livre das sobrevivências ou revivescências feudais que lhe comprometem a saúde moral tanto quanto a econômica e o tornam, sob vários aspectos, o paraíso daqueles sociólogos quase sinistros que se especializam em assuntos de patologia social e daqueles demagogos quase satânicos que são como certos curandeiros e até médicos mais simplistas: gente que se delicia em curar ou fingir curar doenças terríveis, mas não se preocupa com os doentes. Os doentes que morram contanto que continuem vivas as doenças. Vivas as rendosas para os curandeiros.

A Nabuco o que sempre preocupou mais profundamente no Brasil de seu tempo foi o próprio Brasil doente; e não apenas a doença mais alarmante que marcava a face do Brasil daqueles dias e que era a escravidão. Fechada essa ferida enorme ele sabia que o doente não estaria curado. Sabia que era preciso tratá-lo nas suas fontes corrompidas de vida e não apenas em suas feridas mais terrivelmente abertas, por mais alarmantes. Daí aquele seu agrarismo, aquele seu socialismo, aquele seu trabalhismo – todos mais construtivos, mais tonificantes e mais profiláticos que cirúrgicos; aquela sua preocupação de dar forças, dar energia, dar resistência ao Brasil, animando-lhe as verdadeiras fontes de vida, fortalecendo-o contra os abusos dos poderosos e dos exploradores, dos aventureiros e dos demagogos. Tão longe andou sempre dos donos do poder que numa época em que se nomeavam para as presidências de província rapazes mal saídos das academias, ele chegou à idade madura sem ter presidido qualquer província. Nunca adulou. Nunca cortejou. Nunca se ofereceu aos poderosos.

Em discurso na Academia Brasileira de Letras disse Nabuco que "a política, ou tornando-a em sua forma mais pura, o espírito público, é inseparável de todas as grandes obras". E sua vida inteira foi a de um homem de espírito público empenhado em grandes obras ou grandes ações – o abolicionismo, o federalismo,

Em torno de Joaquim Nabuco

o americanismo, o anticaudilhismo, o antimilitarismo – parecendo certo que também o chamado Estado forte teria repugnado à sua sensibilidade política. A vida de um homem de bem que não temeu nunca o nome ou o rótulo de político nem fugiu aos devedores de oposicionista ou de críticos dos governos. Seguiu o exemplo do pai: outro homem de bem que foi também político e homem de partido, sem nunca ter sido cortesão. Contribuiu Joaquim Nabuco para fazer a própria família o que já eram, então, os Andradas: uma família de homens públicos a serviço do Brasil e da América. Ou pelo menos, uma família de homens particulares animados de espírito público.

Pois nem todos temos a vocação para vida pública, para a atividade ou para a especialização política com que parecem nascer quase todos os Andradas. Muitos somos homens particulares que só o excepcional das circunstâncias arrasta à ação política. Mas é preciso que existam homens assim: homens particulares animados de espírito público. Pelo menos para servirem de compensação aos homens públicos com espírito particular.

Em Nabuco a vocação para a vida pública uniu-se ao espírito público que desde cedo o animou. Teria sido talvez o mais completo dos homens públicos do Brasil de seu tempo se a proclamação da República, surpreendendo-o aos quarentas anos, não tivesse partido ao meio sua carreira de político, separando de algum modo do Nabuco da Abolição e da Câmara, o Nabuco do Pan-americanismo e do Itamaraty; e fazendo de um só homem quase dois, cada qual incompleto em suas realizações e em suas aspirações.

Conta Mark Twain que aos quarenta anos se encontrara um dia com seu companheiro de geração John Hay; e que John Hay lhe dissera: "devemos tratar de escrever nossas memórias". Como se a vida para um homem público acabasse aos quarenta. Quando a verdade, reparou Mark Twain tempos depois daquele encontro, é que tanto ele na literatura como John Hay na política, só depois dos quarenta realizaram suas obras principais. Só que depois daquele encontro, nenhum dos dois poderia ter escrito aos quarenta anos a autobiografia sem furtar escandalosamente a si próprio.

Foi o que Joaquim Nabuco se sentiu obrigado a fazer aos quarenta anos: a escrever antes do tempo as memórias, a autobiografia, o testamento de homem público consagrado ao serviço do Brasil. Surgindo de repente a República deu-lhe de repente o título de velho, no sentido de homem do passado ou de *ancien regime*. Não soube aderir ao regime triunfante. Não quis ser um daqueles monarquistas já curvados ao serviço do Império e ao peso dos crachás e dos títulos que da noite para o dia se tornaram estadistas da República. E fez o esforço, para ele tremendo, de sepultar-se aos quarenta anos na paz, no silêncio, na inação da vida particular e de estudo. Para um homem integralmente público como o autor de *Minha Formação*, em suplício, um martírio, quase uma sentença de morte por ele tristonhamente cumprida aos poucos. Cumpriu-a com aquela serena bravura que parece ter aprendido principalmente com os ingleses, seus mestres de *self-help* e de *self-control*.

Quando apareceu na vida pública, ao serviço do Brasil, no estrangeiro – um serviço acima de partidos e até de regimes – era quase outro Nabuco. Fez muito esse novo Nabuco, não só pelo Brasil como pela América – esta América de que ele, tanto quanto Rio Branco e Oliveira Lima, não concebia o Brasil isolado nem separado, ainda hoje chegando até nós sua palavra de americanista esclarecido, entusiasta da amizade cada dia maior do Brasil e com Estados Unidos e com as demais repúblicas democráticas do continente. Mas muito deixara de fazer pelo Brasil nos dias dedicados a uma autobiografia prematura. Vira-se então obrigado a viver parasitariamente da contemplação do próprio passado, quando seu entusiasmo, seus impulsos, seus pendores ainda eram todos no sentido da luta viril e da ação criadora. Da ação de federalista que continuasse a de abolicionista. Da ação de socialista que continuasse dentro da Monarquia paternal ou maternal, mas não paternalesca ou caudilhesca, o esforço do pioneiro trabalhismo no nosso País. Da ação de renovador de tradições da Monarquia que tornasse inútil ou supérflua a República dos positivistas e dos estadualistas, ao seu ver, salva dos excessos dos secretários pela ação do

Exército Nacional, por ele consagrado por essa sua intervenção suprapartidária na vida brasileira em momento crítico substituindo a própria Monarquia. Dos ingleses – que tanto lhe devem ter ensinado da ciência ou da arte da contemporização – não apreendera o bastante para deixar de repente a Monarquia pela República.

Os brasileiros de hoje, os moços, os adolescentes, os que vão amanhecendo para a vida pública, é este o Nabuco que precisam conhecer de perto: o político que foi também homem de bem. O político que não separou nunca a ação da ética. Como o socialismo de Morris na Inglaterra e o de Antero de Quental, em Portugal, o seu era do que principalmente se animava: de sentido ético. E essa é uma das grandes sugestões que nos chegam de sua vida no momento em que, no Brasil, se comprometem a causa da valorização social, não só do às vezes supraglorificado trabalhador de marcação como do pequeno lavrador, do pequeno criador, do pequeno funcionário público, da numerosa gente média, como nenhuma pauperizada nas cidades e nos campos e como nenhuma degradada – pois vem descendo de nível e não apenas conservando-se parada ou estagnada; no momento em que, no Brasil, se compromete a causa da valorização do homem sob os excessos do que se denomina "realismo político".

Para este falso realismo não resvalou nunca Joaquim Nabuco. Se defendeu os direitos da gente de trabalho contra os abusos da feudal, foi por acreditar no sentido moral e não apenas no social dessas reivindicações. Não por se sentir apenas espectador, ou auxiliar quase passivo, de um jogo cego e mecânico entre homens, do qual se soubesse desde o princípio o resultado exato, mas para o qual, mesmo assim, espectadores e auxiliares devessem contribuir com artes e manobras das chamadas "realistas", com traições, deslealdades, velhacarias, alianças vergonhosas, que apenas apressassem a vitória fatal, determinada por "leis" intituladas de científicas, de um grupo sobre outro.

Nem vejam os brasileiros moços de hoje, no Nabuco de quem o tempo vai nos afastando, apenas o homem excessivamente vaidoso que seria quase outro Narciso; o elegante perfumado a sabonete inglês de quem, como de seu conterrâneo, Dom Vital, Bispo de Olinda (do qual os maliciosos diziam aromatizar com brilhantina as barbas de capuchinho), demagogos, menos escrupulosos em assuntos de higiene pessoal, quiseram às vezes afastar as multidões confiantes, dizendo: "este homem não é do povo, mas dos palácios". Ou "este homem não é da rua, mas dos salões".

Nabuco, porém, se não confraternizou com povo de sua terra da mesma maneira pitoresca e boêmia, franciscana e simples que José Mariano, o qual, no Recife de 1880, comia sarapatel e bebericava "vinho ordinário", pelos quiosques, como qualquer tipógrafo ou revisor de jornal, nunca viveu, como político, longe do povo mas sofredor. Conheceu-o de perto. Amou-o na realidade e não como figura de retórica. Trabalhou por ele. Teve como nenhum político brasileiro de seu tempo a visão exata das necessidades e o sentido justo das possibilidades de gente por tanto tempo abandonada.

Um Brasil que tem entre os homens públicos, os políticos, os parlamentares de seu passado, um homem, um político, um parlamentar da grandeza e da atualidade de Joaquim Nabuco, não deve nunca deixar que essa grandeza seja esquecida ou que essa atualidade seja ignorada. Principalmente numa época, como esta que atravessamos, marcada pela desconfiança ou pela suspeita de que todo político brasileiro seja ou tenha sido um politiqueiro e todo homem público, um mistificador; e de que a política, os parlamentos, os congressos sejam inutilidades dispendiosas, se não palhaçadas ou mascaradas prejudiciais ao povo ingênuo, necessitando apenas de Governo paternalescamente forte. Nabuco é uma das maiores negações dessa lenda negra com que se pretende desprestigiar, entre nós, a vida pública, a figura do político, a ação dos parlamentos.

Este homem atualíssimo, de palavra e de ideias tão moças que dificilmente o imaginamos nascido a quase cem anos na capital de Pernambuco. O que aumenta a responsabilidade de os que hoje representam a Nação Brasileira na Câmara – a Câmara das grandes lutas e das grandes vitórias de Joaquim

Em torno de Joaquim Nabuco

Nabuco – no sentido de concorrermos para que o centenário de seu nascimento, em vez de pretexto ou motivo de simples atos de liturgia parlamentar ou oficial, seja a ocasião de comemorações a que desde já se procure associar largamente o povo, a mocidade, o estudante, o operário, o trabalhador, a gente média do interior, por ele sempre lembrada. Pois em Joaquim Nabuco precisamos ver – e não apenas ver, mas cultuar – um pioneiro daquele socialismo ou trabalhismo desentido ético, para o qual devemos caminhar cada vez mais resolutamente no Brasil, acima de seitas e de facções, de doutrinas fechadas e de sistemas rígidos.

Por isso mesmo é que desejaria ver desde já e se preparando com esmero de seleção e de anotação, pelo Ministério da Educação e Saúde, dirigido hoje por tão ilustre homem público, uma edição popular, verdadeiramente popular, não à toa e desleixada como em geral as edições populares entre nós, dos discursos proferidos por Joaquim Nabuco nos seus grandes dias de reformador social. Edição que fosse uma das comemorações mais úteis do primeiro centenário do nascimento do grande brasileiro. Edição que destacasse da personalidade múltipla de Nabuco por seu aspecto mais sugestivo e talvez mais esquecido: o de reformador social, o de pioneiro, o de precursor do socialismo ou do trabalhismo no Brasil. Aspecto aos olhos de muitos obscurecido pela figura mais imponente do diplomata, do primeiro Embaixador do Brasil em Washington, do homem do mundo.

Outra sugestão: a de que o mesmo Ministério institua um prêmio, no mínimo de cinquenta mil cruzeiros, destinado ao ensaio sobre a personalidade ou a ação de Joaquim Nabuco, que venha a ser considerado o melhor por comissão designada pelo ministro da Educação e Saúde.

Deixando com o ministro da Educação e Saúde essas simples sugestões, deixando-as com um homem público particularmente sensível à importância, para um povo ainda em formação como o brasileiro, de comemorações de centenários

Gilberto Freyre

como o de Rui Barbosa e o de Joaquim Nabuco. São comemorações para as quais desde já devemos todos ir correndo com sugestões para que se organizem com o Máximo de participação brasileira; para que participe delas o Brasil inteiro e não apenas o Brasil oficial, acadêmico ou literário.

Carolina Nabuco no Recife[40]

Este artigo é a reprodução de um pequeno discurso: aquele que proferi no Instituto Joaquim Nabuco de Pesquisas Sociais na tarde em que Carolina Nabuco pronunciou ali sua notável conferência: "Joaquim Nabuco na intimidade". Foi o seguinte discurso:

"Alguém deve escrever um livro sobre os filhos dos grandes homens. Especialmente sobre suas filhas.

Nem sempre o filho do grande homem é igualmente grande. Ou maior que o pai. Ou quase igual ao seu pai em talento ou em virtudes.

Raro um Dumas igual a outro Dumas. Um Adams igual a outro Adams. Um Holmes igual a outro Holmes.

Raro um segundo Rio Branco igual ao primeiro. Raro um Joaquim Nabuco tão grande quanto o pai, senão maior que o Pai em inteligência e em cultura.

Sabe-se de grande homens que têm projetado nas filhas o melhor de sua sensibilidade e parte não pequena de seu talento: e de filhas que pela sua sensibilidade e pelo seu talento, tem sabido interpretar melhor do que ninguém, para os estranhos, certos aspectos da grandeza dos pais. A filha de Tolstoi foi uma delas. São iluminantes as páginas que escreveu sobre o pai genial.

Uma filha, enriquecida pelo convívio com o pai, pode, muitas vezes melhor que um filho, revelar do pai ilustre os traços mais sutilmente característicos de sua personalidade. Não é só para certos estudos psicológicos e até antropológicos que a mulher tem revelado um talento especial. Que o digam Ruth Benedict e Margaret Mead: antropólogas das mais puras sutilmente maiores dentre os modernos.

---

40 Carolina Nabuco no Recife. *Jornal do Commercio*, Recife, 15 jun. 1969.

O mesmo sucede com a biografia: algumas das melhores biografias dos grandes homens têm sido escritas por mão de mulher. Não só nas línguas inglesa e francesa: também na portuguesa. Maria Amália Vaz de Carvalho retratou, embora notável, a figura do Duque de Palmela. De Lúcia Miguel Pereira é a melhor biografia que se conhece de Gonçalves Dias. E Joaquim Nabuco encontrou na filha Carolina quem com sensibilidade e inteligente utilização de documentos, lhe evocasse a figura magnífica de homem público em páginas de valor literário acrescentado ao histórico.

Hoje, nesta casa que, mais do que a estátua do grande abolicionista na Praça que tem o seu nome, é a glorificação brasileira de Joaquim Nabuco no Recife – uma glorificação viva, dia a dia renovada – Carolina Nabuco falará, a um público recifense, ao pai que conheceu na intimidade. Em casa. No cotidiano. Na rotina da vida de família. Tomando café de manhã. Brincando com os filhos pequenos. Contando-lhes histórias. Sofrendo, por vezes, quer no esplendor de seus dias de ministro na Europa, quer nos de Embaixador do Brasil em Washington do mal – ou do 'pungir delicioso de acerbo espinho'? – da saudade. Saudade do Brasil. Saudade de Pernambuco. Saudade do Recife. Saudade da Massangana. Que em Nabuco, o brasileiro foi sempre um pernambucano. Um eterno cidadão deste seu Recife. Que nele o cidadão do mundo, não deixou nunca de ser um brasileiro amoroso do Brasil e preocupado com o Brasil.

Ser filho, ou filha, neto ou neta – e aqui estão presentes dois dos seus netos ilustres do insigne pernambucano – de Joaquim Nabuco, é um privilégio e é uma responsabilidade. Um privilégio de que Carolina Nabuco tem estado sempre consciente. Uma responsabilidade que ela, desde menina, vem sentindo. Seu nome de escritora está em grande parte, ligado ao nome do Pai glorioso. Mas sem que isso a tenha impedido na sua múltipla atividade literária; e de ter acrescentado à notável biografia do pai obras de ficção, de biografia, de história e de crítica das letras, que são livros por si mesmo valiosos.

Vamos, hoje, nesta casa edificada na rocha, e não na areia – de onde vir resistindo às investidas contra ela – ouvir de Carolina Nabuco as primeiras revelações que decidiu fazer de público do pai visto, observado e compreendido na intimidade.

Um pai glorioso vai ser aqui evocado por uma filha nobremente digna desse brasileiro incomum que tendo sido tão do mundo, foi sempre tão do Brasil e de Pernambuco. Tão de seus pais e tão de seus filhos".

Joaquim Nabuco, primeiro embaixador junto ao governo dos Estados Unidos da América, 1905-1910. Foto de Clinedinst, Washington, D.C, 1905.

Em torno de Joaquim Nabuco

Massangana[41]

Por que uma manhã tão de sol, sem ser para favorecer uma parada, uma festa cívica, uma exibição esportiva? O sol, o ar fino, o azul do céu simplesmente aconteciam para coincidir esse seu esplendor com a ida, do Recife a Massangana, de um grupo de devotos da grande figura de Joaquim Nabuco, em romaria ao sítio pernambucaníssimo, brasileiríssimo, de sua infância. Eram, portanto, o sol, o ar, o azul do céu como que se associando ao afã dos romeiros.

A romaria, além de lírica, era de incisiva definição de atitude. Queriam os romeiros tornar bem claro estarem vigilantes com relação à casa-grande do Engenho Massangana e à sua capela: a casa, a capela, o engenho de meninice de Joaquim Nabuco. Não seria sem a sua vigorosa ação em contrário que um particular, ou um grupo de particulares, valendo-se do descuido de não terem sido ainda tombadas aquela casa e aquela capela, faria de Massangana – notícia já divulgada por um jornal – uma *boite* com o nome do autor de *Minha Formação*. Enquanto há denúncia de que particular igualmente desabusado já levou para casa imagens que só têm sentido na capela de São Mateus e estatueta que perde a graça fora da velha casa-grande e que estava ligada há tantos anos. Será exato? Será verdade?

Há, confusos dias que vivemos, quem desdenhe de modo absoluto tanto do chamado "culto das personalidades" como do denominado "zelo por velharias de museu". Mas há quem identifique esses cultos com outras defesas de uma cultura nacional na fase, que é a que o mundo atualmente atravessa, de tentativa de desmoralização de valores nacionais e de cultos patrióticos – além dos religiosos – por falsos apóstolos de ideias "humanitárias", "progressistas", "universalistas" que são,

---

41 Massangana. *Diário de Pernambuco*, Recife, 14 de dezembro de 1969.

na verdade, agentes de organismos imperiais dissolventes de nações e de religiões insubmissas aos seus desígnios.

Quem ignora que, ao lado do sovietismo russo, continua haver, como nos dias do Tzar, um pan-eslavismo tentacular? Que, ao lado do Comunismo de Mao, há um pan-chineísmo que até racista é em seu modo de ser agressivo de branco e desdenhoso de pretos? Que à apologia da "Democracia" por americanos dos Estados Unidos se junta, em não poucos casos, em pan-ianqueísmo insidioso? Desconfio, aliás, que no próprio Japão, de hoje há quem pretenda fazer de hoje uma parte do Brasil um sub-Japão tropical com uma população japonesa segregada da brasileira.

Povos como os ibéricos e Católicos são particularmente visados, nos dias que correm, por transbordamentos dessas energias imperiais. São transbordamentos talvez inevitáveis. Nem por isso devem os demais povos entregar-se passivamente ao vigor de expansão dos mais fortes ou dos mais ricos, deixando de opor aos valores que esses imperialismos representam – e cada um deles contém inegáveis valores – o culto das suas próprias realizações, aspirações e constantes de ordem cultural.

Ora, essas realizações, aspirações, constantes estão sintetizadas, de modo expressivamente simbólico, por personalidades que as encarnaram, que as desenvolveram, que as exaltaram em obras imortais e as manisfestaram em suas obras, próprias vidas.

Não há personalidade brasileira das que encarnaram valores de importância, assim coletiva, para uma cultura nacional, que exceda em valor representativo a personalidade de Joaquim Nabuco. Cultuando-o estamos cultuando o Brasil. Zelando por sua memória estamos zelando pela permanência de valores que constituem a própria segurança nacional de nosso País.

A casa e a capela de Massangana não podemos deixar que sejam conspurcadas ou utilizadas para fins comerciais de duvidosas implicações. Temos que zelar por elas como pela casa onde nasceu Oliveira Lima, como pelo Teatro Santa Isabel, como pelo Convento

Em torno de Joaquim Nabuco

de Santo Antônio do Recife, o Seminário de Olinda, o Mosteiro de São Bento, o Forte do Brum, a Conceição dos Militares, a Capela Dourada. Trata-se de dever do Estado e de dever, também, de instituições de cultura como os Institutos Históricos e as Academias de Letras; e de dever, ainda, de instituições religiosas Católicas ou cristãs no caso de um Brasil que nasceu e se formou e vem se desenvolvendo tão ligado ao Catolicismo e ao Cristianismo.

O Conselho Estadual de Cultura mostrou-se consciente de sua missão indo, no fim do mês de novembro, em romaria, à Massangana para deixar bem claro seu afã de vigilância com relação a uma casa, a uma capela, a uma personalidade que pertencem, de modo particularmente importante, não só à história como às constantes da cultura nacional do Brasil. Que pertencem à própria dinâmica dessa cultura projetada sobre o futuro.

Encontraram os romeiros, pobremente instalada na casa outrora fidalga da meninice de Joaquim Nabuco, uma escola primária, mantida como que por caridade, pelo Estado, e frequentada por dezenas de meninos também pobres: pequenos Nabucos sem madrinhas ricas e sem pais alcaides. Nabuquinhos brancos, pardos, morenos e pretos.

À frente da Escola, duas admiráveis professorinhas que foram surpreendidas em pleno trabalho, silenciosamente heroico, pelo olhar indagador dos romeiros do Conselho Estadual de Cultura. Admiráveis professorinhas, na verdade, iguais a centenas, milhares de outras, que com igual silêncio, mal pagas, tratadas de resto pelos governos, ignoradas pelo público e pelos jornais, cumprem sua missão por este vasto Brasil. Ai deste vasto Brasil e do seu futuro se não fossem elas. Ai deste vasto Brasil se elas, como tantos sacerdotes Católicos de agora, traidores de sua missão e até de sua fé e a serviço consciente ou inconsciente, de imperialismos empenhados em destruir, novos povos ibéricos e nas religiões cristãs, os seus mais puros valores, também fraquejassem, também se pervertessem, também se tornassem falsas à bandeira de sua pátria.

D. Evelina Torres Soares Ribeiro Nabuco de
Araújo, esposa de Joaquim Nabuco. Photographer
Royal Lafayette's. Londres.

Joaquim Nabuco e o 13 de Maio[42]

Em 1949, ao comemorar-se o primeiro centenário de Joaquim Nabuco, sendo eu Deputado Federal não pela vontade de um partido político mas por iniciativa dos estudantes e jovens – inclusive jovens operários – de meu Estado, uma de minhas propostas, aprovadas pela Câmara, mas que o Executivo não pôs em prática, foi esta: a de uma antologia que popularizasse, que pusesse ao alcance da gente mais modesta, que levasse aos olhos dos jovens, aquelas ideias de Nabuco pelas quais ele deve ser de fato considerado, com relação à substituição do trabalho escravo pelo livre, em nosso País, reformador social em vez de simples político. Mais: sociólogo e não apenas jurista.

Continua a ser oportuna a meu ver, a publicação de uma antologia de feitio sugerido em 1949. Diga-se a favor da Câmara dos Deputados que cumpriu, naquele ano, o seu dever publicando uma seleção de discursos nela proferidos por Joaquim Nabuco, em vários dos quais se pronunciava, como nas conferências do Recife, sobre o problema da organização do trabalho livre no nosso País, sobre a formação e a valorização do operário, sobre a dignidade de outras atividades além das bacharelescas ou doutorais, revelando-se, nesses pronunciamentos, o que repito que ele foi: mais do que um político, um reformador social; mais do que um jurista adepto de soluções apenas jurídicas, para problemas sociais, um sociólogo. Um sociólogo para quem leis libertárias como seria, de modo glorioso, a de Treze de Maio tocavam apenas no começo de solução de um problema que desde então, avultaria, em vez de diminuir no Brasil: o do relacionamento do trabalho com a sociedade.

---

42 Joaquim Nabuco e o 13 de maio. *Diário de Pernambuco*. Recife, 1º jul. 1973.

Recorde-se das comemorações em 1949, do centenário do nascimento de Joaquim Nabuco, que o Projeto de Lei dentre os então aprovados pela Câmara Federal, veio a tornar-se a mais viva, mais eficaz, mais duradoura homenagem à memória de Joaquim Nabuco a criação, como órgão federal, do Instituto Joaquim Nabuco de Pesquisas Sociais. Um órgão de pesquisas concretas que vem principalmente procurando orientar governos e particulares quanto à necessidade de defender-se nas áreas agrárias do Nordeste e do Norte do País a população rural mais desamparada; o trabalhador rural; o pequeno lavrador; o agricultor médio; a natureza devastada pelo latifúndio, a serviço da monocultura. Os trabalhos já realizados pelo Instituto Joaquim Nabuco tem já repercussão mundial e neles como que se prolonga a ação de reformador social que fazia de Joaquim Nabuco mais do que um abolicionista ingênio que diante do Treze de Maio dissesse à grande data, em palavras goetheanas: "Para, és perfeita!"

Os que conhecem o Instituto do Recife sabem que à entrada de seu edifício principal – um belo edifício neoclássico do século passado – vê-se um retrato de corpo inteiro de Joaquim Nabuco, não apolineamente parado com a sua brilhante farda de Embaixador; ou sentado em catédra ilustre, revestido de toga acadêmica; e sim caminhando. Caminhando para o futuro. Para os nossos dias. Para dias além dos nossos. Para além do Treze de Maio embora da glória que é para o Brasil o Treze de Maio seja inseparável a glória de Joaquim Nabuco.

A propósito de Joaquim Nabuco: do neto e do avô I[43]

No carinho com que fui há dias recebido na casa ilustre que é o Instituto de Educação de Pernambuco, antiga Escola Normal – Escola onde fui professor quando ainda nos vinte e tal anos – transbordou uma iniciativa do digno e esclarecido Secretário da Educação e Cultura do Estado, o Professor Manoel Costa Cavalcanti – homem público para quem os assuntos culturais estão entre as suas maiores preocupações – que muito o sensibilizou. O que me honrando, também me desvaneceu. Através, desse carinho, senti que me chegava o calor afetivo, não só de provectos, alguns de meus companheiros de lides intelectuais, de velhos dias, como das mais novas gerações de brasileiros que estudam nas escolas primárias, secundárias e de ensino médio, técnico ou profissional, mantidos por Pernambuco, em benefício de seu futuro e do futuro brasileiro. Uma afetividade, a dessas gerações mais novas de compatriotas, sobretudo de conterrâneos, que recebi com a emoção de quem fosse um superavô de netos de uma especial qualidade. Netos não pelo sangue mas por afinidades de sentimentos, de desígnios e até atitudes. Netos sociólogos, digamos assim.

Com efeito, no mais recente de meus livros publicados o que se intitula *Além do Apenas Moderno*, sustento a tese ou lanço a sugestão de que, em sociedade do tipo moderno, vem se notando a tendência para uma espécie de aliança entre os que pela geração são sociologicamente avós – homens além da meia idade (que seriam uma como vasta alta classe média no tempo, comprometida quase sempre com interesses imediatos) – e os que, igualmente pela idade, são, no conjunto social a que pertencem, sociologicamente "netos"; e tão independentes de compromissos com

---

43 A propósito de Joaquim Nabuco: do avô e do neto I. *Diário de Pernambuco*. Recife, 29 set. 1974.

interesses imediatos como os "avós". De modo que havendo, por vezes, equívocos ou desentendimentos, dos chamados de geração, entre pais e filhos, há quase sempre entendimentos e compreensão entre avós e netos sociológicos. Os "netos" tendem a encontrar nos "avós" quem os compreenda em momentos nos quais eles se sentem incompreendidos pelos pais, inevitavelmente absorventos do poder social, que detêm por vários meios. Inclusive dificultando a ascensão de jovens tanto quanto à permanência de provectos em posições afetivas ou decisivas. E através da como que aliança entre os muito jovens e os plenamente provectos, verifica-se, muitos casos, um saudável equilíbrio psicossocial, semelhante ao que torna os avós figuras importantes nos conjuntos apenas familiais. Os avós nesses conjuntos, levam filhos e pais a se entenderem melhor por meio de maior compreensão mútua semelhante a que quase sempre tende a existir entre avós e netos.

Se digo que me sinto um avô, é que venho, não poucas vezes, desempenhando o papel dessa espécie de avô sociológico – encarnada magnificamente por Joaquim Nabuco em suas idas de ao mesmo tempo Embaixador de Washington e mestre universitário nos Estados Unidos – para numerosos jovens, em idade de serem meus netos: meus netos sociológicos. Sempre que escrevo – penso muito nos meus leitores mais jovens: nos netos em linguagem simbólica. Penso muito neles como brasileiros de um Brasil em desenvolvimento e como futuros homens e mulheres de um mundo que vai continuar o de hoje dando novas formas a instituições, novos aspectos às relações entre pessoas e às atitudes de pessoas para com natureza, de pessoas para com escolas; de pessoas para com governos, de pessoas para com igrejas, de pessoas para com o tempo.

Não se pretende que as reações de um adolescente de 15 anos ou de um jovem de 20 ao tempo, às instituições, às religiões, às escolas, aos governos, sejam as mesmas de um provecto de 70 ou de um meia idade de 40. São inevitáveis as diferenças nessas reações. Mais do que isso: são saudáveis. São desejáveis. Faz bem a uma comunidade que haja diferenças de sentir e de pensar entre os seus componentes. O que é preciso mais do que nunca, num mundo como o de hoje, separado por ideologias, por barreiras de classes, de raça, de credo religioso, de nacionalidade, que exista entre os homens diferentes por essas e por outras condições, o ânimo constante de se compreenderem nas suas diferenças, em vez de procurarem ajustar homens diversos a um só tipo de homem, absoluto na sua uniformidade.

Joaquim Nabuco de Araújo Filho, Maurício, Maria Carolina, Maria Ana, José Tomás, filhos de Joaquim Nabuco. Fotografia tirada no Sul da França, em 1903, quando Nabuco era ministro plenipotenciário do Brasil, em Londres.

Em torno de Joaquim Nabuco

A propósito de Joaquim Nabuco: do neto e do avô II[44]

Os avós sociológicos têm um papel importante a desempenhar nas sociedades a que pertencem – a começar pelos pequenos grupos dos quais cada indivíduo das partes: família, escola, igreja, clube esportivo – e no mundo, em geral. Deixemos para os destituídos de bom senso e de espírito a atitude de desdenharem das opiniões e das atitudes dos muitos jovens por serem muito jovens ou dos muito idosos por terem muita idade e serem, como diz a malícia de alguns, uns Matusaléns. Uns Matusaléns que já não têm o que dar aos menos idosos.

Quase sempre têm. E, em certos casos, a idade enriquece os indivíduos de tal modo que é quando idosos que eles mais podem dar de si. Picasso depois dos noventa anos pintou alguns de seus melhores quadros. Churchill depois dos oitenta governou a Grã-Bretanha, com a sabedoria de um estadista amadurecido pelo tempo. O mesmo fizera Adenauer com relação à República Federal Alemã. O mesmo continua a fazer o marechal Tito à frente do governo da Iugoslávia. De Gaulle tinha quase 80 quando reavivou o prestígio francês entre as demais nações renovando paradoxalmente a França. Triste da nação que não procurar tirar o máximo do talento, do saber, da sabedoria, da experiência, dos que constituem seus avós sociológicos capazes de se entenderem de modo todo especial com os seus netos também sociológicos, por serem uns e outros mais independentes no seu pensar e até mais sinceros no seu sentir que homens e mulheres das gerações intermediárias.

Note-se de Joaquim Nabuco – o grande brasileiro de Pernambuco cujo nascimento, num sobrado da Rua Imperatriz, do Recife acaba de ser comemorado pelo mesmo Recife cujo dia de nascimento – 19 de agosto – tornou-se em Pernambuco o Dia da Cultura para ser como tal festejado e celebrado nas escolas – que, já avô sociológico, se fez campeão de uma causa nova e controvertida –

---

44 A propósito de Joaquim Nabuco: do avô e do neto II. *Diário de Pernambuco*. Recife, 6 de outubro de 1974.

o Pan-americanismo – pondo na causa, defesa da qual pôs um misto de sabedoria de homem provecto e de ardor de jovem até de audácia de adolescente. O mesmo misto de extremos, com que, também em seus dias de Embaixador do Brasil em Washington, dedicou-se a defesa de outra grande causa: a revelação do gênio de Camões, o maior poeta de nossa língua – a portuguesa: língua tanto do Brasil como de Portugal e de suas velhas províncias do Ultramar, estas a se tornarem novos Brasis e talvez a se constituírem numa vasta comunidade unida pela língua comum – aos estudantes das principais universidades dos Estados Unidos, três das quais, que Sua Excelência, o Embaixador, fizeram dele Doutor *Honoris Causa*: a distinção máxima que a cultura de um povo pode conferir a um intelectual, a um artista, a um estadista.

As conferências em inglês, nos Estados Unidos, de Joaquim Nabuco, homem de cinquenta e tantos, sessenta anos, é o que revelam: um avô sociológico animado mais do que desejo, do empenho, de transmitir a netos sociológicos de outro País, seu saber de provecto: seu saber, como diria o seu amado Camões, de "experiência feito". Transmitiu-o de modo brilhante a um número considerável de jovens de seu país e do estrangeiro. Não poucos os ainda moços e até adolescentes dos Estados Unidos que, pela palavra lúcida desse brasileiro insigne, nascido em Pernambuco, e que, às suas funções oficiais de Embaixador juntou, no seu alto posto de Washington, as extraoficiais que somente ele, com seu talento e suas letras, poderia desempenhar, de representante direto e de intérprete máximo de Camões e do Brasil; não poucos – dizia eu – os jovens dos Estados Unidos que, graças a esse seu avô sociológico, ficaram conhecendo na intimidade, além de um Camões por eles conhecido até então apenas de nome, um Brasil que passou a ser para a sua jovem inteligência, além de um vasto País, sedutor pela sua natureza, uma nação capaz de produzir um talento, um saber, uma voz, uma figura notável pela beleza e pelo porte, como foi Nabuco já no outono da vida. Um Nabuco quanto mais velho, mais belo. Um Nabuco, quanto mais avô, mais sábio. Um Nabuco avô sociológico tão capaz de se fazer compreender pelos netos sociológicos quanto de compreender ele próprio as inquietações dos jovens.

A propósito de Joaquim Nabuco: do avô e do neto III[45]

Diz-se que era entre jovens, como um informal mestre sem cátedra, que ele desejava findar sua vida de brasileiro glorioso, ao mesmo tempo que muito do seu Pernambuco, universal na repercussão de seu pensamento e nas preocupações de sua inteligência. São extremos que mais de um grande homem têm sabido conciliar, esse apego à província materna e essa universalidade de espírito, além de criador, atuante.

Joaquim Nabuco conciliou-os. Ninguém mais do seu País e da sua província que esse Nabuco de quem, já cidadão do mundo, discursando em inglês e escrevendo em francês, nunca se apagou a lembrança dos seus dias de menino de engenho pernambucano da sua madrinha, Dona Ana Rosa. Essa lembrança da meninice, ele a imortalizou nas melhores páginas do seu livro, uma das obras-primas da literatura brasileira, *Minha Formação*. Aí ele se confessa o telúrico que foi ao mesmo tempo que cosmopolita. Mais do que isso: nessas páginas, escritas com seu melhor amor, ele nos deixa ver no homem já glorioso, – glorioso como abolicionista e como escritor: glórias às quais se juntariam nele a do diplomata, a do estadista, a de intérprete da cultura brasileira no exterior – a persistência do menino no homem feito. Para escrever páginas tão expressivas ele de novo se sentiu menino: de novo sentiu o ranger da folha de cana sob os pés descalços; de novo sentiu o cheiro do melaço a ferver no engenho de uma madrinha durante algum tempo, para ele, mais do que mãe.

Nabuco menino – Nabuco uma cidade de neto – foi o pai de Nabuco homem. A vida em engenho patriarcal, ainda dos tempos de escravidão, deu ao futuro Embaixador do Brasil em Washington,

---

45 A propósito de Joaquim Nabuco: do avô e do neto III. *Diário de Pernambuco*. Recife, 13 out. 1974.

depois de Ministro em Roma e Ministro em Londres, a pernambucanidade que nele foi carne antes de fazer-se verbo, sem nunca ter deixado inteiramente de ser carne, vida, vivência; que o fez sentir Pernambuco e o Brasil antes de pensar como intelectual um tanto filósofo ou um tanto sociológico, pelo Brasil e por Pernambuco; que o conservou fiel às duas origens provinciais, entre os requintes das Cortes europeias em que brilhou como representante do seu e nosso País.

Cedo se embranqueceram nele o cabelo e os bigodes: nunca os pintou. Tornaram-se brancos: branquíssimos. Ostentou-os assim. Mas sob esse cabelo assim magnificamente e até imaculadamente alvo, os olhos do menino de Massangana – olhos grandes, belos e sempre jovens – continuaram a brilhar no homem provecto, dispensando óculos ou pincenês de avô, vendo como nos dias de estudante; vendo, como na mocidade; observando; indagando; interrogando; pesquisando como se a juventude da sua visão fosse eterna; e não conhecesse a velhice; e ignorasse o tempo – assim chegou Nabuco ao começo de seu fim da vida.

Esse o Joaquim Nabuco que nasceu no Recife em 1849 e no Recife se acha sepultado e no Recife tem estátua em praça pública, no Recife tem o seu nome na Assembleia Legislativa, num colégio secundário do Estado e num Instituto – autarquia federal – de altos estudos e dedicado a pesquisas sociais. Altos estudos e pesquisas de que o patrono é o inspirador. Instituto onde estão reunidos livros que ele leu e anotou, cartas que escreveu e recebeu, papéis ligados às suas várias atividades, e, num museu com muitos de seus retratos, fotografias que lhe ofereceram com dedicatórias expressivas reis e estadistas europeus e americanos do seu tempo, grandes figuras com quem conviveu numa das vidas mais transbordantes de triunfos – embora com alguns fracassos honrosos para o fracassado – dentre as até hoje vividas por um brasileiro.

Em torno da importância dos retratos para os estudos biográficos: o caso de Joaquim Nabuco[46]

Em um livro publicado em Portugal e pouco conhecido no Brasil, pretendi sugerir bases ou oferecer subsídios para uma "Sociologia da Biografia". Expressão aparentemente paradoxal essa – Sociologia da Biografia – que tem a meu ver sua justificativa. Sociologia da Biografia é sociologia de indivíduo socializado em pessoa e considerado em aspectos significativos dessa socialização e dessa personalização.

Aceitando a ideia de autor alemão, também ele ainda pouco lido entre nós – Eugen Rosenstak-Huessy – situo-me entre os que veem nas biografias, ou nas autobiografias, de indivíduos, ao mesmo tempo singulares e representativos – como são quase todos os superiores pelos talentos ou pelas virtudes – biografias individuais que podem ser contribuições para biografias, ou autobiografias coletivas. Ou lastros para essas físicas despersonalizadas de certo modo em figuras simbólicas ou até míticas.

Tanto as biografias individuais como as coletivas têm nos retratos dos seus heróis ou super-heróis sugestões ou informações antropológica, sociológica e psicologicamente – e não apenas historicamente – valiosas. São documentos que, além de fixar fisionomias, olhares, expressões de indivíduos em face de diferentes combinações – ou desajustamentos – de hereditariedades biológicas com circunstâncias sociais ou culturais de meios, também indicam relações desse mesmo indivíduo, aparentemente só ou singular, com os diferentes tempos físicos, psicológicos e também sociais por ele vividos, quer como indivíduo apenas, quer como

---

46 Em torno da importância dos retratos para os estudos biográfico: o caso de Joaquim Nabuco. In: *Instituto Joaquim Nabuco de Pesquisas Sociais. Os 25 anos do Instituto Joaquim Nabuco de Pesquisas Sociais.* – Recife (PE), IJNPS, 1975, p 75-8.

parte de um complexo que, por se tornar superindividual, ou coletivo, não deixa de contar sobrevivências pessoais que não se dissolvem de todo no complexo coletivo.

De Joaquim Nabuco, por exemplo, os numerosos retratos nos apresentam sua figura em idades biológicas e em circunstâncias sociais diversas, sem que essa diversidade comprometa o que foi nele uma rara permanência de personalidade caracterizada por contradições também incomuns. Ele foi, por exemplo, um aristocrata que mesmo assumindo atitudes e proferindo discursos aparentemente demagógicos, não se desaristocratizou nunca. Sua biografia individual é das que mais concorrem para fixar, numa superbiografia coletiva, o tipo do aristocrata engajado em ação política por vezes contrária aos interesses de sua classe: quer esse tipo se apresente de modo geral, sempre o mesmo, seja qual for o seu meio – e nesse caso, ele teria por semelhantes um Adams, um Jefferson, um Teodoro e um Franklin Roosevelt, um De Chateaubriand, um Balfour, um Disraeli, um Churchill e outros não brasileiros. No Brasil, os parentes psicossociais de Joaquim Nabuco terão sido José Bonifácio, o Marquês de Olinda, o Marquês de Abrantes, Machado de Assis, o Bispo Dom Vital – Dom Frei Vital – o Cardeal Arcoverde, o Barão de Penedo e tantos outros dos seus e nossos compatriotas de feitio irredutivelmente aristocrático. Aristocratas mesmo quando políticos de atitudes, ou ideias, liberais e até, como o próprio Nabuco na idade madura e não apenas na mocidade, capazes de arrojos revolucionários misturados a atitudes conservadoras.

Em certos retratos de Nabuco jovem – ou de meia idade – sente-se ou adivinha-se o orador por vezes veemente e até dionisiacamente ardoroso que ele foi como abolicionista, embora essa flama não se apresente nele sob o aspecto de demagogo convencional ou do insurreto descontrolado. Mas serão retratos que, quer pela fisionomia, quer pela postura do retratado, contrastam com os dos seus dias de Embaixador apolíneo, de Doutor *Honoris Causa* quase sacerdotal de universidades ilustres, de brasileiro acima de partidos, de facções, de ideologias – da própria ideologia

Em torno de Joaquim Nabuco

monárquica e tão somente estadista não de um Império ou de uma República mas de um Nação nos começos de sua grandeza nacional; também de um internacionalista, além de um pan-americanista; de um cidadão do mundo capaz de exprimir sua filosofia de vida em língua francesa e de discursar, como conferencista, em língua inglesa, não sobre letras brasileiras, mas sobre o para ele maior gênio literário que se exprimiu em língua portuguesa; o também nobre, ainda que pobre e desprezado pela nobreza convencional do seu país, Luís de Camões.

O retrato – quer o desenhado ou pintado, quer o fotográfico ou cinematográfico – é elemento valiosamente biográfico, pelo que acrescenta, pela imagem, de psicológico, de antropológico, de psicossomático aos informes escritos a respeito de uma personalidade. Joaquim Nabuco não chegou a ser cinematografado. Mas poucos brasileiros terão sido fotografados, desde a adolescência, ao mesmo tempo que tão raramente caricaturados. Aparece sob a forma fotográfica em anúncios de cerveja e de cigarro: evidência de sua popularidade. Mas não em caricaturas. O que é pena – essa escassez de caricaturas. Compreende-se, porém, que ao contrário do que sucedeu com Rui Barbosa – de cabeça disforme para o corpo franzino de criança doente: tipo ideal para caricaturas – e com o próprio Barão de Rio Branco – gordo demais, para ser uma figura bem proporcionada de homem eugênico, e com o pequenote Santos Dumont – Joaquim Nabuco, pelo que no seu físico foi tão harmonioso quanto na sua personalidade, pouco tenha seduzido os caricaturistas. Seus retratos de várias épocas – desde o de adolescente um tanto triste – revelam um homem que, na velhice como na mocidade, foi anticaricatural. Quase perfeito nas suas harmonias de formas. Exemplar no equilíbrio de relações entre sua altura e seu peso. Elegantemente dolicocefálico e, ao mesmo tempo, longilíneo. E essa harmonia e esse equilíbrio, seus retratos de várias épocas indicam que foram nele uma constante. Com a idade, não se arredondaram suas formas como se verificou com o na velhice quase demasiadamente gordo, embora alto e vigoroso e não molemente obeso, Barão do Rio Branco. Nem se manifestou nele a calvície como em Rui Barbosa, depois dos cinquenta anos. Nem lhe faltou a visão normal, exigindo dele a miopia ou a vista cansada o constante pincenê que se tornou característico do mesmo Conselheiro Rui Barbosa, quando provecto.

Repita-se de Joaquim Nabuco que, considerado através dos seus sucessivos retratos, o que nele foi sempre um aspecto virilmente belo, se acrescentou, em vez de perverter-se, por força de chamados achaques próprios, quase sempre, da idade avançada, embora ausentes nos Goethe e, entre nós, no Barão de Penedo. Alguns dos retratos de Joaquim Nabuco provecto nos transmitem dele a impressão de um tipo superiormente eugênico de longilíneo, de homem, na sua raiz europeia, de origem mediterrânea, de aristocrata como que por natureza, de extrovertido com alguma coisa de introvertido revelado pelo olhar. Impressiona. Seduz. Transmite a quem se detém no exame de sua fisionomia e de seu porte uma agradável impressão de superior inteligência completada por uma também superior expressão de bondade e até – acrescente-se – de ternura. Uma impressão de indivíduo goethemente extrovertido a quem não faltasse o toque de introvertido. Mas introvertido da estirpe dos Newman: o Newman que decerto concorreu para levar ao Catolicismo integral – ele que fora anticlerical e quase Protestante no seu cristianismo liberal e racional. Uma impressão de quase ex-dionisíaco, que fora também capaz, quando moço, de deliciar-se com a vida ao ponto de aceitá-la nos seus aspectos superiormente sensuais; mas que crescentemente se tornou menos dionisíaco que apolíneo. Menos homem do mundo que de espírito. Menos de sociedade elegante – dos convívios a que o obrigou durante anos a função diplomática, sem que tal obrigação durante todos esses anos, o enfastiasse ou o empolgasse – que de convívio com intelectuais. Com professores e com estudantes universitários. Seus retratos em grupos são quase todos com a família ou com intelectuais. Intelectuais jornalistas e intelectuais acadêmicos. E ele, sempre sem procurar se impor, a figura de destaque. Um desses retratos em companhia – já Embaixador – do filho Maurício, e apanhado na quase tropical Flórida,

Em torno de Joaquim Nabuco

traz estas palavras do eterno menino de Massangana: "entre os meus coqueiros da infância".

Sabe-se que ao lado da fotografia paramentado magnificamente de Embaixador, prezou, no fim da vida, seus retratos de Doutor *Honoris Causa* por universidades dos Estados Unidos. Retratos não de toga de senador de tipo romano mas de beca acadêmica e solta de mestre. Mestre como que de tipo antes grego de que romano. O que coincide com a sua confissão de ser seu desejo de provecto voltar ao Brasil para viver entre jovens, doutrinando-os ou com eles analisando grandes problemas da condição humana.

Pena que tenha sido tão deficiente o retrato que dele se pintou, menino de Massangana e afilhado de Dona Ana Rosa, criado mais como menina do que como menino pela madrinha extremosa no seu afeto mais que materno pelo bonito sinhozinho: filho de uma Paes Barreto fidalguíssima e pernambucaníssima. Um bom retrato de menino de engenho comparado com os de homem feito, quase sempre triunfante, talvez nos esclarecesse – como até certo ponto esclarece o seu retrato de adolescente sonhador e um pouco triste – aspectos da personalidade do futuro autor de *Minha Formação* que permanecem um tanto obscuros: a autobiografia de Nabuco não chega a revelá-lo. Há quem diga do menino que é "pai do homem". Um retrato psicológica e artisticamente superior de Nhô Quim de Massangana talvez nos explicasse uma parte do convertido ao Catolicismo que aparentemente foram dois contrários em Joaquim Nabuco quando, na realidade, complementaram-se. O menino não é só "pai de homem": é também, nas sínteses biográficas, o unificador dos contrários que depois se manisfestaram no adulto, conforme as circunstâncias de que falava Ortega: "eu sou eu e minhas circunstâncias". O menino é talvez mais o seu eu, vindo do ventre da mãe pela ação do sêmen do pai e pela presença nele de antepassados, do que suas circunstâncias.

O que nos leva a mais uma vez valorizar os retratos pelo que indicam ou sugerem das relações entre homens e circunstâncias e entre indivíduos atuais e mortos do que governam os vivos, como diria Comte. Entre homem e tempo. No caso de Joaquim Nabuco foram várias as circunstâncias que sobre ele atuaram diversamente desde a adolescência de "Quincas o Belo" até à sua velhice olímpica de Embaixador do Brasil em Washington. Os adultos quase sempre variam. Mas neles permanece uma constante: a do menino. No caso de Nabuco, Nhô Quim de Massangana. O que se reencontrou Embaixador e glorioso, nos distantes coqueiros da Flórida. Pena – diga-se outra vez – que seu melhor retrato não seja o desse menino germinal: o herói máximo, mas encoberto, de *Minha Formação*.

Uma das contribuições dos retratos para os estudos biográficos de base antropológica, além da histórica, é permitirem, quando são numerosos com relação a um só indivíduo, que sejam constatadas mudanças de aparência do retratado de acordo com as suas experiências através do tempo. Através de sucessivas circunstâncias. Circunstâncias em certos casos tão diferentes umas das outras. Esse um ponto em que se deve insistir e que nesta introdução vem sendo e continuará a ser motivo de repetição.

Como vem acentuado naquele ensaio sobre biografias, do autor – ensaio aqui já citado: uma introdução a possível Sociologia da Biografia – pertence ele, autor, ao número dos que atribuem importância antropológica ou psicológica aos retratos, embora lhe parecendo – é claro – exagero, o método seguido por aqueles biógrafos, dentre os chamados "intuitivos", de dependerem principalmente de impressões colhidas de retratos antigos para suas interpretações de personalidades históricas. Método de que Emil Ludwig informa, no seu inglês intitulado *Of Life and Love* (N.Y.69), ter seguido em relação a Napoleão: um Napoleão que não conheceu pessoalmente. E é de um escritor que se tornou notável pelas suas qualidades de psicólogo, através de obras de ficção – Somerset Maugham – a advertência, no seu *Summing Up*, que no caso de personagem biográfico por novelista, "his character is expressed, at least in rough in his appearance". O que vem a favor da relativa importância dos retratos que fixam aparências, isto é, de físico e de expressão, para a interpretação de personalidades, tal

Em torno de Joaquim Nabuco

como as influenciaram – acrescente-se ao inglês – circunstâncias vividas pelas mesmas personalidades, através de diferentes tempos sociais. Com o que parece colocar-se de inteiro acordo com o profundo conhecedor do assunto, o Professor Garraty, ao escrever, no seu *The Nature of Biography*, que *"photographs and paintings can certainly of some use in interpreting personality"*. Admite assim a importância, para a interpretação de uma personalidade cujo biógrafo se sirva, no seu esforço de interpretá-la, de retratos como de outros dados antropológicos e plásticos – ou – psicossomáticos – dos seus característicos físicos. Inclusive a altura: em Joaquim Nabuco acima do comum. E – é evidente: acrescente-se Garraty – além da altura, o ser o indivíduo objeto de estudo biográfico, brevilíneo ou longilíneo, introspectivo ou extrovertido. Ou misto.

Nabuco distinguiu-se como longilíneo. Também como eugênico: esteticamente eugênico, ao contrário do seu insigne contemporâneo Rui Barbosa. E tanto quanto o também seu contemporâneo, além de comprovinciano, Joaquim Arcoverde, o Cardeal. Dos brasileiros de sua época Joaquim Nabuco parece ter sido o mais notável pelo aspecto virilmente belo do seu físico. Entretanto, são retratos os seus – fotografias na sua quase totalidade – em que não se percebe, da parte do retrato, o afã vaidoso ou orgulhoso – que deve ter sido por ele abafado elegantemente – de oferecer-se à administração ou ao entusiasmo dos que o contemplassem em efígie. O Narciso, real ou suposto, que terá sido Joaquim Nabuco, não se apresente ostensivamente sob esse aspecto nos seus retratos, embora a vários deles não faltem o *aplomb*, o brio, a consciência de quem sabia ser homem além de estirpe socialmente nobre, por natureza superiormente eugênica. E parecesse, como retratado, em vez de orador a pedir a palavra para discursar, observador com alguma coisa de místico silencioso na sua visão do mundo.

Creio poder dizer-se dos vários retratos de Joaquim Nabuco – retratos de fases diferentes de sua vida: na vida que o fez experimentar, nos dias de ostracismo, a solidão de Paquetá e, anos depois, o esplendor de cortes europeias, sendo ele Ministro do Brasil – que em todos eles se surpreende o aristocrata nunca endurecido naquele tipo de "conquistador" que Alberdi considerava marcar superiormente em latino-americanos mais europeus sobre os menos europeus. Ou apenas europeus. Ou, na verdade, subeuropeus em face dos que parte extraeuropeus como um Cardeal Arcoverde – ou como talvez Nabuco, tão mais aristocrata ou "conquistador" do que Alberdi.

Talvez se possa sugerir dos retratos de Joaquim Nabuco feitos na Europa, que nos olhos exprimem saudade ou nostalgia, no sentido de ferir-lhe a ausência ou a falta do Brasil. E nos feitos no seu país, que lhes falta à fisionomia alguma coisa de essencial que seria a presença europeia. Isso de acordo com o próprio drama que o autor de *Minha Formação* confessa haver experimentado. Ou visto e sentido com os próprios indagadores e sensuais, além de fotogênicos. E quase sempre com um toque de triste: nunca de todo eufóricos.

Olhos que nas fotografias de Joaquim Nabuco – nas de idade provecta – não se apresentavam nunca de óculos nem de pincenês. Eram perfeitos, ao contrário dos ouvidos de quem acabaria surdo. Olhos que como que permaneciam jovens no homem de sessenta anos que chegou a ser o grande brasileiro de Pernambuco. Olhos que nos retratos dessa sua fase de vida esplendorosa, contrastam, nas fotografias, com a alvura do cabelo e dos bigodes que nele se tornam precocemente brancos, sem nunca os ter Nabuco pintado ou enegrecido com loções ou pomadas. Com o tempo, tornaram-se seus cabelos branquíssimos. Cabelo e bigodes de velho coexistiram em Joaquim Nabuco com os olhos de homem neste particular sempre moço que foi o autor de *Minha Formação*. Olhos que fotógrafo algum conseguiu surpreender envelhecidos ou decrépitos: sempre saudáveis, embora por vezes um pouco tristes. Sempre goetheanamente atentos às sugestões do mundo exterior: às suas cores, às suas formas, aos seus encantos. E como se fosse ele um místico dentro de um artista ou de um esteta é provável que nos momentos de maior concentração religiosa, os fechasse, para não se deixar seduzir pelos encantos visuais do exterior. Aliás, é próprio do místico fechar os olhos

Em torno de Joaquim Nabuco

para melhor concentrar-se como introvertido. Ou como quem encontra a melhor luz no mais escuro.

Não estão incluídos nos retratos a que se refere esta introdução aquelas caricaturas quase retratos, de Joaquim Nabuco em revistas ilustradas do país, que, como os de rótulos de cigarros e de cervejas, documentam sua popularidade como homem público ou de agitador. Têm seu interesse mas na verdade quase sempre lhes falta o exagero ou distorção das verdadeiras caricaturas. Volta-se aqui a ponto já referido nesta introdução.

Outra coleção pode sugerir que venha a completar a de retratos de Nabuco: a de caricaturas ou de quase caricaturas. Merecem ser reunidas a ser interpretadas sociologicamente num volume especial, à parte dos retratos propriamente ditos. Analisando-se as legendas, críticas ou apologéticas, que as acompanham como revelações mais da personalidade de Joaquim Nabuco que do seu físico, se surpreenderá a malícia dos seus contemporâneos com relação tanto a uma como ao outro. Pois o físico era no abolicionista desassombrado dos que desencorajavam nas críticas de suas ideias e de suas atitudes o próprio ânimo caricatural. Ou a malícia caricaturesca.

Por sua vez, Joaquim Nabuco foi homem a quem faltou – sobretudo na velhice ou no outono da vida – com a verdadeira malícia, o perfeito *sense of humour*. Ou mesmo a mais pura ironia francesa. Não há no seu olhar de retratado tantas vezes, começo de *twinkle* que sugira uma dessas duas malícias supremamente sofisticadas. Sua anglicizaçao e seu afrancesamento não foram tanto. Nesse particular, os retratos das diferentes fases do adulto parecem guardar alguma coisa da inocência do menino de Massangana. Inocência tocada de leve por uma pequena, verde, quase inócua malícia: nem verdadeiro *humour* nem verdadeira ironia.

Além do que, no Joaquim Nabuco revelados pelos retratos como quase se foi juntado a certo desconchavo no trajo de uma elegância à inglesa, do tipo oxoniano, um apuro também inglês – porém londrino – no trajo que parece o ter levado a uma solenidade quase olímpica não só de parte com sua aparência inteira. Solenidade como que incompatível com um *sense of humour* mais solto. O hábito – o de Embaixador, além do de Doutor *Honoris Causa* – foi fazendo dele — o grande convertido à Igreja e à Diplomacia – uma figura mais do prelado que de monge. Prelado cioso de sua importância oficial e doutoral. O trajo influído sobre a personalidade. Mas sempre acentuando no retratado a sua crescente beleza física de homem quanto mais velho mais belo. Do que não lhe parece ter faltado a consciência.

Ainda há pouco, na interessante revista que é *The American Heritage*, apareceu, em seguida a todo um longo ensaio de Ann C. van Devanter, intitulado *As they saw themselves* sobre retratos antigos – especialmente autorretratos – de americanos dos Estados Unidos nos séculos XVIII e XIX, um estudo sobre o mesmo assunto, com revelações mais curiosas: *Archives of American Art*. Mais do que o Brasil antigo, os Estados Unidos de outrora tiveram pintores que o pintaram é de interesse histórico-psicológico ou de interesse histórico-antropólogico ou sociológico, ao lado do que neles é, por vezes, expressão estética. Expressão estética nem sempre superior como no célebre retrato que de sua mãe deixou Whistler. O retrato, quando psicologicamente apurado, seria por excelência *the analytic mirror*, quer da personalidade do retrato, quer do seu meio e do seu tempo sociais. Pelo que Ann C. van Devanter conclui seu ensaio recordando expressivas palavras de Horace Walpole sobre a importância dos retratos: *"I prefer portraits really interesting not only to lands cape painting but to history... a real portrait, we know, is truth itself; and it calls up so many collateral ideas as to fill an intelligent mind more than any other species"*.

Biografado, como se acha Joaquim Nabuco pela filha ilustre, Carolina, e pelo príncipe dos biógrafos brasileiros de estadistas, que é Luis Viana Filho, nosso conhecimento de personalidade, por um lado, e, por outro, do meio e do tempo sociais a que ela reagiu, ora se rebelando, ora se conformando, com as imposições

Em torno de Joaquim Nabuco

desse meio e desse tempo, muito se reduziria se lhe faltasse, completando o que está nos escritos biográficos, o testemunho dos seus numerosos retratos. A quase totalidade deles pela primeira vez vão aparecer reunidos por iniciativa da atual direção executiva do Instituto Joaquim Nabuco de Pesquisas Sociais, mais que continuando, ampliando, alargando, ordenando e completando esforço pioneiro, mas inacabado, do escritor Josué Montello, quando diretor da Biblioteca Nacional. Nenhum desses retratos, por si só, será a *truth itself* ou "a verdade mesma", a que se referiu Horace Walpole. Nem se pode dizer da verdade que costuma se revelar, pura e definitiva, através de um só documento ou de uma única evidência; e sim através de várias evidências e até contradições das quais se possa extrair uma espécie de denominador comum. É o que se consegue fazer em parte, com relação a Joaquim Nabuco, através de retratos em que ele, sem se apresentar sempre rigorosamente o mesmo, é sempre o adulto que se desenvolveu do menino pernambucano – infelizmente tão mal retratado por um subpintor – da casa-grande do Engenho Massangana.

Uma simples especulação: tivesse tido Joaquim Nabuco algum talento para desenho ou a pintura, que espécie de autorretrato nos teria deixado? Idealizador? Romantizado?

Provavelmente realista com alguma coisa de romântico. Corresponderia esse tipo de autorretrato à sua maneira, de certa altura em diante, mais anglo-saxônica do que afrancesada, de ser brasileiro de elite social e intelectual. Corresponderia ao Joaquim Nabuco que, sob aspecto literário, emerge das páginas de *Minha Formação*: uma autobiografia na qual há um tanto de autorretrato escrito. Autorretrato favorecido pelo autorretratista que, entretanto, não deixa de ser esclarecedor, embora menos que Graça Aranha no seu *Meu Próprio Romance*.

Um autorretrato, como aqui o sugerido, de Joaquim Nabuco, confirmaria um aparente fato: o da sua consciência de ser um belo tipo de brasileiro e de latino. Latino anglo-saxonizado em gestos que não alterariam sua postura ou figura fotográfica ou pictórica.

Ele sabia muito bem que entre os brasileiros notáveis, seus contemporâneos, não era um obeso como Oliveira Lima, nem indivíduo excessivamente magro como Lauro Müller, menos ainda cacogênico como Rui Barbosa. Se, porventura, dotado de algum talento pictórico, tivesse se retratado a si mesmo, em branco e preto ou em cores, esse autorretrato pictórico teria sido – acrescente-se – sem violência contra a realidade, o do sóbrio Narciso que emerge elegantemente Narciso, sem desvario de vaidade, das páginas de *Minha Formação*.

Semelhante, portanto, ao que emerge da grande tela, de retrato de corpo inteiro, revestido de beca de Doutor *Honoris Causa* da Universidade de Columbia, pintado por mestre Baltazar da Câmara – obra-prima desse pintor – para o edifício nobre do Instituto Joaquim Nabuco de Pesquisas Sociais. O retratado – retrato à base de fotografia apanhada no dia do doutoramento e fornecida ao Instituto pelo advogado José Nabuco – é apresentado em movimento, como se viesse caminhando daquele dia de consagração honrosíssima para o futuro, num como desejo de viver sempre entre os moços, entre os estudantes, entre as sucessivas novas gerações: e entre outros intelectuais, outros brasileiros, outros pernambucanos.

De Joaquim Nabuco já se escreveu, aliás, que foi uma espécie de escultor de sua própria estátua. "Cada gesto dele era um golpe de cinzel na estátua que ia lavrando de si mesmo", disse Artur Bomilcar. Palavras recordadas pelo escritor Gustavo Barroso, que parece ter reconhecido a influência antes favorável que desfavorável do tempo ou da idade sobre a figura de Nabuco. O que aos retratos de Nabuco é a inflexão da voz, o ritmo do andar, a entonação de tropical ou de latino, alterada pela convivência com anglo-saxões. Alterações que a simples fotografia ou a pura estátua não está apta a captar. Nem sequer a sugerir. Nesses particulares, temos que depender de testemunhos dos que o conheceram. Dos que conviveram com ele em mais de uma fase de sua vida como a filha Carolina. Mas Carolina só o conheceu como filha a pai.

Nabuco viveu vida de homem de rua e de salão e não apenas de intelectual de gabinete. Não apenas de homem de família. Foi solteiro até os quarenta anos. Mudou nessas várias fases de vida. Mudou até parecer às vezes outro homem. Até nos dar a ideia de ter sido vários Nabucos e não um só.

Nunca, porém, deixou que sua geração vivesse inteiramente por ele. Viveu às vezes contra ele. Ou antecipado a ela. Esse homem aparentemente só suave teve qualquer coisa de individualmente à espanhola.

Tão pouco deixou, desde adolescente, que outro indivíduo vivesse inteiramente por ele: nem mesmo o pai. Ao contrário: ainda estudante, já pretendia influir sobre o velho Nabuco. Fazer o velho Nabuco mudar senão de atitude, de ritmo de ação política: seguir o filho.

Joaquim Nabuco mudou mais de uma vez de atitude e de ritmo de ação. Mudou de atitude para com o pai, a mãe, o Império, a Igreja, a América, a República. Vários Joaquins Nabucos foram, assim, aquele que a morte afinal fez parar, no tempo físico, quando apenas chegara aos sessenta anos.

Já era então uma síntese, das chamadas dramáticas, de experiências diversas até de atitudes contraditórias. Mas uma síntese repita-se que dramática e não uma personalidade aparentemente una a custa de mutilações. Ou de artifícios. Ou simulações.

Velho, quase todo grande homem se torna menos pessoa viva e inquieta do que começo de estátua sem movimento. Estátua de si mesmo. Estátua que quase completa na sua definição de traços de indivíduo já mais imortal, como figura histórica, do que vivo, como homem. Daí os termos estatuários ou esculturais de definição de uma síntese de figura humana que não pode ser obtido em linguagem fotográfica. A linguagem fotográfica flutua mais com o tempo. É mais proustiana que a expressão cultural.

Em alguns indivíduos, a velhice gloriosa, ou a como que imortalidade apolínea, começa cedo, tornando-os incapazes de se surpreenderem e de surpreenderem os outros. Foi o que sucedeu ao nosso Santos Dumont, tão cedo parado na sua glória e magnífica, porém tirânica que mal lhe permitia mudar de tempo de chapéu ou de tipo de colarinho nas suas próprias fotografias. Ou na sua aparência. O que começou a suceder com Joaquim Nabuco, ocorreu de modo muito diferente. Apenas se acentuou a vocação apolínea fazendo-a dominar quase de todo sobre a dionisíaca, sem destruí-la. É o que seus últimos retratos documentaram. É o que indica seu ardor pan-americanista quase de adolescentes num homem de quase sessenta.

Foi o que tardou a fazer de Joaquim Nabuco glória parada, incontrovertida, oficial. Aos cinquenta e já quase velho, ele ainda surpreendia os conterrâneos ou os homens de sua geração com atitudes inesperadas e discutíveis. Não se resignara a parar na glória já conquistada em luta contra um sistema inteiro de economia e de família: o escravocrático. Não parou sob essa glória nem à chamada sombra de louros literários: os de autor de *Um Estadista do Império* e *Minha Formação*, duas autênticas obras-primas de literatura brasileira. Ou na literatura em língua portuguesa.

Arriscou-se a perder quase toda a glória, já pura e certa, para dar expressão, em língua inglesa, ou num português meio anglicizado no ritmo, outrora francês, de frase, a novos aspectos de sua personalidade, senão de criador, de renovador. Para dar expansão a novas solicitações de sua personalidade ainda inquieta e ainda e sempre em formação, com elementos dionisíacos inconformados a servirem de simples contraste aos apolíneos. E a se harmonizarem a seu modo de personalidade de um homem de físico sempre belo. Mais do que isso: mais belo – repita-se – no outono que no verão da vida.

Num país ainda hoje célebre por homens de letras e até por alguns homens públicos, feios, pálidos, pequenotes, Joaquim Nabuco foi escandalosamente belo e mais do que isso, com o tempo, crescentemente belo. Sempre alto e eugênico na aparência. Um contraste quase violento com os Tavares Bastos, os José de

Alencar, os Lafayete, os Rui, os Santos Dumont, os Coelho Neto, os Carlos de Laet. Com vários dos bacharéis e dos doutores franzinos e de pincenês do seu tempo. E suas fotografias passaram a proclamar esse contraste quase como se acentuasse um escândalo.

Oliveira Lima – outro belo gigante embora, como o segundo Rio Branco, prejudicado pelo excesso de gordura; excesso que as fotografias dos dois não escondem – escreveu Joaquim Nabuco que era realmente "bonito homem". E mais: que "seus olhos tinham a expressão mais atraente"; que seu "sorriso era cativante"; que sua voz, tendo na oratória, "agudos estridentes", na conversação "se podia dizer, como Heine escreveu de voz paterna, que ia direta ao coração, sem parecer precisar de penetrar pelo ouvido". Seduções se juntavam à "cultura de um verdadeiro intelectual", a "maneiras aristocráticas", a "sentimentos de *gentleman*" e a outras "eminentes qualidades para representar brilhantemente seu País". Qualidades, algumas dessas, que as fotografias documentaram. Outros foram em Nabuco atributos extrafotográficos e extrapictóricos ou extraestatuários.

Só detratores puros e simples, quando não mesquinhos, viram em Joaquim Nabuco o homem apenas bonito, o fidalgo apenas formoso, cuja figura foi, na verdade, o desespero dos caricaturistas políticos obrigados a ridicularizá-la. Desespero pelo pouco que se prestava Nabuco – repita-se a exageros de caricaturas. Foi o que me disse, já velhinho, um dos antigos caricaturistas da revista *O Diabo a Quatro*. Donde, tanto no caso de Nabuco como no de Dom Vital outra bela figura de brasileiro da era imperial – terem os caricaturistas quase se limitado a apresentá-los um tanto efeminados no trajo ou nos modos. Nabuco, de pulseira. Dom Vital, de sapatinhos de salto alto – espécie de mulher barbada que, com seu latim afrancesado, fascinasse maçons até fazê-los abjurar da Maçonaria. Nabuco, enfeitado como uma francesa que acabasse de chegar de Londres ou de Paris e fosse incapaz de falar o português, sem acrescentar-lhe elegantemente palavras inglesas ou francesas.

A verdade é que a uns tratos brasileiros da época irritava em Joaquim Nabuco – "Quincas, o Belo" – a beleza física completada

Gilberto Freyre

pela robustez, pela saúde, pelo viço que os seus retratos – acentue-se – confirmam. Já havia então entre nós quem fosse sensível ao mito do "amarelinho", quer com seu lado positivo, quer com o lado negativo, no qual parece exprimir-se o desejo do homem feio, franzino, cacogênico, doente, impaludado, sifilizado, de compensar-se contra o bonito, o são, o vigoroso, o eugênico. O "amarelinho" aparece em mil e uma estórias, anedotas e fantasias brasileiras como o herói que acaba derrotando pela agilidade ou pela astúcia os mais belos e fortes gigantes. Joaquim Nabuco que envelheceu espigado, esbelto, longilíneo – pelo o que concorresse a profunda aversão à manteiga de que um dos seus íntimos – e com os olhos, o andar e a voz de moço em contraste com o cabelo e os ouvidos, precocemente de velho – teve contra si o mito, sob vários aspectos válido, do "amarelinho". Ele foi, porém, menos a negação do que, nesse mito, importa em exaltação do caboclo, do mestiço, do nativo do trópico, do que a sua superação do mesmo mito pelo que sua pessoa ou sua vida revelou de novas possibilidades brasileiras. O brasileiro do futuro não precisaria ser franzino para ser inteligente. Nem de ser pequenote, no corpo para ser grande na virtude ou no gênio. Nem de ser feio ou pálido para ser sábio. Apenas não precisaria de ser rosado para ser saudável. Estudos científicos sobre o mestiço dos trópicos é que revelam o valor ecológico nos trópicos da pigmentação amarelada ou escura.

Em Joaquim Nabuco – outra ideia de Bomilcar – como que se definiu, por antecipação, um tipo de brasileiro saudavelmente harmonioso nas suas qualidades de corpo e inteligência. Tipo para o qual parece caminhar parte cada dia mais considerável da nossa população. Tipo que vem se generalizando entre nós, nas cidades mais adiantadas, com o exercício físico, a vida de praia, a maior higiene no vestuário. Joaquim Nabuco se fez bacharel sem ter sido doentiamente bacharelesco. Cresceu entre livros sem ter se tornado lamentavelmente livresco. *Scholars*, sim. Livresco, não. Erudito mas não bacharelesco nem doutoralesco no seu saber.

Romântico fascinado desde a adolescência por grandes causas, como a causa da Polônia, Nabuco nunca se extremou em moço

Em torno de Joaquim Nabuco

boêmio e erótico que gastasse a saúde bebendo conhaque nas tavernas, improvisando versos nos cafés, esgotando-se em amores fáceis com as cômicas. O que não significa que desdenhasse do conhaque ao ponto de só beber água do pote ou vinho do Porto. Nem que se não tivesse apaixonado por mulheres bonitas.

Fala-se muito do seu narcisismo e não o negaremos de todo nestes comentários a propósito dos seus retratos. Mas é estranho que nesse Narciso não se tenha feito retratar na velhice de homem glorioso e não apenas belo por pintor e célebre do seu tempo. Nem em Londres nem em Roma. Nem mesmo no Recife dos seus dias de homem feito quando floresceu na capital de Pernambuco um pintor francês de talento de Bérard. Além do que num dos seus contatos com a Europa, poderia se ter feito retratar pelo português Columbano ou por mestre italiano.

Retrato de pintor, o que se conhece dele não é de pintor célebre mas obra daquele desconhecido que pintou o menino de Massangana. Encomenda, talvez, da madrinha, sempre tão carinhosa com seu Quinzinho ou seu Nhô Quim. Trabalho de pintor medíocre.

Sucederam-se, porém, desde Nabuco jovem, as fotografias. O estudante. O *dandy* da década de setenta. O orador, esplendidamente vigoroso na sua beleza, da campanha da Abolição. O convalescente romântico de doença grave quando Deputado Geral. O marido exemplar de Dona Evelina. O Ministro em Londres. O pai de família fotografado pela filha ainda menina. O Embaixador de Washington. O Doutor *Honoris Causa* de várias universidades. O presidente da Conferência Pan-Americana de 1906. Nabuco de chapéu de coco. Nabuco de cartola. Nabuco de borla e capelo. Nabuco na Flórida, com o filho Maurício, entre as palmeiras que lhe recordavam as de Pernambuco.

Vários Nabucos, os fotografados. Nabucos diversos na atitude, na idade, no trajo. Nabuco de cabelo preto. Nabuco grisalho. Nabuco de cabelo todo branco, em contraste – repita-se – com os olhos sempre moços. Todos esses Nabucos – e exterior deles – então em fotografias. Falta só o jovem imaturo revoltado contra o pai.

O lugar de Joaquim Nabuco é entre os homens de personalidade complexa. Por conseguinte múltiplos e contraditórios. Houve vários Nabucos e não só um. As fotografias não o dizem claramente mas o sugerem.

Houve nele, ainda jovem, um anticlerical – um anticlerical sem papas na língua – e, no seu Cristianismo, quase um Protestante à igreja, que seria sucedido pelo devoto da Igreja: devoto em que se amaciou já na velhice, indo à missa de livro de rezas e rosário na mão. Um abolicionista que chegou, na mocidade, quase ao socialismo e não apenas o conservador que, por amor à Ordem, reconciliou-se com a República sem aderir ao Republicanismo. Um latino fascinado pela Roma clássica e, ao mesmo tempo, um entusiasta da civilização anglo-americana. Um universalista em contraste com o pernambucano cuja pernambucalidade chegaria, se preciso fosse, ao extremo do separatismo.

Nenhum desses Nabucos – vários deles, documentados por fotografias – deve ser desprezado para que, contra o que houve nele de múltiplo, de complexo, de vário e até contraditório, se fixe um aspecto mais recente ou mais macio de sua personalidade, como se tivesse sido o único ou o total. Não houve um Nabuco assim – todo cor-de-rosa e olímpio – senão na sua velhice de surdo um pouco entristecido pela surdez.

O autor de *Minha Formação* não foi exemplo de coerência absoluta, muito menos mecânica, mas de variedade de ideias e de gostos que nele acabaram formando um todo, este sim único, pelo que reuniu de traços e de tendências diversas e até contraditórias. Foi – repita-se – síntese chamada dramática. O que se pode surpreender através dos seus vários relatos.

Nisso se pareceu com seu mestre Renan. Foi uma espécie de Renan ao contrário. Nem em Renan deixou de haver de todo, na velhice de cético, o seminarista devoto da Nossa Senhora nem em Nabuco o homem da Igreja parece ter apagado de todo o revolucionário da mocidade. Do mesmo modo que o pan-americanista não acabou nunca com o pernambucano apegado sensualmente à

Em torno de Joaquim Nabuco

sua província. Nem o pan-americanista nem o autor de livros escritos em francês e de conferências proferidas em inglês abafaram o telúrico.

Quando viu pela última vez, de volta aos Estados Unidos, as torres do Recife, os coqueiros de Pernambuco, as mangueiras e a cuja sombra se afeiçoara, deve ter também recordado seus ímpetos de adolescente e seus exageros de moço, inconformado com injustiças e opressões de toda espécie. E os recordado sem repulsa. Sem repugnância. Sem repudiá-los como a pecados feios e vergonhosos. Sem querer mutilar-se para ser o puro Nabuco da Igreja e do Pan-americanismo. O que nos seus últimos retratos se destaca pelo aspecto mais acentuadamente apolíneo.

Não foram, na verdade aqueles exageros de moço, aqueles ímpetos de adolescente, senão aventuras de ideias e de ação, necessárias ao desenvolvimento do menino de Massangana num dos brasileiros mais complexos – talvez o mais complexo – de todos os tempos. São traços – esses exageros, esses ímpetos, esse inconformismo – que, desprezados, nos deixariam incompleta a figura de Nabuco. Daí a necessidade de vermos um homem da personalidade múltipla de Nabuco o maior número possível de retratos. De fotografias. De flagrantes.

Quase todas as fotografias de um só individuo, temos de senti-las através do que essas fotografias, por vezes, sem revelarem, sugerem. Pois há fotografias que só retratam exatamente o retrato, quando contempladas pelo testemunho dos que, além de terem conhecido de perto esse retratado, ouviram-lhe a voz, apertaram-lhe a mão e sentiram o calor da sua presença imediata. Uma coisa parece ser certa da iconografia de Joaquim Nabuco: documenta a imagem de um homem tão caracterizado pela imponência, pela eugenia, pela beleza do físico quanto superior pelo talento e pelo saber anunciados sem escândalos pelos seus olhos. E também pela bondade, pela ternura, pela simpatia humana, também tão do seu olhar.

Há retratos dos quais se diz que só faltam falar. No caoso de Nabuco – tão orador quanto escritor e talvez ainda mais mestre da eloquência que escritor e talvez ainda mais mestre da oratória como arte do criador de um estilo literário, rival de Machado, faz falta, aos que não o ouviram, o registro da sua voz junto com o do seu gesto. Infelizmente, não alcançou ele nem a técnica do retrato cinematográfico, nem a gravação da voz. Temos de imaginar esse gesto e imaginar essa voz, talvez únicos na história da eloquência, como arte superior – tão rara – no Brasil. Ele a dominou. Foi comunicativo, persuasivo, expressivo como um Dom Juan talvez mais de multidões que de mulheres. Mas sem resvalar na demagogia ou no baixo populismo. Mesmo falando pelo povo e para o povo – especialmente o de sua amada Recife: a cidade que foi como que sua amante coletiva, em vez de individual que, continente e casto, embora sensível a encantos de mulheres bonitas, parece não ter tido, ao menos ostensivamente. Foi fidalgo dos que no Brasil parecem que são mais fidalgos quando em Pernambuco, embora qualquer origem social e até quando moradores de mocambos e gente de ofícios humildes. O fidalgo que houve em Joaquim Nabuco está presente em todos os seus retratos. E estaria até nos que o apresentassem de macacão de operário e de camisa de meia e calças de azulão à maneira dos recifenses mais pobres e mais de gente do povo do seu tempo. Esse fidalgo foi na mocidade um escravo paradoxalmente nobre, a serviço de uma multidão de escravos. Uma grande voz a serviço de operários quase mudos. Um servo no mais belo sentido da expressão. Um Senhor Servo, como se diria hoje.

Em torno de Joaquim Nabuco

Dois Nabucos[47]

Promoveu o Instituto Nabuco, junto ao túmulo do seu patrono e com a presença de alguma das mais ilustres personalidades de Pernambuco e também com a participação de jovens, de estudantes e de elementos do povo do Recife – sucessores daquela gente recifense a quem tantas vezes se dirigiu a palavra eloquente de Joaquim Nabuco –, uma comemoração do grande brasileiro no dia do seu nascimento. Nascimento que ocorreu num sobrado da muito recifense Rua da Imperatriz. Depois é que viria a meninice na pernambucaníssima Casa-Grande de Massangana.

Em Joaquim podem ser destacados, dentre outros, dois contrários, dos que nele se completaram: o menino, o pernambucaníssimo, o brasileiríssimo, o ruralíssimo menino de Massangana, que os escravos de sua madrinha, senhora de engenho, D. Ana Rosa, chamaram Nhô Quim, e o avô sociológico de netos sociológicos, que nele, mais do que Embaixador do Brasil, se tornou em Washington. O Nabuco conferencista e, a seu modo, tendo por tema predileto de suas preleções *Os Lusíadas*, que, através dessa conferência de professor bissexto, atraiu para a pátria portuguesa – a pátria de Camões e a pátria do Brasil – a atenção, a curiosidade, o interesse de tantos jovens dos EUA, alunos das Universidades de Yale, de Chicago, de Columbia. Universidades que fizeram de Nabuco o primeiro brasileiro a ser distinguido com a insígnia de nobreza intelectual, que é o título de Doutor *Honoris Causa*.

Esses dois Nabucos como que se completaram, repita-se. O menino – ou neto – a colher no Cabo, com olhos ainda virgens, mas já indagadores, as primeiras impressões de personagens, de gentes e de coisas teluricamente brasileiras, e o Nabuco provecto,

---

47 Dois Nabucos. In: *Instituto Joaquim Nabuco de Pesquisas Sociais. Os 25 anos do Instituto Joaquim Nabuco de Pesquisas Sociais*. – Recife (PE): IJNPS, 1975, p 75-8.

de olhos, entretanto, sempre jovens, embora de cabelo precoce e magnificamente branco de avô, a falar a rapazes e moças das então gerações mais novas dos Estados Unidos – naqueles dias emergente superpotência – sobre valores da língua portuguesa: a língua do seu e do nosso Brasil, com o qual estiveram sempre identificadas sua inteligência tanto quanto a sua sensibilidade.

Nabuco permanece o exemplo mais puro de brasileiro em quem se harmonizaram contrastes de personalidade e de experiência de vida. Foi um aristocrata que na mocidade se fez servo de escravos. Foi um homem público preocupado com o destino e com os problemas da gente mais humilde do Recife, de Pernambuco e do Brasil. Foi uma voz que clamou, com um raro desassombro, contra as injustiças e os abusos de poder, sobretudo do poder econômico. Foi na diplomacia nova espécie de servo, em vez de excelentíssimo senhor Ministro ou Embaixador: servo do Brasil, mais do que senhor das elegâncias e dos requintes próprios de tão dourada carreira. Sua vocação para se pôr a serviço de grandes causas e de populações necessitadas dele e da sua palavra, foi quase religiosa. O suposto mundano foi principalmente um homem de espírito: de espírito cristão. Podendo ter sido um grande conquistador de mulheres bonitas, Quincas, o Belo, foi, sobretudo, um conquistador de simpatias de administrações valiosas para um Brasil então quase ignorado.

Se a palavra pernambucanidade é nova no vocabulário brasileiro, Nabuco se antecedeu à palavra de hoje pelo que nele houve de substancialmente, de autenticamente, de quase sensualmente pernambucano. Outra vez harmonioso, harmonizou o apego à Província com a Universalidade do seu espírito e das suas preocupações máximas, de brasileiro que se tornou célebre pelos seus assuntos de interesse humano, além de brasileiro. Mas esse universalista, nesse cosmopolita, nesse cidadão do mundo, nunca deixou de haver um cidadão do Brasil onde nascera e um menino de engenho de Pernambuco.

Foi um homem nos seus dias de glória; sempre saudoso de sua meninice e sempre amoroso de Massangana. Nunca traiu sua meninice. Nunca traiu a terra de origem. Nunca se despernambucanizou. Nunca se desbrasileirou. Nunca se desprendeu dos coqueiros de Pernambuco, que evoca num de seus retratos de Embaixador nos Estados Unidos, apanhado numa Flórida quase tropical que chegou a amar por lhe recordar Pernambuco.

Da esquerda para a direita: Graça Aranha, Joaquim Nabuco e Magalhães de Azeredo, logo após ser conhecida a sentença arbitral do rei da Itália, que encerrou a questão de limites entre o Brasil e a Guiana Inglesa.
Foto de Flli d'Alessandri, Roma, 1904.

Em torno de Joaquim Nabuco

Joaquim Nabuco presente em seus retratos[48]

Em livro publicado em Portugal e pouco conhecido no Brasil, pretendi sugerir bases ou oferecer subsídios para uma Sociologia da Biografia – que tem ao meu ver sua justificativa. Sociologia da Biografia é sociologia de indivíduo socializado em pessoa e considerado em aspectos significativos dessa socialização e dessa personalização.

Aceitando a ideia de autor alemão, também ele ainda pouco lido entre nós – Eugen Rosenstak-Huessy – situo-me entre os que veem nas biografias, ou nas autobiografias, de indivíduo, ao mesmo tempo singulares e representativos – como são quase todos os superiores pelos talentos ou pelas virtudes – biografias individuais que podem ser contribuições para biografias ou autobiografias coletivas. Ou lastros para essas biografias assim sociais com os indivíduos simplesmente pessoas físicas despersonalizadas de certo modo em figuras simbólicas ou até místicas.

Tanto as biografias individuais como as coletivas têm nos retratos dos seus heróis ou super-heróis sugestões ou informações antropológica, sociológica e psicologicamente – e não apenas historicamente – valiosas. São documentos que, além de fixar fisionomias, olhares, expressões de indivíduos em face de diferentes combinações – ou desajustamentos de hereditariedades biológicas com circunstâncias sociais ou culturais de meios, também indicam relações desse mesmo indivíduo aparentemente só ou singular, com os diferentes tempos físicos, psicológicos e também sociais por ele vividos quer como indivíduo apenas quer como parte de um complexo que por se tornar superindividual ou coletivo não deixa de contar sobrevivências pessoais que não se dissolvem de todo no complexo coletivo.

---

48 Joaquim Nabuco presente em seus retratos. In: *Prefácios desgarrados*. Rio de Janeiro, Catedra, 1978. v. 1, p. 113-30.

De Joaquim Nabuco, por exemplo, os numerosos retratos nos apresentam sua figura em idades biológicas e em circunstâncias sociais diversas, sem que essa diversidade comprometa o que foi nele uma rara permanência de personalidade caracterizada por contradições também incomuns. Ele foi, por exemplo, um aristocrata que mesmo assumindo atitudes e proferindo discursos aparentemente demagógicos, não se desaristocratizou nunca. Sua biografia individual é das que mais concorrem para fixar, numa superbiografia coletiva, o tipo do aristocrata engajado em ação política por vezes contrárias aos interesse de sua classe: quer esse tipo se apresente de modo geral, sempre o mesmo, seja qual foi o seu meio – e nesse caso, ele teria por semelhantes um Adams, um Jefferson, um Teodoro e um Franklim Roosevelt, um De Chateaubriand, um Balfour, entre outros. No Brasil, os parentes psicossociais de Joaquim Nabuco terão sido José Bonifácio, o Marquês de Olinda, o Marquês de Abrantes, Machado de Assis, o Bispo Dom Vidal – Dom Frei Vidal – o Cardeal Arcoverde, o Barão de Penedo e tantos outros dos seus e nossos compatriotas de feitio irredutivelmente aristocrático. Aristocratas mesmo quando políticos de atitudes, ou ideias, liberais e até, como o próprio Nabuco na idade madura e não apenas na mocidade, capazes de arrojos revolucionários misturados a atitudes conservadoras.

Em certos retratos de Nabuco jovem – ou de meia idade – sente-se ou adivinha-se o orador por vezes veemente e até dionisicamente ardoroso que ele foi como abolicionista, embora essa flama não se apresente nele sob o aspecto do demagogo convencional ou do insurreto descontrolado. Mas são retratos, que, quer pela fisionomia, quer pela postura do retratado, contrastam com os dos seus dias de Embaixador apolíneo, de Doutor *Honoris Causa* quase sacerdotal de universidades ilustres, de brasileiro acima de partidos, de facções, de ideologias – da própria ideologia monárquica – e tão somente estadista não de um Império ou de uma República mas de uma Nação nos começos de sua grandeza nacional; também de um internacionalista, além de um pan-americanista; de um cidadão do mundo capaz de esprimir sua filosofia de vida em língua francesa e

Em torno de Joaquim Nabuco

de discursar, como conferencista, em língua inglesa, não sobre letras brasileiras, mas sobre o para ele maior gênio literário que se exprimiu em língua portuguesa: o também nobre, ainda que pobre e desprezado pela nobreza convencional do seu país, Luís de Camões.

O retrato – quer o desenhado ou pintado, quer o fotográfico ou cinematográfico – é elemento valiosamente biográfico, pelo que acrescenta, pela imagem de psicológico, de antropológico, de psicossomático aos informes escritos a respeito de uma personalidade. Joaquim Nabuco não chegou a ser cinematografado. Mas poucos brasileiros terão sido fotografados, desde a adolescência, ao mesmo tempo que tão caricaturados. Aparece sob a forma fotográfica em anúncios de cerveja e de cigarro: evidência de sua popularidade. Mas não em caricaturas. O que é uma pena – essa escassez de caricaturas. Compreende-se, porém, que ao contrário do que sucedeu com Rui Barbosa – de cabeça disforme para o corpo franzino de criança doente: tipo ideal para caricaturas – com o próprio Barão do Rio Branco – gordo demais, para ser uma figura bem proporcionada de homem eugênico, e com o pequenote Santos Dumont – Joaquim Nabuco, pelo o que no seu físico foi tão harmonioso quanto na sua personalidade, pouco tenha seduzido os caricaturistas. Seus retratos de várias épocas – desde o de adolescente um tanto triste – revelam um homem que, na velhice como na mocidade, foi anticaricatural. Quase perfeito nas suas harmonias de formas. Exemplar no equilíbrio de relações entre sua altura e seu peso. Elegantemente dolicocéfalo e, ao mesmo tempo, longilíneo. E essa harmonia e esse equilíbrio, seus retratos de várias épocas indicam que foram nele uma constante. Com a idade, não se arredondaram suas formas como se verificou vigoroso e não molemente obeso, Barão do Rio Branco. Nem se manifestou nele a calvície como em Rui Barbosa, depois dos cinquenta anos. Nem lhe faltou a visão normal exigindo dele a miopia ou a vista cansada o constante pincenê que se tornou característico do mesmo Conselheiro Rui Barbosa, quando provecto.

Repita-se de Joaquim Nabuco que, considerado através dos seus sucessivos retratos, o que nele foi sempre um aspecto virilmente belo, se acentuou, em vez de perverter-se, por força de chamados achaques, próprios, quase sempre, na idade avançada, embora ausentes nos Goethe e, entre nós, nos Barão de Penedo. Alguns dos retratos de Joaquim Nabuco provecto nos transmitem dele a impressão de um tipo superiormente eugênico de longilíneo, de homem, na sua raiz europeia, de origem mediterrânea, de aristocrata como que por natureza, de extrovertido com alguma coisa de introvertido revelado pelo olhar. Impressiona. Seduz. Transmite a quem se detém no exame de sua fisionomia e de seu porte uma agradável impressão de superior inteligência completada por uma também superior expressão de bondade e até – acrescente-se – de ternura. Uma impressão de indivíduo goetheanamente extrovertido a quem não faltasse o toque de introvertido. Mas introvertido da estripe dos Newman: o Newman que decerto concorreu para o levar ao catolicismo integral – ele que fora anticlerical e quase protestante no seu cristianismo liberal e racional. Uma impressão de quase ex-dionisíaco, que fora também capaz, quando moço, de deliciar-se com a vida ao ponto de aceitá-la nos seus aspectos superiormente sensuais; mas que crescentemente se tornou menos dionisíaco que apolíneo. Menos homem do mundo que de espírito. Menos de sociedade elegante – dos convícios a que o obrigou durante anos a função diplomática, sem que tal obrigação, durante todos esses anos, o enfastiasse ou o empolgasse – que de convívios com intelectuais. Intelectuais jornalistas e intelectuais acadêmicos. E ele, sempre sem procurar se impor, a figura de destaque. Um desses retratos em companhia – já Embaixador – do filho Maurício, e apanhado na quase tropical Flórida, traz estas palavras do eterno menino de Massangana: "entre os coqueiros da infância".

Sabe-se que ao lado da fotografia paramentado magnificamente de Embaixador, prezou, no fim da vida, seus retratos de Doutor *Honoris Causa* por Universidades dos Estados Unidos. Retratos são de toga do senador do tipo Romano mas de beca acadêmica e solta de mestre. Mestre como que de tipo antes grego do que romano. O que coincide com a sua confissão de ser seu desejo de

Em torno de Joaquim Nabuco

provecto voltar ao Brasil para viver entre jovens, doutrinando-os ou com eles analisando grandes problemas da condição humana.

Pena que tenha sido tão deficiente o retrato que dele se pintou, menino de Massangana e afilhado de Dona Ana Rosa, criado mais como menina do que como menino pela madrinha extremosa no seu afeto mais que materno pelo bonito sinhozinho; filho de uma Paes Barreto fidalguíssima e pernambucaníssima. Um bom retrato de menino de engenho comparado com os de homem feito, quase sempre triunfante, talvez nos esclarecesse – como até certo ponto esclarece o seu retrato de adolescente sonhador e um pouco triste – aspectos da personalidade do futuro autor de *Minha Formação* que permanece um tanto obscuro: a autobiografia de Nabuco não chega a revelá-lo. Há quem diga do menino que é "pai do homem". Um retrato psicológica e artisticamente superior de Nhô Quim de Massangana, talvez nos explicasse uma parte do abolicionista anticlerical e outra parte do convertido ao Catolicismo que aparentemente foram dois contrários em Joaquim Nabuco quando, na realidade, completaram-se. O menino não é só "pai de homem": é também, nas sínteses biográficas, o unificador dos contrários que depois se manifestam no adulto, conforme as circunstâncias que falava Ortega: "eu sou eu e minhas circunstâncias". O menino é talvez mais o seu eu, vindo do ventre da mãe pela ação do sêmen do pai e pela presença nele de antepassados, do que suas circunstâncias.

O que nos leva a mais uma vez valorizar os retratos pelo que indicam ou sugerem das relações entre homens e circunstâncias e entre indivíduos atuais e mortos dos que governam os vivos, como diria Comte. Entre homem e tempo. No caso de Joaquim Nabuco foram várias as circunstâncias que "sobre ele atuaram diversamente desde a adolescência de Quincas, o Belo" até à sua velhice olímpica de Embaixador do Brasil em Washington. Os adultos quase sempre variam. Mas neles permanece uma constante: a do menino. No caso de Nabuco, Nhô Quim de Massangana. O que se reencontrou, já Embaixador e glorioso, nos distantes coqueiros da Flórida. Pena – diga-se outra vez – que seu melhor retrato não

Gilberto Freyre

seja o desde menino germinal: o herói máximo, mas encoberto, de *Minha Formação*.

Uma das contribuições dos retratos para os estudos biográficos de base antropológica, além da hipótese é, permitirem, quando são numerosos com relação a um só indivíduo, que sejam constatadas mudanças de aparência do retratado de acordo com as suas experiências através do tempo. Através de sucessivas circunstâncias. Circunstâncias em certos casos tão diferentes de uma das outras. Esse um ponto em que se deve insistir e que nesta introdução vem sendo e continuará a ser motivo de repetição. Como vem acentuado naquele ensaio sobre biografias, do autor – ensaio aqui já citado: uma introdução a uma possível Sociologia da Biografia – pertence ele, autor, ao número dos que atribuem importância antropológica ou psicológica aos retratos, embora lhe aparecendo – é claro – exagero, o método seguido por aqueles biógrafos, dentre os chamados "intuitos", de dependerem principalmente de impressões colhidas de retratos antigos para suas interpretações de personalidades históricas. Método de que Emil Mudwig informa, no seu em inglês intitulado *Of Life and Love* (N.Y 69), ter seguido em relação a Napoleão: um Napoleão que não conheceu pessoalmente. E é de um escritor que se tornou notável pelas suas qualidades de psicólogo, através de obras de ficção – Somerset Maugham – a advertência, no seu *Summing Up*, que no caso de personagem biografado por novelista, "*his character is expressed, at least in rough, in his appearance*". O que vem a favor da relativa importância dos retratos que fixam aparências, isto é, de físico e de expressão, para a interpretação de personalidades, tal como as influenciaram – acrescente-se de inteiro acordo um profundo conhecedor do assunto, o Professor Garraty, ao escrever, no seu *The Nature of Biography*, que "*photographs and paintings can certainly of some use in interpreting personality*". Admite assim a importância, para a interpretação de uma personalidade cujo biógrafo se sirva, no seu esforço de interpretá-la, de retratos como de outros dados antropológicos e plásticos – ou psicossomáticos, – dos seus característicos e físicos. Inclusive a altura: acrescente-se a Garraty – além da altura, o ser o indivíduo objeto de estudo biográfico, brevilíneo ou longilíneo, introspectivo ou extrovertido. Ou misto.

Nabuco distingue-se como longilíneo. Também como eugênico: esteticamente eugênico, ao contrário do seu insigne contemporâneo, Rui Barbosa. E tanto quanto o também seu contemporâneo, além de comprovinciano, Joaquim Arcoverde, o Cardeal. Dos brasileiros de sua época Joaquim Nabuco parece ter sido o mais notável pelo aspecto virilmente belo do seu físico. Entretanto, são retratos os seus – fotografias na sua quase totalidade – em que não se percebe, da parte do retratado, o afã vaidoso ou orgulhoso – que deve ter sido por ele abafado elegantemente – de oferecer-se à admiração ou ao entusiasmo dos que o completassem em efígie. O Narciso, real ou suposto, que terá sido Joaquim Nabuco, não se apresenta ostensivamente sob esse aspecto nos seus retratos, embora a vários deles não faltem o *aplomb*, o brio, a consciência de quem sabia ser homem além da estirpe socialmente nobre, por natureza superiormente eugênica. E parecesse, como retratado, em vez de orador a pedir a palavra para discursar, observador com alguma coisa de místico silencioso na sua visão do mundo.

Creio poder dizer-se dos vários retratos de Joaquim Nabuco – retratos de fases diferentes de sua vida: vida que o fez experimentar, nos dias de ostracismo, a solidão de Paquetá e, anos depois, o esplendor de cortes europeias, sendo ele Ministro do Brasil – que em todos eles se surpreende o aristocrata nunca endurecido naquele tipo de "conquistador" que Alberdi considerava marcar superioridade em latino-americanos mais europeus sobre os menos europeus. Ou apenas europeus. Ou, na verdade, subeuropeus em face dos em parte extraeuropeus como um Cardeal Arcoverde. Ou como talvez Nabuco, tão mais aristocrata ou "conquistador" que Alberdi.

Talvez se possa sugerir dos retratos de Joaquim Nabuco feitos na Europa, que nos olhos exprimem saudade ou nostalgia, no sentido de ferir-lhe a ausência ou a falta do Brasil. E nos feitos no seu país, que lhes falta à fisionomia alguma coisa de essencial que seria a presença europeia. Isso de acordo com o próprio drama que o autor de *Minha Formação* confessa haver experimentado. Ou visto e sentido com os próprios olhos indagadores e sensuais, além de fotogênicos. E quase sempre com um toque de tristes: nunca de todo eufóricos.

Olhos que nas fotografias de Joaquim Nabuco – nas de idade provecta – não se apresentam nunca de óculos nem de pincenês. Eram perfeitos, ao contrário dos ouvidos de quem acabaria surdo. Olhos que como que permaneciam jovens no homem de sessenta anos que chegou a ser o grande brasileiro de Pernambuco. Olhos que, nos retratos dessa sua fase de vida esplendorosa, contrastam, nas fotografias, com a alvura do cabelo e dos bigodes que nele se tornaram precocemente brancos, sem nunca os ter Nabuco pintado ou enegrecido com loções ou pomadas. Com o tempo, tornaram-se seus cabelos branquíssimos. Cabelos e bigodes de velho coexistiram em Joaquim Nabuco com os olhos de homem nesse particular sempre moço que foi o autor de *Minha Formação*. Olhos que fotógrafo algum conseguiu surpreender envelhecidos ou decrépitos: sempre saudáveis, embora por vezes um pouco tristes. Sempre goetheanamente atentos às sugestões do mundo exterior: às suas cores, às suas formas, aos seus encantos. E como fosse ele um místico dentro de um artista ou de um esteta é provável que, nos seus momentos de maior concentração religiosa, os fechasse, para não se deixar seduzir pelos encantos visuais do exterior. Aliás é próprio do místico fechar os olhos para melhor concentrar-se como introvertido. Ou como quem encontra a melhor luz no mais escuro.

Não estão incluídas nos retratos a que se refere esta introdução aquelas caricaturas quase retratos, de Joaquim Nabuco em revistas ilustradas do País, que, como os de rótulos de cigarros e de cervejas, documentam sua popularidade de homem público ou de agitador. Têm seu interesse mas na verdade quase sempre lhes falta o exagero ou distorção das verdadeiras caricaturas. Volta-se aqui o ponto já referido nesta introdução.

Em torno de Joaquim Nabuco

Outra coleção pode-se sugerir que venha a completar a de retratos de Nabuco: a de caricaturas ou de quase caricaturas. Merecem ser reunidas e ser interpretadas sociologicamente num volume especial, à parte dos retratos propriamente ditos. Analisando-se as legendas, críticas ou apologéticas, que as acompanham como revelações mais da personalidade de Joaquim Nabuco que do seu físico, se surpreenderá a malícia dos seus contemporâneos com relação tanto a um como ao outro. Pois o físico era no abolicionista desassombrado dos que desencorajavam nas críticas de suas ideias e de suas atitudes o próprio ânimo caricatural. Ou a malícia caricaturesca.

Por sua vez, Joaquim Nabuco foi homem a quem faltou – sobretudo na velhice ou no outono da vida – com a verdadeira malícia, o perfeito *sense of humour*. Ou mesmo a mais pura ironia francesa. Não há no seu olhar de retratado tantas vezes, começo de *twinkle* que sugira uma dessas duas malícias supremamente sofisticadas. Sua anglicização e seu afrancesamento não foram a tanto. Nesse particular, os retratos das diferentes fases do adulto parecem guardar alguma coisa da inocência do menino de Massangana. Inocência apenas tocada de leve por uma pequena, verde quase inócua malícia. Nem verdadeiro *humour* nem verdadeira ironia.

Além do que, no Joaquim Nabuco revelado pelos retratos como que se foi juntado a certo desconchavo no trajo de uma elegância à inglesa, do tipo oxoniano, um apuro também inglês – porém londrino – no trajo que parece o ter levado a uma como solenidade quase olímpica não só de porte como de aparência inteira. Solenidade como que incompatível com um *sense of humour* mais solto. O hábito – o de Embaixador, além do de Doutor *Honoris Causa* – foram fazendo dele – o grande convertido à Igreja e à Diplomacia – uma figura mais de prelado que de monge. Prelado cioso de sua importância oficial ou doutoral. O trajo influindo sobre a personalidade. Mas quase sempre acentuado no retratado sua crescente beleza física de homem quanto mais velho mais belo. Do que não lhe parece ter faltado a consciência.

Gilberto Freyre

Ainda há pouco, na interessante revista que é *The American Heritage*, apareceu, em seguida a todo um longo ensaio de Ann C. Van Devanter, intitulado *As they saw themselves* sobre retratos antigos – especialmente autorretratos – de americanos dos Estados Unidos nos séculos XVIII e XIX, um estudo sobre o mesmo assunto, com revelações as mais curiosas *Archives of American Art*. Mais do que o Brasil antigo, os Estados Unidos de outrora tiveram pintores que estão sendo hoje revalorizados pelo que nos retratos que desenharam ou pintaram é de interesse histórico-psicológico ou de interesse histórico-antropológico ou sociológico, por vezes, expressão estética. Expressão estética nem sempre superior como no célebre retrato que de sua mãe deixou Whistler. O retrato, quando psicologicamente apurado, seria por excelência *the analytic mirror*, quer da personalidade do retrato, que do meio e do seu tempo sociais. Pelo que Ann C. Van Devanter concluiu seu ensaio recordando expressivas palavras de Horace Walpole sobre a importância dos retratos: *"I prefer portraits really interesting not only to ladscape paiting put to history...a real potrait, we know, is truth itself; and it calls up so many collateral ideas as to fill na intelligent mindo more than any other species"*.

Biografado como se acha Joaquim Nabuco pela filha ilustre, Carolina, e pelo príncipe dos biógrafos brasileiros de estadistas, que é Luís Viana Filho, nosso conhecimento de sua personalidade, por um lado, e, por outro, do meio e do tempo sociais a que ela reagiu, ora se rebelando, ora se conformando, com as imposições desse meio e desse tempo, muito se reduziria se lhe faltasse, completando o que está nos escritos biográficos, o testemunho dos seus numerosos retratos. A quase totalidade deles pela primeira vez vão aparecer reunidos, por iniciativa da atual direção executiva do Instituto Joaquim Nabuco de Pesquisas Sociais, mais que continuando, ampliando, alargando, ordenando e completando esforço pioneiro, mas inacabado, do escritor Josué Montello, quando diretor da Biblioteca Nacional. Nenhum desses retratos, por si só, será a *truth itself* ou "a verdade mesma", a que se referiu Horace Walpole. Nem se pode dizer da verdade que costuma se revelar, pura e definitiva, através de um só documento ou de uma única evidência; e sim através de várias evidências e até de contradições das quais se possa extrair uma espécie de denominador comum. É o que se consegue fazer em parte, com relação a Joaquim Nabuco através, de retratos em que ele, sem se apresentar sempre rigorosamente o mesmo, é sempre o adulto que se desenvolveu do menino pernambucano – infelizmente tão mal retratado por um subpintor – da casa-grande do Engenho Massangana.

Uma simples especulação: tivesse tido Joaquim Nabuco algum talento para desenho ou a pintura, que espécie de autorretrato nos teria deixado? Realista? Romantizado?

Provavelmente realista com alguma coisa de romântico. Corresponderia esse tipo de autorretrato à sua maneira, de certa altura em diante, mais anglo-saxônica do que afrancesada, de ser brasileiro de elite social e intelectual. Corresponderia ao Joaquim Nabuco que, sob aspecto literário, emerge das páginas de *Minha Formação*, uma autobiografia na qual há um tanto de autorretrato escrito. Autorretrato favorecido pelo autorretratista que, entretanto, não deixa de ser esclarecedor, embora menos que Graça Aranha no seu *Meu Próprio Romance*.

Um autorretrato, como o aqui sugerido, de Joaquim Nabuco, confirmaria um aparente fato: o da sua consciência de ser um belo tipo de brasileiro e de latino. Latino anglo-saxonizado em gestos que não alterariam sua postura ou figura fotográfica ou pictórica. Ele sabia muito bem que entre os brasileiros notáveis, seus contemporâneos, não era um obeso como Oliveira Lima, nem indivíduo excessivamente magro como Lauro Müller, menos ainda cacogênico como Rui Barbosa. Se, porventura, dotado de algum talento pictórico, tivesse se retratado a si mesmo, em branco e preto ou em cores, esse autorretrato pictórico teria sido – acrescente-se – sem violência contra a realidade, o do sóbrio Narciso que emerge elegantemente. Narciso, sem desvario de vaidade, das páginas de *Minha Formação*.

Semelhante, portanto, aí que emerge da grande tela, de retrato de corpo inteiro, revestido da beca de Doutor *Honoris Causa* da Universidade de Columbia, pintado por um mestre Baltazar da Câmara – obra-prima desse pintor – para o edifício nobre do Instituto Joaquim Nabuco de Pesquisas Sociais. O retratado – retrato à base de fotografia apanhada no dia do doutoramento e fornecida ao Instituto pelo advogado José Nabuco – é apresentado em movimento, como se viesse caminhando daquele dia de consagração honrosíssima para o futuro, num como desejo de viver sempre entre os moços, entre os estudantes, entre as sucessivas novas gerações; e entre outros intelectuais, outros brasileiros, outros pernambucanos.

De Joaquim Nabuco já se escreveu, aliás, que foi uma espécie de escultor de sua própria estátua. "Cada gesto dele era um golpe de cinzel na estátua que ia lavrando de si mesmo", disse Artur Bomilcar. Palavras recordadas pelo escritor Gustavo Barroso, que parece ter reconhecido a influência antes favorável que desfavorável, do tempo ou da idade sobre a figura de Nabuco. Não ocorre nos retratos de Nabuco a inflexão da voz, o ritmo do andar, a entonação de tropical ou de latino, alterada pela convivência com anglo-saxões. Alterações que a simples fotografia ou a pura estátua não está apta a captar. Nem sequer sugerir. Nesses particulares, temos que depender de testemunhos dos que o conheceram. Dos que conviveram com ele em mais de uma fase de sua vida como a filha Carolina. Mas Carolina só o conheceu como filha a pai.

Nabuco viveu vida de homem de rua e de salão e não apenas de intelectual de gabinete. Não apenas de homem de família. Foi solteiro até os quarenta anos. Mudou nessas várias fases da vida. Mudou até parecer às vezes outro homem. Até nos dar a ideia de ter sido vários Nabucos e não um só.

Nunca, porém, deixou que sua geração viesse inteiramente por ele. Viveu às vezes contra ela. Ou antecipado a ela. Esse homem aparentemente só suave teve qualquer coisa de individualmente à espanhola.

Em torno de Joaquim Nabuco

Tampouco deixou, desde adolescente, que outro indivíduo vivesse inteiramente por ele: nem mesmo o pai. Ao contrário: ainda estudante, já pretendia influir sobre o velho Nabuco. Fazer o velho Nabuco mudar senão de atitude, de ritmo de ação política: seguir o filho.

Joaquim Nabuco mudou mais de uma vez de atitude e de ritmo de ação. Mudou de atitude para com o pai, a mãe, o Império, a Igreja, a República. Vários Joaquins Nabucos formam, assim, aquele que a morte afinal fez parar, no tempo físico, quando apenas chegara aos sessenta anos.

Já era então uma síntese, das chamadas dramáticas, de experiências diversas e até de atitudes contraditórias. Mas uma síntese repita-se que dramática e não uma personalidade aparentemente à custa de mutilações. Ou de artifícios. Ou de simulações.

Velho, quase todo grande homem se torna menos pessoa viva e inquieta do que começo de estátua sem movimento. Estátua de si mesmo. Estátua quase completa da sua definição de traços do indivíduo já mais imortal, como figura histórica, do que vivo, como homem. Daí os termos estatuários ou esculturais de definição de uma síntese de figura humana que não pode ser obtida em linguagem fotográfica. A linguagem fotográfica flutua mais com o tempo. E mais proustiana qua a de expressão escultural.

Em alguns indivíduos, a velhice gloriosa, ou a como que imortalidade apolínea começa cedo, tornando-os incapazes de se surpreenderem e de surpreenderem os outros. Foi o que sucedeu ao nosso Santos Dumont, tão cedo parado na sua glória magnífica, porém tirânica, que mal lhe permitia mudar de tipo de chapéu ou de tipo de colarinho nas suas próprias fotografias. Ou na sua aparência. O que começou a suceder com Joaquim Nabuco, ocorreu de modo diferente. Apenas se acentuou nele a vocação apolínea fazendo-a dominar quase de todo sobre a dionisíaca, sem destruí-la. É o que seus últimos retratos documentam. É o que indica seu ardor pan-americanista quase de adolescente num homem de quase sessenta.

Foi o que tardou a fazer de Joaquim Nabuco glória parada, introvertida, oficial. Aos cinquenta e já quase velho, ele ainda surpreendia os conterrâneos ou os homens de sua geração com atitudes inesperadas e discutíveis. Não se resignara a parar na glória já conquistada em luta contra um sistema inteiro de economia e de família: o escravocrático. Não parou sob essa glória nem a chamada sombra de louros literários: os de autor de *Um Estadista do Império* e *Minha Formação*, duas autênticas obras-primas da literatura brasileira. Ou na literatura em língua portuguesa.

Arriscou-se a perder quase toda a glória, já pura e certa, para dar expressão, em língua inglesa, ou num português meio anglicizado no ritmo, outrora francês, de frase a novos aspectos de sua personalidade, senão de criador, de renovador. Para dar expansão a novas solicitações de sua personalidade ainda inquieta e ainda e sempre em formação, com elementos dionisíacos inconformados a servirem de simples contraste aos apolíneos. E a se harmonizarem a seu modo na personalidade de um homem de físico sempre belo. Mais do que isso: mais belo – repita-se – no outono que no verão da vida.

Num país ainda hoje célebre por homens de letras e até por alguns homens públicos, feios, pálidos, pequenotes, Joaquim Nabuco foi escandalosamente belo, e mais do que isso, com o tempo, crescentemente belo. Sempre alto e eugênico na aparência. Um contraste quase violento com os Tavares Bastos, os José de Alencar, os Lafayete, os Rui, os Santos Dumont, os Coelho Neto, os Carlos de Laet. Com vários dos bacharéis e dos doutores franzinos e de pincenês do seu tempo. E suas fotografias passaram a proclamar esses contras quase como se acentuassem um escândalo.

Oliveira Lima – outro belo gigante embora, como o segundo Rio Branco, prejudicado pelo excesso de gordura; excesso que as fotografias dos dois não escondem – escreveu Joaquim Nabuco que era realmente "bonito homem". E mais: que "seus olhos tinham a expressão mais atraente", que "seu sorriso era cativante"; que sua voz, tendo, na oratória, "agudos estridentes", na

Em torno de Joaquim Nabuco

conversação "se podia dizer, como Heine escreveu da voz paterna, que ia direta ao coração, sem precisar de penetrar pelo ouvido". Seduções que se juntavam à "cultura de um verdadeiro intelectual", a "maneiras aristocráticas", a "sentimentos de *gentleman*" e a outras "eminentes qualidades para representar brilhantemente seu país". Qualidades, algumas dessas, que as fotografias documentam. Outros foram em Nabuco atributos extrafotográficos e extrapictóricos ou extraestatuários.

Só detratores puros e simples, quando não mesquinhos, viram em Joaquim Nabuco o homem apenas bonito, fidalgo apenas formoso, cuja figura foi, na verdade, o desespero dos caricaturistas políticos obrigados a ridicularizá-las. Desespero pelo pouco que se prestava Nabuco – repita-se – a exageros de caricaturas. Foi o que me disse já velhinho, um dos antigos caricaturistas da revista *O Diabo a Quatro*. Donde, tanto no caso de Nabuco como no de Dom Vital – outra bela figura de brasileiro da era imperial – terem os caricaturistas quase se limitado a apresentá-los um tanto efeminados no trajo ou nos modos. Nabuco, de pulseira, Dom Vidal, de sapatinhos de salto alto – espécie de mulher barbada que, com seu latim afrancesado, fascinasse maçons até fazê-los abjurar da Maçonaria. Nabuco, enfeitado como uma francesa que acabasse de chegar de Londres ou de Paris e fosse incapaz de falar o português, sem acrescentar-lhe elegantemente palavras inglesas ou francesas.

A verdade é que a uns tantos brasileiros da época irritava em Joaquim Nabuco – o "Quincas, o Belo" – a beleza física completada pela robustez, pela saúde, pelo viço que os seus retratos – acentue-se – confirmam. Já havia então entre nós quem fosse sensível ao mito do "amarelinho", quer com seu lado positivo, quer com o negativo, no qual parece exprimir-se o desejo do homem feio, franzino, cacogênico, doente, impaludado, sifilizado, de compensar-se contra o bonito, o são, o vigoroso, o eugênico. O "amarelinho" aparece, em mil e uma estórias, anedotas e fantasias brasileiras como o herói que acaba derrotado pela agilidade ou pela astúcia dos mais belos e fortes gigantes. Joaquim Nabuco que envelheceu espigado, esbelto, longilíneo – para o que talvez concorresse a profunda aversão à manteiga de que fala um dos seus íntimos – e com os olhos, o andar e a voz de moço em contraste com o cabelo e os ouvidos, precocemente de velho – teve contra si o mito, sob vários aspectos válidos, do "amarelinho". Ele foi, porém, menos a negação do que, nesse mito, importa em exaltação do cabelo, do mestiço, do nativo do trópico, do que a superação do mesmo mito pelo que sai pessoa ou sua vida revelou de novas possibilidades brasileiras. O brasileiro do futuro não precisaria de ser franzino para ser inteligente. Nem de ser pequenote no corpo para ser grande na virtude ou no gênio. Nem de ser feio ou pálido para ser sábio. Apenas não precisaria de ser rosado para ser saudável. Estudos científicos sobre o mestiço dos trópicos é que revelam o valor ecológico nos trópicos da pigmentação amarelada ou escura.

Em Joaquim Nabuco – outra ideia de Bomilcar – como que se definiu, por antecipação, um tipo de brasileiro saudavelmente harmonioso nas suas qualidades de corpo e de inteligência. Tipo para qual parece caminhar parte cada dia mais considerável da nossa população. Tipo que vem generalizando entre nós, nas cidades mais adiantadas, com o exercício físico, a vida de praia, a maior higiene do vestuário. Joaquim Nabuco se fez bacharel sem ter sido doentiamente bacharelesco. Cresceu entre livros sem ter se tornado lamentavelmente livresco. *Scholar*, sim. Livresco, não. Erudito mas não bacharelesco nem doutoresco no seu saber.

Romântico fascinado desde a adolescência por grandes causas, como a causa da Polônia, Nabuco nunca se extremou em moço boêmio e erótico que gastasse a saúde bebendo conhaque nas tavernas, improvisando versos nos cafés, esgotando-se em amores fáceis com as cômicas. O que não significa, que desdenhasse do conhaque ao ponto de só beber água do pote ou vinho do Porto. Nem que se não tivesse apaixonado por mulheres bonitas.

Fala-se muito do seu narcisismo e não o negaremos de todo nestes comentários a propósito dos seus retratos. Mas é estranho

Em torno de Joaquim Nabuco

que esse Narciso não se tenha feito retratar na velhice de homem glorioso e não apenas belo por pintor célebre do seu tempo. Nem em Londres nem em Roma. Nem mesmo no Recife dos seus dias, de homem feito quando floresceu na capital de Pernambuco um pintor francês do talento de Bérard. Além do que, num dos seus contatos com a Europa, poderia se ter feito retratar pelo português Columbano ou por mestre italiano.

Retrato de pintor, o que se conhece dele não é de pintor célebre mas obras daquele desconhecido que pintou o menino de Massangana. Encomenda, talvez, da madrinha, sempre tão carinhosa com seu Quinquizinho ou o seu Nhô Quim. Trabalho de pintor medíocre.

Sucederam-se, porém, desde Nabuco jovem, as fotografias. O estudante. O *dandy* da década de setenta. O orador, esplendidamente vigoroso na sua beleza, da campanha da Abolição. O convalescente romântico de doença grave, quando Deputado Geral. O marido exemplar de Dona Evelina. O ministro em Londres. O pai de família fotografado pela filha ainda menina. O Embaixador em Washington. O Doutor *Honoris Causa* de várias universidades. O presidente da Conferência Pan-Americana de 1906. Nabuco de chapéu de coco. Nabuco de cartola. Nabuco de borla e capelo. Nabuco na Flórida, com o filho Maurício, entre palmeiras que lhe recordaram as de Pernambuco.

Vários Nabucos, os fotografados. Nabucos diversos na atitude, na idade, no trajo. Nabuco de cabelo preto. Nabuco grisalho. Nabuco de cabelo todo branco, em contraste – repita-se – com os olhos sempre moços. Todos esses Nabucos – o exterior deles – estão em fotografias. Falta só o jovem imaturo revoltado contra o pai.

O lugar de Joaquim Nabuco é entre os homens de personalidade complexa. Por conseguinte múltiplos e contraditórios. Houve vários Nabucos e não um só. As fotografias não o dizem claramente mas o sugerem.

Houve nele, ainda jovem um anticlerical – um anticlerical sem papas na língua – e, no seu Cristianismo, quase um Protestante à inglesa, que seria sucedido pelo devoto da Igreja, devoto em que se amaciou já na velhice, indo à missa de livro de rezas e rosário na mão. Um abolicionista que chegou, na mocidade, quase ao socialismo e não apenas o conservador que, por amor à Ordem, reconciliou-se com a República sem aderir ao Republicanismo. Um latino fascinado pela Roma clássica e, ao mesmo tempo, um entusiasta da civilização anglo-americana. Um universalista em contraste com o pernambucano cuja pernambucanidade chegaria, se preciso fosse, ao extremo separatismo.

Nenhum desses Nabucos – vários deles, documentados por fotografias – deve ser desprezado para que, contra o que houve nele de múltiplo, de complexo, de vário e até de contraditório, se fixe um aspecto mais recente ou mais macio de sua personalidade, como se tivesse sido o único ou o total. Não houve um Nabuco assim – todo cor-de-rosa e olímpico – senão na sua velhice de surdo um pouco entristecido pela surdez.

O autor de *Minha Formação* não foi exemplo de coerência absoluta, muito menos mecânica, mas de variedade de ideias e de gostos que nele acabaram formando um todo, este sim único, pelo que reuniu de traços e de tendências diversas e até contraditórias. Foi – repita-se – síntese das chamadas dramáticas. O que se pode surpreender através dos seus vários retratos.

Nisso pareceu com seu mestre Renan. Foi uma espécie de Renan ao contrário. Nem em Renan deixou de haver de todo, na velhice de cético, o seminarista devoto de Nossa Senhora nem em Nabuco o homem da Igreja parece ter apagado de todo o revolucionário da mocidade. Do mesmo modo que o pan-americanista não acabou nunca com o pernambucano apegado sensualmente à sua província. Nem o pan-americanista nem o autor de livros escritos em francês e de conferências proferidas em inglês abafaram o telúrico.

Quando viu pela última vez, de volta aos Estados Unidos, as torres do Recife, os coqueiros de Pernambuco, as mangueiras e a

Em torno de Joaquim Nabuco

cuja sombra se afeiçoara, deve ser também recordado seus ímpetos de adolescente e seus exageros de moço, inconformado com injustiças e opressões de toda espécie. E os recordado sem repulsa. Sem repugnância. Sem repudiá-los como a pecados feios e vergonhosos. Sem querer mutilar-se para ser o puro Nabuco da Igreja e do Pan-Americanismo. O que nos seus últimos retratos se destaca pelo aspecto mais acentuadamente apolíneo.

Não foram, na verdade, aqueles exageros de moço, aqueles ímpetos de adolescente, senão aventuras de ideias e de ação, necessárias ao desenvolvimento de menino de Massangana num dos brasileiros mais complexos – talvez o mais complexo – de todos os tempos. São traços – esses exageros, esses ímpetos, esse inconformismo – que, desprezados, nos deixariam incompleta a figura de Nabuco. Daí a necessidade de vermos de um homem da personalidade múltipla de Nabuco o maior número possível de retratos. De fotografias. De flagrantes.

Quase todas as fotografias de um só indivíduo, temos que senti-las através do que essas fotografias, por vezes, sem revelarem, sugerem. Pois há fotografias que só retratam exatamente o retratado, quando completadas pelo testemunho dos que, além de terem conhecido de perto esse retratado, ouviram-lhe a voz, apertaram-lhe a mão e sentiram o calor de sua presença imediata. Uma coisa parece ser certa da iconografia de Joaquim Nabuco: documenta eugenia, pela beleza do físico quanto superior pelo talento e pelo saber anunciados sem escândalo pelos seus olhos. E também pela bondade, pela ternura, pela simpatia humana, também tão do seu olhar.

Há retratos dos quais se diz que só faltam falar. No caso de Nabuco – tão orador quanto escritor e talvez ainda mais mestre da oratória como arte de criador de um estilo literário, rival do de Machado, faz falta, aos que não o ouviram, o registro da sua voz junto com o do seu gesto. Infelizmente, não alcançou ele nem a técnica do retrato cinematográfico, nem a da gravação da voz. Temos que imaginar esse gesto e imaginar essa voz, talvez únicos na história da eloquência, como arte superior – tão rara – no Brasil. Ele a dominou. Foi comunicativo, persuasivo, expressivo como um Dom Juan talvez mais de multidões que de mulheres. Mas sem resvalar na demagogia ou no baixo populismo. Mesmo falando pelo povo e para o povo – especialmente o da sua amada Recife: a cidade que foi como que sua amante coletiva, em vez de individual que, continente e casto, embora sensível a encantos de mulheres bonitas, parece não ter tido, ao menos ostensivamente. Foi fidalgo dos que no Brasil parece que são mais fidalgos quando de Pernambuco, embora de qualquer origem social e até quando moradores de mocambos e gente de ofícios humildes. O fidalgo que houve em Joaquim Nabuco está presente em todos os seus retratos. E estaria até nos que o apresentassem à maneira dos recifenses mais pobres e mais gente do povo do seu tempo. Esse fidalgo foi na mocidade um escravo paradoxalmente nobre, a serviço de uma multidão de escravos. Uma grande voz a serviço de operários quase mudos. Um servo no mais belo sentido da expressão. Um Senhor Servo, como se diria hoje.

Em torno de Joaquim Nabuco

Discursos parlamentares de Joaquim Nabuco[49]

A Câmara dos Deputados se associa às comemorações do primeiro centenário do nascimento de Joaquim Nabuco, publicado, em dois volumes, esta seleção dos seus discursos parlamentares. Do trabalho de seleção encarregou-nos em 1948 o então Presidente Deputado pela Paraíba, Sr. Samuel Duarte, ao acolher a ideia, por nós lançada, de se publicarem, daqueles discursos, os mais característicos da ação parlamentar de Nabuco. Substituído o representante da Paraíba, na presidência da Câmara, pelo igualmente ilustre Sr. Cyrillo Júnior, Deputado por São Paulo, deu o novo Presidente à iniciativa do seu antecessor, inteiro apoio, concordando em que seria esta publicação a melhor maneira de se comemorar a atividade do grande pernambucano como representante de sua velha Província no Parlamento do Império. Como representante de sua Província e como homem público que se antecipou, no Brasil, aos políticos e estadistas do seu tempo, em ideias de reforma social, ainda hoje moças e atuais.

Pois como procuramos pôr em destaque em discurso apresentado à Mesa da Câmara, para ser dado como lido, em 1947, era precisamente este o aspecto da personalidade e da ação de Joaquim Nabuco que incumbia aos deputados de hoje, membros da Casa que ele enobreceu com sua eloquência sóbria e com seu pensamento arrojado, reviver ou reavivar. A verdade é que sob a impressão do Nabuco Embaixador do Brasil em Washington, do Nabuco membro da Academia de Letras, do Nabuco homem da Igreja, do Nabuco autor das páginas magnificamente tranquilas de historiador e de ensaísta que são *Um Estadista do Império* e *Minha Formação*, como que se acinzentara, diante do maior número de brasileiros, o outro Nabuco: o inquieto, o homem

---

49 Discurso parlamentares de Joaquim Nabuco. In: *Prefácios desgarrados*. Rio de Janeiro, Catedra, 1978. v. 1, p. 248-51.

avermelhado pela luta e até pela paixão, o gigante belo, moço, ardente, que se empenhara em combate áspero contra um sistema inteiro de economia ou de sociedade – o escravocrata, o latifundiário, o feudal. Combate de que saíra aos quarentas anos ao mesmo tempo vencedor e vencido. Vencido porque, sacrificada a Monarquia à Abolição, o bravo pernambucano decidira conservar-se fiel à Monarquia. Foi como cessou sua ação de parlamentar. Foi como se interrompeu sua atividade, menos de político que de reformador social, preocupado com os problemas da gente de trabalho, do pequeno lavrador, do descendente de escravo. Preocupado com esses problemas com uma lucidez e uma objetividade que espantam em homem público brasileiro daqueles dias. O próprio problema de raça, ele o considerou, quase sempre, com olhos de sociólogo ou antropologista social moderno: atribuindo mais de uma vez ao meio, ao ambiente, ao fator social, maior importância que ao biológico ou ao étnico. O que fez segundo parece, sob a influência de Charles Comte, hoje considerado por alguns estudiosos do assunto o principal percussor de Franz Boas na indiferenciação estabelecida pelo mestre da Universidade de Columbia, entre raça e cultura; e que foi um dos publicistas franceses mais lidos no Brasil do meado do século XIX. À sua influência sobre alguns dos brasileiros mais adiantados daquela época, talvez se deva juntar a repercussão sobre Nabuco, em particular, das ideias de outro frances inteligentemente voltado para o estudo de problemas de trabalho nos países escravocratas ou mal saídos da escravidão: Max Lyon, autor de *La Question Sociale au Brésil*, ensaio publicado em Paris em 1880. Aí já dizia Lyon "*...la cuestion sociale au Brésil est 1°: elle n'offre pás moins d'intelêt que Le hilisme em Russie, Le socialisme em Angleterre et em Allemagne, Le communisme em France*". E mais: "*Nous avons pose l'esclavage comme La question sociale au Brésil; mais ce n'est qu'avec La liberation dês esclaves que La question sociale commence au Brésil*". Precisamente o ponto que Nabuco soube desenvolver entre nós, como ninguém contra a maioria dos abolicionistas fascinados pela mística de um 13 de maio messiânico: o ponto de que a escravidão era apenas um aspecto da questão social no Brasil. Apenas o começo, para o Brasil, dessa questão complexa e ainda hoje ardente, que o autor d'*O Abolicionismo* viu madrugar entre nós em alguns dos seus aspectos mais modernos.

Em torno de Joaquim Nabuco

Joaquim Nabuco foi, como deputado, homem de estudo sem que, entretanto, sua figura se extremasse, na Câmara, na do intelectual de gabinete, alheio aos problemas concretos do seu país, e familiarizado apenas com as doutrinas e as teorias estrangeiras. Embora no seu primeiro ano de representante de Pernambuco, ocupasse insistentemente a tribuna, seu lugar nunca se confundiu com o dos falastrões. Foi aquele primeiro ano, para Nabuco, um ano de transbordamento, ao qual se seguiria seu verdadeiro ritmo de atividade parlamentar, marcada por discursos sérios, estudados e alguns, ainda hoje, atuais. Se nem sempre a maioria da Câmara lhe ouviu com inteira atenção a palavra incisiva e forte, é que vários dos seus discursos, sem se extremarem em dissertações acadêmicas, afastavam-se tanto do tom picantemente político-partidário, por um lado, como do eruditamente jurídico, por outro, para considerarem problemas brasileiros sob aspectos tidos, então por menos significativos que o político e o jurídico: o aspecto econômico e o aspecto sociológico.

Sua eloquência parlamentar seria, talvez, estimada até hoje ainda mais do que nos seus dias de moço. Homem de estudo que, desde novo, fugiu à improvisação, Joaquim Nabuco, numa câmara como a de hoje, dividiria por certo sua atividade entre intervenções nos debates e o trabalho menos ostensivo, porém igualmente útil, necessário e essencial, na comissão técnica de que fizesse parte.

Em parlamento algum hoje, a oratória domina as atividades, como dominou, no século passado, as do próprio congresso dos Estados Unidos. Nem governa nem reina. Governam cada dia mais, as comissões técnicas. Governam e reinam.

Nos Estados Unidos, escreve-se excelente estudo, *The Legislative Process*; há pouco aparecido, o Professor Harvey Walker: "*Oratory has gone out of fashion*". Isto é: "a oratória passou da moda". E pormenoriza referindo-se aos Clay, aos Webster, aos Calhoun – aos "gigantes da oratória" do antigo Congresso: "No lugar deles encontram-se hoje homens devotados antes à pesquisa (*research*) que à oratória, antes à ciência política que à arte da persuasão, antes à psicologia aplicada que ao exibicionismo".

Na Grã-Bretanha verifica-se o mesmo. A mesma tendência para a substituição do improviso eloquente pelo discurso refletidamente escrito e pausadamente lido. Embora o regimento da Câmara dos Comuns proíba discursos lidos, os discursos lidos se sucedem, para desespero dos voluptuosos das antigas formas de eloquência. Observava há pouco o redator principal de *The Spectator*: "*In the House of Commons today practically every Minister, contrary to all the rules of the House, reads any statement He has to make from a document...*" A crise da oratória, isto é, da arte do improviso eloquente. A Vitória do documento sobre a pura inspiração.

Nabuco não se sentiria diminuído em sua eloquência, por essa crise atual da oratória. Seu gosto mais profundo nunca foi pelos triunfos da palavra fácil, mas pela "pesquisa", pela "ciência política", pela "psicologia aplicada" a que se refere o professor Harvey Walker. Que sirva de exemplo essa obra monumental da pesquisa que é a defesa, por ele elaborada já depois dos cinquenta anos, dos direitos do Brasil na questão da Guiana Inglesa. Ou *Um Estadista do Império*.

Que sirvam de exemplo os próprios discursos parlamentares de Joaquim Nabuco ainda moço – isto é, do Nabuco de trinta e quarenta anos – reunidos agora, por iniciativa da Mesa da Câmara dos Deputados. Se alguns deles surgem hoje, aos nossos olhos, prejudicados pela improvisação, outros nos surpreendem não só pela sua atualidade como pelo seu equilíbrio: consequência do estudo, da reflexão, da meditação que em Joaquim Nabuco sempre se juntaram ao vigor da imaginação e ao próprio poder poético.

Mas são pontos, estes – a maneira por que Nabuco foi parlamentar o exemplo que nos deixou sua ação no parlamento, o tipo de eloquência parlamentar por ele seguido e enobrecido, sem sacrifício da naturalidade de palavra e de gesto – admiravelmente versados pelo Deputado Munhoz da Rocha, na introdução que escreveu para este livro. Com a palavra, pois, o Deputado Munhoz da Rocha.

Quem foi Joaquim Nabuco?[50]

Fui dos que se horrorizaram com a revelação, através de imediato inquérito jornalístico, dos muitos recifenses de hoje que não sabem quem foi Joaquim Nabuco. A que se deve tal monstruosidade? É decerto evidência da extrema caridade que está havendo, entre nós, para com a ignorância sequiosa de enfeitar-se com diplomas sem deixar de ser ignorante.

Para começar, não se compreende que, nas escolas primárias de Pernambuco, as professoras não digam às crianças quem foi Joaquim Nabuco. Mas aí surge a dolorosa pergunta: será que todas as professoras primárias de Pernambuco sabem, elas próprias, quem foi Joaquim Nabuco? Ou algumas dentre elas vêm sendo diplomadas mestras, por caridade: sem saberem quem foi Joaquim Nabuco? Ou Duarte Coelho? Ou Henrique Dias? Ou Vidal de Negreiros? Ou o que foi a Batalhas dos Guararapes? Ou a Revolução de 17?

Porque a tendência, em certos meios brasileiros, vem sendo para diplomarem-se mestras, bacharéis, doutores, por caridade: fechando-se os olhos à sua ignorância. Tendo-se pena dos coitadinhos que querem diplomas sem estudos. Por conseguinte: considerando-se uns tiranos, uns arbitrários, uns desumanos, os professores que exigem dos alunos um mínimo de conhecimento. Um mínimo de honestidade intelectual.

Nada mais justo do que, nas escolas, nos colégios, nas universidades, dar-se aos alunos voz para dialogarem com professores. Mas que esse diálogo não seja nunca o que principie concedendo a tais alunos este absurdo privilégio: o de pleitearem títulos, diplomas, certificados, sem estudo. Sem esforço. Sem querer a vontade de aprender-se. E sim por caridade. Por favor. Por complacência.

---

50 Quem foi Joaquim Nabuco? *Diário de Pernambuco*. Recife, 03 set. 1978.

Gilberto Freyre

A Província, o Estado, a Nação que sistematizasse a prática de tão estúpida espécie de caridade acabaria com médicos incapazes de diagnosticarem doenças, de engenheiros irresponsáveis a construírem falsas pontes ou arremedos perigosos de viadutos, de professores desconhecedores do mínimo de matéria que fingem ensinar. Seria a prática de uma caridade de todo suicida.

Professores que não orientam os alunos por não conhecerem senão pela rama a matéria que ensinam, sabemos que existem. Por que sua incapacidade? Exatamente por terem aprendido tal matéria no tempo justo. Essa matéria pode ser Pernambuco: sua história, sua geografia, sua arte, sua literatura. E dentro de Pernambuco, Joaquim Nabuco.

O Instituto Nabuco está empenhado em atrair para o seu arquivo de papéis fotos, relíquias do seu patrono – grande parte já ordenada pela admirável Ana Isabel – e para o museu que reúne alguns dos valores mais característicos da vida de tão insignes brasileiros estudantes, escolares, pesquisadores, o público em geral. A esse empenho é preciso que corresponda esse público. E particularmente o professorado em geral: o primário, o secundário, o universitário. Não só os de Pernambuco: os do Brasil.

Aliás, não se compreende que já não se verifique a fluência de professores acompanhados de alunos ao arquivo e ao museu do Instituto que guardam preciosidades sobre Nabuco. Isso por iniciativa deles. Por dever de própria missão. Por um justo desejo de aperfeiçoarem seu conhecimento de assunto tão aliciante.

Nesse ponto é que se volta a perguntar: quantos os professores no Pernambuco de hoje, que sentem desejo de aperfeiçoamento de seu saber com relação a Nabuco? Ou de modo geral, os estudantes que sentem desejo com relação à matéria em que pretendem obter diplomas? Existem decerto. Mas talvez seja maior o número dos que apenas pretendem diplomas de caridade.

Patrulheirismo anti-Nabuco[51]

Continua a haver um patrulheirismo, no Brasil, contra valores vivos. Denunciou-o de modo incisivo o admirável Nelson Rodrigues.

Agora, porém, dá mostras de não se contentar em investir contra vivos, através de silêncios traiçoeiros. Ignobilmente traições. Investe também contra imortais não por serem de Academias mas por terem se tornado clássicos.

O caso de Joaquim Nabuco, tornado competidor de Osvaldo Cruz num jogo entre evidências desiguais, com relação qual o valor mais alto para a cultura brasileira. Para o Brasil como nação.

Ninguém nega a importância, na sua especialidade técnica ou científica, de Osvaldo Cruz. Mas Nabuco é muito mais expressão de cultura brasileira, digna de consagração pela Casa da Moeda do que Osvaldo Cruz ou do que seria Rondon ou Pereira Passos. Nabuco é outra dimensão. Valor singularmente plural. Múltiplo. Magnificamente plural ou múltiplo.

Sua condição de ter sido, em sua época de atuação na política brasileira, mais que um homem público de exemplar atuação, um reformador social, dá à sua figura uma vibrante atualidade. Na verdade, vibrantíssima.

Foi Joaquim Nabuco não apenas um abolicionista, mas um transabolicionista. Um preocupado com o destino do ex-escravo e do descendente de escravo. Para ele já existia, no fim do Império, uma questão social inexistente para os Rui Barbosas, para os Benjamins Constant, para os Deodoros. Para bispos e para sacerdotes Católicos. Mas, para ele, pungente, viva, absorvente.

---

51 Patrulheirismo anti-Nabuco. *Jornal do Commercio*. Recife, 09 jan. 1983.

É o que consta dos mais notáveis discurso jamais pronunciados no Parlamento brasileiro: os seus, quando representante de Pernambuco. Vê-se que a Joaquim Nabuco, não bastava um festivo Treze de Maio para resolver o problema da escravidão. É o que ele versa nesses discursos não retoricamente mas através de uma já Sociologia da Política pioneiramente brasileira. Perceptivamente brasileira. Objetivamente brasileira.

Que outra figura brasileira desse porte, senão, sob certos aspectos, José Bonifácio? Evidentemente nenhuma que, em qualquer tempo, se aproximou da figura de Nabuco em abrangência de visão e de ação magnificamente social. Absolutamente nenhum.

Qual, na época, o grupo intelectual brasileiro mais aparentemente tocado pela "questão social" no Brasil, de todo ignorada pelos Rui Barbosas? O grupo Positivista. O grupo do ilustres discípulos brasileiros de Auguste Comte. Algumas boas figuras de idealistas ingênuos e não poucos apenas medíocres. Simplesmente medíocres.

Que fez esse grupo a favor da integração de ex-escravo e do descendente de escravo na sociedade brasileira dentro do seu abstrato conceito de "integração do operário da sociedade moderna?" Que se saiba, nada de positivo. Nada de criativo. Nada que fosse uma aplicação do transabolicionismo de Joaquim Nabuco.

A verdade é que Joaquim Nabuco não foi, para o Brasil da sua época, apenas um moderno. E sim um pós-moderno. Sobretudo com relação a situações sociais. Impressionantemente de antecipação ao Trabalhismo britânico mais lúcido. Ao trabalhismo que viria a ter o seu intérprete idôneo em Sir Stafford Cripps. Nabuco antecipou-se a ele.

Compreende-se que sub-Marxistas de hoje – agora que a Europa intelectual está a vomitar, enjoada, o próprio Marxismo, quase todo, tão inatual – voltem-se, no Brasil, contra um Nabuco notável por suas antecipações contemporâneas de inteligências modernas pelo que nele foi magnificamente pós-moderno.

Em torno de Joaquim Nabuco

Joaquim Nabuco, um homem público ainda sem sucessor[52]

Nunca é demais insistir-se no fato de que em Joaquim Nabuco, ao abolicionista acrescentou-se um transabolicionista da mais alta visão social. Um transabolicionista empenhado na valorização do ex-escravo e do seu descendente imediato, através de sua transformação em operário apto, em técnico capaz, em trabalhador já próximo a tornar-se classe média, dada a dignidade, o apreço, o respeito que fosse dado a esse novo tipo de brasileiro.

Infelizmente, com a proclamação da República, não foi possível a Joaquim Nabuco, monarquista convicto, continuar sua ação de superior homem público: ação importantíssima que teria sido a de um moderno homem público brasileiro de perspectiva revolucionariamente social. Nem no novo regime surgiu outro bacharel em Direito extrabacharelesco que continuasse a atividade, mais que salutar, de um Joaquim Nabuco, tão enfático em intitular-se "reformador social" em vez de político apenas convencional.

Dos militares Positivistas tão atuantes nos começos da República de 89, também, alguns deles, extrabacharelescos – daí alguns recusarem acrescentar a seus nomes, títulos acadêmicos – nenhum foi de modo efetivo, continuador de Nabuco. Nenhum. Euclides da Cunha poderia ter sido esse tal outro Nabuco, como homem público, se outra fosse, no seu total, sua personalidade criativa, e outra a duração de sua vida tragicamente interrompida.

A República de 89 não produziu um genuíno continuador de Nabuco. A grande figura dessa República, de político-intelectual, foi o decerto brilhante mas, em sua visão objetiva de problemas brasileiros, lamentavelmente limitado: Rui Barbosa. O super, o

---

52 Joaquim Nabuco, um homem público ainda sem sucessor. *Folha de São Paulo*. São Paulo, 11 jan. 1983.

altíssimo, o perfeitíssimo, o puríssimo bacharel em Direito Rui Barbosa. Aquele que, entretanto, só descobriu haver questão social no Brasil já no crepúsculo dos seus dias de grande servidor, a seu brilhante modo, de sua gente. Servidor de sua gente, de maneira brilhantíssima, digníssima, eloquentíssima. Porém deficiente em objetividade. De onde o seu próprio civilismo ter-se desvairado em excesso retórico de juridicismo aliado a um modo restrito de ser homem público.

Gloriosa figura, sem dúvida, a de Rui Barbosa. Luminoso talento. Alto saber, no qual ao minucioso conhecedor dos clássicos em língua portuguesa, juntava-se o domínio, como que completo, das letras jurídicas.

Lembre-se, entretanto, este depoimento, a seu respeito, de um dos seus maiores entusiastas: o meu mestre e amigo Oliveira Lima. O qual, em face de algumas das atividades mais culminantes de Rui, após o fulgor de campeão do Civilismo, não hesitou em me confiar esta reflexão honestamente crítica: teria sido um péssimo presidente da República.

É uma realidade histórica ter o Brasil surgido como Pátria ou Nação através de uma pré-Pátria ou pré-Nação e essa pré-Pátria ou pré-Nação ter surgido de um pré-Exército. E esse pré-Exército – amplie-se a tese de ilustre historiador militar Lyra Tavares – como que pré-constituído por jovens pré-brasileiros de três diferentes origens culturais e étnicas: as que estão à base de uma sociedade e de uma cultura caracteristicamente brasileiras. Nacionalmente brasileiras. Um tipo de povo de sociedade por essa convergência, na sua base social, de três etnias e, com elas – o que é mais importante – de três culturas em que surgiu de modo dramático com as vitórias desses jovens brasileiros sobre o invasor pré-nórdico nas decisivas batalhas do como que pré-Montes Guararapes.

Pode-se dizer – este o ponto a acentuar-se – que continua a faltar ao Brasil um sucessor, entre homens públicos ou políticos, de Joaquim Nabuco: sucessor desse ânimo e na perspectiva social de sua ação de político ou de homem público. Qual o homem

Em torno de Joaquim Nabuco

especificamente público de hoje, em nosso País, que se destaque por esse ânimo e por essa perspectiva, com o explendor com que se destacou um ainda jovem Joaquim Nabuco, reavivando, atualizando, projetando sobre o futuro, no conceito de "Pátria" ou de "Nação", sua abrangência social, além do seu sentido estatal?

Claro que o Brasil é, como Nação, Estado. E como Estado, sucessão de governos. Mas sem que ao Estado ou a governos sucessivos se limite o que seja ou deva ser abrangente e criativamente nacional. Aí é que parece estar uma deficiência grave na atual maneira de o Brasil estar tendo, a seu serviço, políticos em substituição a tecnocratas. Tecnocratas que primam por estatais. Políticos civis que não se estão afirmando suficientemente, além de nacionais, sociais, nas suas perspectivas e nos seus ânimos. De onde ser oportuna a atitude do presidente João Figueiredo, anunciando como desígnio, a partir de agora, do governo que orienta, uma preocupação nacionalmente – em vez de estatalmente – social.

Compreende-se que, contra o que houve de grandeza como que épica na figura de Joaquim Nabuco haja, atualmente, num Brasil de aberturas de várias espécies – inclusive um livre aparecimento de ineptos a se enfeitarem de críticos sociais – uma tentativa de diminuir-se, negar-se, deformar-se essa, para tais subcríticos, figura incômoda. Não chegaram portuguesotes dessa espécie, em Portugal, de tais brasilerotes ou modernizotes, a querer negar a grandeza de Camões?

Joaquim Nabuco, no Hotel Saint Petesburg, onde se instalou para trabalhar na questão da Guiana Inglesa. Nice, França, 1904.

Em torno de Joaquim Nabuco

O esquecido abolicionista[53]

Aprendi com mestre insigne, Sir Alfred Zimmern, de Oxford – ao seguir seu curso sobre a "Comunidade Grega", na Universidade de Columbia – que o escravo foi, na civilização desenvolvida por essa comunidade magnífica, válido e valioso como elemento criativo. Nunca simples animal de trabalho. Foi até mestre de senhores.

O que viria a concorrer para que procurasse destacar, no livro *Casa-Grande & Senzala*, do escravo afronegro, ter sido, na comunidade ou na sua civilização patriarcal brasileira, um quase exato equivalente daquela figura clássica. Houve no Brasil escravos mestres de senhores. Escravos que, desde o amanhecer brasileiro como sociedade e como cultura, atuaram desse modo criativo sobre essa cultura.

Inclusive, dentro do complexo sociocultural que permitiu ao escravo, através de um relacionamento patriarcal de servo e senhor por vezes flexível, concorrer para a estabilidade de valores agrários desdobrados em repercussões internacionais do Brasil: as palavras inglesas "mascavo", "marmelade", "picknniny", que o digam. "Picknniny" significando carinhosamente pequenino e como que a indicar certa ternura brasileira pelo negrinho ou pretinho nascido escravo. Isso sem nos esquecermos da economia brasileiramente pastoril nem da maneira, na mineira tendo se destacado o afronegro no conhecimento de ferro. Aplicável ao ouro. Conhecimento superior aos dos portugueses.

A verdade é que sem o afronegro não teria havido a economia tropical que permitiu ao Brasil afirmar-se, através da produção do mascavo e de doces como a marmelada. Produção que revolucionou,

---

53 O esquecido abolicionista. *Folha de São Paulo*. São Paulo, 27 set. 1983.

desde o século XVI, não só uma alimentação civilizada, até então carente de açúcar, como o próprio paladar na civilizada Europa, ignorante daqueles sabores surpreendentemente novos que são os tropicais. E ignorante também de que fosse possível um tipo de regime escravo de trabalho em que, da parte dos senhores, houvesse não só ternuras para com mucama e mães negras porém para com pequeninos filhos de escravos. E como oportunidades dadas a tais escravos de exprimirem aptidões e talentos.

Não se diz que houvesse cruelmente no trabalho escravo sobre o qual se confirmou uma economia patriarcalmente tropical no Brasil colônia, prolongada pela da época independentemente nacional. Contra essa crueldade bradaram grandes vozes. Inclusive a de Joaquim Nabuco. Um Nabuco por vezes esquecido quanto ao seu modo de ter sido abolicionista.

É desse Nabuco um livro que não deve ser ignorado por sociólogos, historiadores, economistas brasileiros, tal a lucidez do seu trato de aspectos sociais da economia agrária brasileira. O livro intitulado *O Abolicionismo*.

Um livro, esse, em que se esboça a superior visão transabolicionista do abolicionista não só bravo como mais lúcido que qualquer outro. O abolicionista Joaquim Nabuco bateu-se magnificamente pela extinção do regime escravo de trabalho no Brasil. Mas iria além: foi transabolicionista. O transabolicionista Nabuco quis que se preparasse o futuro ex-escravo para cidadão brasileiro. Esforço a que infelizmente faltaram continuadores.

O que pretendia o transabolicionista Joaquim Nabuco? Reconhecendo o valor da presença negra na economia agrária do Brasil patriarcal, preparar o brasileiro ex-escravo e descendente de afronegro, para nova atividade econômica: a do artesão, a do operário livre, a do técnico, a de cidadão, a de brasileiro verdadeiramente livre e plenamente brasileiro. A do por ele chamado "artista".

Ao lado de José Bonifácio, foi Nabuco o mais importante pensador social do Brasil a favor não só da valorização do afronegro

Em torno de Joaquim Nabuco

como da economia brasileira pelo aproveitamento desse afronegro num novo tipo de economia.

É inegável a dívida do Brasil para com o escravo agrário negro ou descendente de negro, não só na sua economia como no total de sua cultura. Para não ter vingado o transabolicionismo de Joaquim Nabuco a favor da adaptação do ex-escravo a uma plena integração não só num novo tipo de economia como num novo tipo de sociedade e de cultura brasileiras: a economia, a sociedade, a cultura pós-patriarcais. Adaptação que, sem demora, viesse a dar ao treze de Maio de 88 o alcance, a extensão, a profundidade, que lhe quis dar, desde então, a superior visão de estadista que foi o Menino de Massangana tornado adulto. O Nabuco que escreveu *O Abolicionismo*.

Rótulo de cigarro. Cigarros Nabuco.

Novas edições de Nabuco[54]

A nova edição de discursos parlamentares de Joaquim Nabuco aviva este aspecto do seu pioneirismo: o de ser constante pensador social. Pensador social talvez superior, pelo sentido que hoje se denominaria ecológico desse seu pensamento, ao, na mesma época, mais famoso, nesse particular, Tobias Barreto. O filósofo Tobias Barreto. O insigne Tobias Barreto da brilhante "Escola do Recife".

É que Tobias Barreto parece ter sido, por vezes, prejudicado no seu entusiasmado germanismo, por um excesso de abstração como que corrigido em Joaquim Nabuco pela influência, sobre ele, de tendências a objetividade, de seus mestres britânicos, ao lado dos franceses.

Recorde-se, a esse propósito, ter sido Tobias Barreto, quando no auge do seu dinâmico e valoroso germanismo em Filosofia e em Jurisprudência, retificado por futuro discípulo de Joaquim Nabuco. Artur Orlando: outro que a Câmara dos Deputados teve, também, por algum tempo, entre seus membros mais brilhantes. Ao próprio Tobias, o futuro discípulo de Nabuco – depois de ter seguido a famosa Escola do Recife observou que, no seu entusiasmo por inovações germânicas em Filosofia e em Direito, estava a acontecer na Europa de então: a emergência da literatura social russa de Tolstoi e de Dostoievski.

Com a nova edição dos discursos parlamentares de Joaquim Nabuco, novas gerações brasileiras vão tomar conhecimento de um homem público que, tendo sido também escritor literário, foi pensador social. E sob esses aspectos, uma das maiores figuras do Brasil de todos os tempos. Uma atividade parlamentar, a sua, que, para João Ribeiro, sempre sábio, sempre lúcido, sempre discriminador, deveria ser considerado não apenas política, como megapolítica.

---

54 Novas edições de Nabuco. *Folha de São Paulo*. São Paulo, 18 out. 1983.

Gilberto Freyre

Essa a amplitude de Joaquim Nabuco como parlamentar constante, ativo, militante: a de metapolítico, pensador social quase sempre tão esquecido, como tal por historiadores do pensamento brasileiro. Setor em que parece se impor uma reavaliação idônea da presença de Nabuco na história intelectual do seu e nosso País.

É preciso que seus discursos, não só no parlamento do Império, como fora desse recinto ilustre – na própria praça pública – sejam lidos, dando-se maior atenção ao que, neles, foi expressão de um pensador social como que, em linguagem de hoje, poderia ser considerado ecológico. Ecológico por terem sido ideias, as suas, de intelectual em vez de abstrato ou teórico ou subeuropeu, sempre atento a realidades, circunstâncias, situações, peculiaridades brasileiras. Peculiaridades que soube associar a aspectos específicos da formação histórica da sociedade brasileira.

O aparecimento de nova edição, pela Câmara dos Deputados, dos discursos aí proferidos, nas décadas de setenta e oitenta, pelo então representante de Pernambuco, merece a atenção das novas gerações brasileiras. Eles revelam um parlamentar que, tendo se feito notar por um novo tipo de eloquência, também se afirmou, através dessa eloquência, homem público de novas perspectivas. Essas perspectivas, abrangentemente sociais.

De onde surpreender, nesse pensador social, a superação do bacharelismo jurídico, tão da época de sua atuação parlamentar, por perspectivas abrangentemente sociais. Nesse particular, verificou-se uma das suas diferenças do seu insigne conterrâneo Rui Barbosa, com Nabuco mal parecendo ter se formado convencionalmente em Direito por faculdades brasileiras, nas idas de sua formação famosas pelas ênfases dadas ao que não fosse especificamente jurídico. Não que não tiveram, por vezes, mestres primorosos. Mas deixando de pôr em contato seus estudantes com perspectivas sociais do próprio Direito.

Nesse particular, Joaquim Nabuco, sempre tocado por influências anglo-saxônicas, ao lado das francesas – o entusiasta de Renan – surgiu e afirmou-se, na vida pública brasileira, mais como autodidata do que como discípulo de qualquer dos juristas seus mestres no Recife e em São Paulo.

Meus caros entusiastas de Nabuco[55]

Inteligente cronista acaba de observar que, na longa introdução que escrevi para nova edição dos discursos parlamentares de Joaquim Nabuco – edição da Câmara dos Deputados – lembro de ter ele chegado a ser, como um por vezes dionisíaco, subversivo. Subversivo pela veemência de suas críticas a poderes ou líderes então dominantes.

O que Nabuco é, nesse discurso, é o que já defini como um magnífico conservador-revolucionário ou revolucionário-conservador. Uma contradição a que deu todo o fascínio de uma contradição persuasiva. De um paradoxo convincente.

Creio desses discursos parlamentares admiráveis, pelo seu novo tipo de eloquência parlamentar – um tipo como que britânico em confronto com a retórica farfalhante de certos oradores latinos ou ibéricos – pode-se dizer que neles se exprimem num também paradoxal misto os rompantes dionisíacos. Vários os rompantes dionisíacos. Mas sem lhes faltarem contrapesos apolíneos.

Misto característico do próprio modo de Nabuco, nesses discursos, é revelar-se ele pensador social que o, nesse particular, mais famoso – tal o seu renome de filósofo – Tobias Barreto. Um Tobias – decerto insigne – que renovou o pensamento e o Direito brasileiros, pondo-os em contato com grandes inovações germânicas. Mas tendendo à abstração no trato de assuntos especificamente brasileiros.

Enquanto Nabuco foi analista, intérprete, pensador de realidades do seu e nosso País, em face de problemas brasileiros, pisando solo brasileiro, considerou concretas situações, sendo existencial e não abstrato.

---

55 Meus caros entusiastas de Nabuco. *Diário de Pernambuco*. Recife, 23 out. 1983.

Daí seu modo paradoxal de ser federalista sendo, ao mesmo tempo, monárquico. Foi veementemente federalista. E como federalista, descentralista. Provincialista, até. Sua argumentação, nesse importante particular, continua válida.

A Joaquim Nabuco, federalista, repugnaria a superburocracia, a supertecnocracia, o supereconomicismo, o absorvente poder total que Brasília representa hoje, com prejuízo de expressões de energias descentralizadas e de espontaneidades criativas, hoje sufocadas no Brasil. Estados sufocados. Municípios sufocados. Sindicatos operários sufocados. E um economista, ditatorial, exercendo arbitrariamente um quero, posso e mando, à revelia do que é apenas oficialmente, no nosso País, uma República Federativa.

Discursos parlamentares de Nabuco[56]

O presidente Flávio Marcílio entendeu de dar ao lançamento de nova edição, pela Câmara dos Deputados, dos discursos parlamentares de Joaquim Nabuco, realce, segundo ele, merecido por tão importante expressão literária de virtudes, além de políticas, superiormente humanísticas. Foi como Joaquim Nabuco desempenhou o mandato de deputado por Pernambuco: dando a esse desempenho, através de novo tipo de eloquência parlamentar, nova perspectiva como que metapolítica de situações brasileiras e de projeções sobre futuros possíveis.

Quando o sábio João Ribeiro antecipou-se em comentar o livro intitulado *Casa-Grande & Senzala*, insinuando do autor, então desconhecido no Brasil, e como que para generosamente identificá-lo, que sua juventude intelectual fazia pensar em Joaquim Nabuco, muito impressionou o próprio jovem, assim distinguido. E que o fez atentar, no seu modo de ser estreante, um pendor por inspirações anglo-saxônicas presentes, antes dele, no talvez brasileiro mais consagrado, até hoje, como misto de homem público e de intelectual.

Curioso que uma possível semelhança de inspirações anglo-saxônicas, em brasileiros de diferentes gerações, tenha vindo a ser observada pelo perceptivo Getúlio Vargas, na sua última fase de chefe, dessa vez, constitucional, da nação brasileira. Isso, ao lembrar-se de brasileiro recentemente desligado de breve atividade política, a que o levara iniciativa de estudantes, para missão, segundo Vargas, tão apolítica como a de Nabuco, ao aceitar, do governo republicano, sendo ele por convicção, fiel à Monarquia, missão, que, devendo ser exercida no exterior, não importara em compromisso algum com a República mas tão somente com a nação brasileira.

---

56 Discursos parlamentares de Nabuco. *Folha de São Paulo*. São Paulo, 25 out. 1983.

Foi como o autor de *Casa-Grande & Senzala* se viu surpreendentemente convocado para missão brasileira, exatamente na Grã-Bretanha: a missão de Embaixador em Londres. Atentava-se no entusiasmo do convocado, pelo trabalhismo que identificara no autor de *Um Estadista no Império*. Ao que se juntava o fato de serem sabidas as relações cordiais que prendiam o convocado ao então grande líder do trabalhismo britânico, Sir Stafford Cripps. Pois a missão seria a de aproximar, menos o Brasil desse trabalhismo, que a desenvolver, entre nós, um trabalhismo que, atualizando o de Nabuco dos seus dias de deputado, pudesse adaptar, a condições brasileiras, ideias magnificamente renovadoras de Sir Stafford, de quem o escritor brasileiro, tendo lhe dedicado um seu livro, recebera carta significativamente simpática a começo de uma amizade, à base de coincidências de pensar social.

A derrota do laborismo por conservadores ocorreu, entretanto, em sentido contrário a esse projeto. O convocado para missão tão específica, logo declarou não aceitar substituição de entendimento já havido, e aliás já comunicado ao então embaixador do Reino Unido no Brasil. Embaixador em Londres só aceitaria para aquela especialíssima missão.

Recorde-se o episódio como tendo se verificado em virtude de afinidades entre dois brasileiros de Pernambuco, de gerações e talentos diferentes, no tocante à metapolítica da lúcida caracterização de João Ribeiro. Afinidade que talvez explique ter sido o autor do referido livro *Casa-Grande & Senzala*, quando deputado, autor, em 1949, ano do centenário de nascimento de Joaquim Nabuco, do projeto de lei que criou, com o nome de Nabuco, pioneiro Instituto Brasileiro de Pesquisas Sociais. Foi também como comemoração desse centenário que a então Câmara dos Deputados resolveu que se publicasse seleção dos discursos do autor de *Minha Formação*, pela mesma Câmara. Teve então o já autor de *Casa-Grande & Senzala* a honra de ser designado, pelo então primeiro secretário da ilustre Casa do Congresso e ilustre representante do Paraná e brilhante historiador, Munhoz da Rocha, para proceder a essa seleção a ser publicada em livro, que seria prefaciado por ele com introdução de Munhoz da Rocha.

Em torno de Joaquim Nabuco

Essa primeira edição dos discursos parlamentares de Joaquim Nabuco reavivou, em não poucos brasileiros, a admiração pala palavra, ora apolínea, ora dionisíaca, de Joaquim Nabuco. Esgotada, há anos, a edição comemorativa, pela Câmara dos Deputados, do centenário do nascimento de Joaquim Nabuco, resolveu o presidente da mesma Câmara, Nelson Marchezan, que se fizesse nova edição. Novamente tive a honra de ser convocado para ser o coordenador dessa nova homenagem ao grande brasileiro de Pernambuco.

A Legação Brasileira em Londres, março de 1901. Vendo-se da esquerda para a direita: Graça Aranha, Sylvino Gurgel do Amaral, Joaquim Nabuco, Domício da Gama e Oliveira Lima.

Em torno de Joaquim Nabuco

Joaquim Nabuco reconsiderado[57]

Manuel Bandeira, o grande poeta, o maior, o mais criativo, o mais brasileiro dos poetas brasileiros, esqueceu-se do Teatro Santa Isabel, ao evocar Recife, em poema célebre. Ele não queria falar do Recife erudito, é certo. Nem da chamada e eruditissíma Escola do Recife. Nem Tobias Barreto e do seu alemanismo, também super-erudito.

Mas tinha obrigação de falar de uma das maiores alianças amorosas entre o Recife e o Teatro Santa Isabel: a de Joaquim Nabuco como defensor do brasileiro de origem afronegra. A do menino de Massangana que, de menino de Massangana, tornou-se homem feito, mais discursando, com a melhor das eloquências no Teatro Santa Isabel que em praça ou rua do Recife. Ou no Parlamento do Império, através de pronunciamentos memoráveis.

Foi aluno da Faculdade de Direito do Recife como da de São Paulo. Pouco aprendeu de ciência jurídica em quaisquer das duas ilustres faculdades. Sua grande Escola foi esse Teatro. Foi uma escola das que os pedagogos consagram como sendo de *learn by doing*: de "aprender-se fazendo".

No Teatro Santa Isabel, Joaquim Nabuco aprendeu a ser abolicionista, a lutar pela liberdade do negro, pelos direitos do brasileiro nascido negro, lembrando-se dos negros, das negras, dos malungos que cercaram sua infância, que o abrasileiraram, que disputaram com a boa Madrinha, Dona Ana Rosa, o amor por ele, o carinho por ele, sua iniciação no massapê de Pernambuco. Seus primeiros pés tão salpicados de barro telúrico, talvez contra a vontade da Madrinha, como os dos escravos da sua idade. É de supor-se o paradoxo dele, sinhozinho, ter invejado, nos negrinhos malungos, sua maior liberdade de se besuntarem desse barro, de se sujarem de terra, de se tornarem amigos íntimos do gado do engenho.

---

57 Joaquim Nabuco reconsiderado. *Diário de Pernambuco*. Recife, 3 fev. 1985.

A Madrinha não deixou que ele aprendesse a montar a cavalo. Foi bom para que se sentisse mais igual aos meninos de pura origem africana. Aos pés de Joaquim Nabuco nunca esporas de prata os separaram dos pés dos outros meninos de sua idade: os nascidos escravos. Mas foi com eles que se identificou. Com eles, e através dos seus pés de menino, a pisar massapê. A pernambucanizar-se pisando massapê, do pegajento, do viscoso, do destro em agarrar-se a pés de meninos para se fazerem lembrar por futuros adultos. Um massapê, o que agarrou-se aos pés de Joaquim Nabuco, em Massangana, lavado, esfregado, perfumado todas as noites com sabão inglês por mão escrava, antes de ir, cada noite, para sua casa de sinhozinho. Mas que o fez confraternizar-se, através dos pés – repita-se – com os escravos de sua idade.

Ao discursar no Teatro Santa Isabel, a favor dos escravos, ele falou de escravos que conheceu meninos iguais a ele. Tão iguais a ele que, acentue-se a sugestão, ele talvez os tenha invejado, por lhes faltarem os controles que o prendiam a Dona Ana Rosa. Mas a verdade é que cedo ele descobriu haver escravos que fugiam para a casa-grande de Massangana porque senhores maus os tratavam de maneiras as mais cruéis.

Encontra-se em casa particular de Apipucos, subúrbio do Recife em área outrora de um dos mais antigos engenhos dos estabelecidos no Brasil no século XVI, a cadeira feita especialmente para ser o trono de onde, já viúva ilustre, Dona Ana Rosa, senhora de vastas nádegas matriarcais comandava o domínio que, pelo gosto dela seria do afilhado querido. Não foi. O Senador Nabuco, pai de Joaquim reclamando a posse do filho, levou-o para o Rio. Sabe-se que o menino nunca tolerou a manteiga sofisticada do Rio. Saudade, no paladar, da manteiga feita em casa em Massangana. Outras saudades devem ter tornado difícil sua adaptação à vida convencionalmente burguesa da capital do Império. Cercado só de elegante gente branca. Gente de uma pronúncia da língua portuguesa que não era a que seus ouvidos tinham se habituado em Pernambuco e que pode-se sugerir ter em parte lhe voltado à memória quando defensor dos escravos no belo Teatro do Recife.

Em torno de Joaquim Nabuco

Uma pronúncia de português adoçado pela boca de escravo, pela boca do negro, por uma boca que o menino de Massangana tanto se acostumou a ouvir que nunca se desprendeu desses sons. Umas palavras sobre essas saudades de Joaquim Nabuco ao despernambucanizar-se para acariocar-se. O assunto fica oportuno de ser destacado por já haver uma Sociologia da Saudade, de magistral antropólogo do Museu Nacional, Roberto da Mata, com quem literalote obscuro, mas afoito, anda a querer intrigar-me em revista de Paris, ou trota de algum brilho, hoje decadente. Curioso pretender-se intrigar-me com Roberto da Mata e com Darcy Ribeiro – tão solidários com minha orientação antropológica no essencial – e procurar-se apresentar-me como – imagine-se só! – *integraliste* e como arianista empenhado em esforço grotescamente *blachissant*, isto é, no sentido de acabar no Brasil com vestígios de raça e de cultura afronegras. O que, segundo o mistificador, explicaria o que considera o fracasso atual de minha antropologia. Isso quando se anuncia o reconhecimento de seu valor em meios, por algum tempo fechados ao modo dessa antropologia ser, ou vir sendo, revolução antropológica: nos seus próximos aparecimentos em edição polonesa e em edição russo-soviética. Fracassos intelectuais, são os da Paris de hoje, a despeito de um Presidente da República ser escritor ilustre. Não se vê sucessor do extraordinário Roland Barthes. Nem de Malraux. Felizmente continua vivo e atuante o grande Fernand Braudel.

Mas voltando a uma Sociologia da Saudade como criação de antropólogo do Museu Nacional dentre os mais solidários com o autor de *Casa-Grande & Senzala*: Roberto da Mata. Onde, senão nesse livro, inspirou-se Da Mata, como se inspiraram Gilberto Velho e Raul Lody, seus companheiros no quadro admirável de antropólogos criativos do Museu Nacional? Onde, senão no referido *Casa-Grande & Senzala*? São antropólogos aos quais a Fundação Joaquim Nabuco vem juntando os seus, de igual competência e de igual honestidade intelectual, acima de ideologismo sectário. Um deles, o admirável Roberto Motta.

Gilberto Freyre

E por que uma Sociologia da Saudade? Porque a saudade pode ser sociologicamente criativa. O próprio Joaquim Nabuco foi o que revelou no capítulo "Massangana" do seu *Minha Formação*. Mas a culminância dessa criatividade magnífica viria em obra-prima da literatura francesa de nossa época, antes de seu declínio atual, a saber, a evocação de passados sociais franceses ainda recentes pelo genial Marcel Proust; literatura por ser poesia da mais profunda. Mas também sociologia ou antropologia de espécie que tem sido notavelmente produzida, menos por arrevesados no seu linguajar, cientistas sociais, que por poetas do tipo que George Sorel classificou de poetas sociais.

O tipo de que Joaquim Nabuco foi exemplo magnífico, quer escrevendo o que escreveu, quer falando o que falou no Teatro Santa Isabel. Vários através de saudades de surpresas antropológicas guardadas em passados humanos e reveladas por analistas desses passados que à ciência, ao saber, ao estudo têm juntado intuições poéticas do tipo que não faltou aos discursos imortais de Joaquim Nabuco, para sempre ligados ao seu abolicionismo.

O recifense vibrou ao ouvi-los. O escravismo tremeu ao saber de quem eram eles. Eram o futuro Treze de Maio. Mas eram mais que o futuro Treze de Maio. Joaquim Nabuco nunca confiou no puro, teatral, retórico. Treze de Maio para a solução do grande problema da integração do ex-escravo na sociedade livre do Brasil.

Não o ouviram, porém. Veio a República de 89 e Joaquim Nabuco não quis aderir aos triunfadores. E triunfante a República, não houve, durante anos, quem lhe continuasse a revolucionária a obra inacabada. Ninguém. Nem a Igreja separada do Estado nem o novo poder econômico. Positivismo Comtiano nem os como que sobreviventes da chamada e germanófila Escola do Recife.

Até que o centenário de seu nascimento inspirou a recifense, então membro do Parlamento brasileiro, não pela vontade do Partido, mas por iniciativa de estudantes universitários, a ideia de fundar o Governo Federal um Instituto de Ciências Sociais, no qual se prolongasse a atuação transabolicionista de Joaquim Nabuco.

Em torno de Joaquim Nabuco

Joaquim Nabuco e suas circunstâncias[58]

A caracterização de um homem público como parlamentar, dentre os mais representativos de um país, por essa forma de atuação política, precisa basear-se num conjunto de componentes não só entre si, como em relação a espaços e tempos – para tornar-se, além de específica, quanto possível, total. Pois o modo de um homem público fazer-se notar, especificamente, como parlamentar, implica a síntese, pode-se dizer que dramática, de todo esse conjunto de ânimos pessoais e fatores extrapessoais: desde os que definem sua personalidade, sua constituição em termos biotipológicos, seu temperamento em relação com sua formação de menino e adulto, aos que o relacionamento a uma região, a um ambiente ecológico, a um passado maternalmente histórico e, é claro, às influências, pelo próprio indivíduo socializado em pessoa, consideradas importantes nessa formação: as por ele próprio classificadas como "cosmopolitas", por exemplo, ao lado das especificamente recebidas por ele, de pai, de mãe, irmãos, de antecedentes e demais gentes mais íntimas, assim como de ecologias também íntimas.

No caso de Joaquim Nabuco, o puro – puro e valioso – fato de ter ele em parte se autobiografado, num livro que é um dos mais belos clássicos da literatura em língua portuguesa, responde a algumas das indagações a esse respeito. Mas só a algumas. Nabuco não se revela de todo nesse livro. Deixou à filha admirável e ao também admirável Luís Viana Filho a tarefa de completarem-lhe as sugestões autobiográficas. Tarefa cumprida magnificamente.

Para o prefaciador da edição lançada em 1963, pela então nova Universidade de Brasília, de *Minha Formação* – iniciativa do professor Darcy Ribeiro – incluída, por essa Universidade e

---

58 Joaquim Nabuco e suas circunstâncias. *Diário de Pernambucano*. Recife, 5 abr. 1987.

311

sob a orientação de tão brilhante intelectual, entre as dez obras essenciais ao conhecimento e à biografia de Joaquim Nabuco poderia dizer-se exceder, não só a quantas autobiografias, mas também a quantas análises ou interpretações da formação brasileira vinham sendo produzidas por esta rara combinação: de "importância sociológica", "interesse humano" e "graça literária". Além do que, não lhe faltava sopro épico. Não menos épico do que *Os Sertões*, de Euclydes da Cunha, era o Pernambucano e, por extensão, o Brasil canavieiro, das evocações, além de autobiográficas, históricas, e das caracterizações, por vezes, parassociológicas; de Joaquim Nabuco: "épico, esse Brasil canavieiro, por sua nem sempre melíflua formação patriarcal". Com "sinhás, mães de família, iaiazinhas, mucamas", nem sempre "gente de vida e tempo todo fácil e rotineiro". Vivendo, muitas delas, dias terríveis dentro de casas-grandes, em que a resistência a invasores e a doenças – doenças de meninos, sobretudo – foi esforço duro, quase martírio, nordestinas, ao lado das tradições de homens notavelmente bravos das batalhas de Guararapes contra o invasor holandês, de quem Nabuco menino terá recebido estímulo para o que seria sua combatividade de homem público. Inclusive de parlamentar.

Felizmente, existe a respeito de Joaquim Nabuco uma sistemática apresentação iconográfica – publicação da Fundação Joaquim Nabuco – através da qual podem ser comprovadas, confrontando-se retratos ou fotografias, sucessivas fases do desenvolvimento e de expressão ou afirmação – inclusive a de sua personalidade, a de parlamentar – e considerando-se alterações em sua pessoa em na sua aparência física, em que se refletiam reações da personalidade e circunstâncias diversas.

O reparo, já clássico de Ortega Y Gasset, de ser o homem um eu completado por circunstâncias não pode ser esquecido em qualquer abordagem que se empreenda da vida de um homem, cuja personalidade tenha sofrido – como sofreu a de Nabuco – impactos de circunstâncias diferentes: desde grandes triunfos a profundos fracassos. O caso de Joaquim Nabuco, desde menino de casa-grande de engenho patriarcal de Pernambuco, onde

Em torno de Joaquim Nabuco

cresceu tão mimado pela Madrinha, Dona Ana Rosa, que chegou aos oito anos sem lhe ter sido permitido montar a cavalo. Mimado, portanto, como se fosse antes menina do que menino.

Mimado pela Madrinha – mais importante, no início da formação de Joaquim Nabuco, que a mãe, ancestral e fidalgamente Paes Barreto, embora também pernambucana senhoril – por mucamas e por pajens afronegros e – acentue-se – vendo, não só aspectos positivos ou suscetíveis de ser assim considerados, da escravidão, tal como se manifestou no Brasil – exemplo: o bom relacionamento da Madrinha de Joaquim Nabuco com escravos – como negativos: os constituídos pelas relações de senhores, alguns vizinhos de terra de escravos de Dona Ana Rosa, de todo diferentes das dominantes na casa-grande e na senzala da infância do futuro parlamentar abolicionista. Maus tratos predominantes, não em Massangana. Inclusive o episódio recordado pelo próprio Joaquim Nabuco do jovem escravo fugido que ele viu lançar-se a seus pés e da Madrinha, pedindo-lhes que o amparassem, já que não podia continuar a sofrer o que vinha sofrendo. Episódio que, tendo marcado a sensibilidade de Joaquim Nabuco, menino de engenho, é evidente ter vindo a assinalar a emoção característica do orador parlamentar nos discursos mais veementes.

Joaquim Nabuco e o Diretório Acadêmico XI de Agosto, da Faculdade de Direito de São Paulo, 1906. Da esquerda para a direita, sentados: Fernando Lara Palmeiro, César Lacerda de Vergueiro, Joaquim Nabuco, Heitor de Moraes, João Quartim Barbosa; em pé, na primeira fila: René Thiollier, Epaminondas Chermont, A. Flores Júnior, Lino Moreira, Tito Lívio Brasil, Nereu O. Ramos, Adolfo Konder; e no alto: Victor Konder, Firmo Lacerda de Vergueiro e Eduardo Vergueiro de Lorena. Foto de Valério Vieira, São Paulo.

Em torno de Joaquim Nabuco

Ainda sobre Nabuco e suas circunstâncias[59]

Ao denunciar a espécie de trabalho em que o escravo brasileiro vinha vivendo no Império, como vivera no Brasil colonial, Joaquim Nabuco revelou-se menos intelectualista, a primar pela pura racionalidade, do que um também emotivo e intuitivo. O que vira com os próprios olhos e ouvira com os próprios ouvidos de criança, de crueldades de maus senhores para com escravos – havia ou houve os bons – a influir sobre seus pronunciamentos a respeito do assunto. Daí o valor excepcionalíssimo de *Minha Formação* como livro em que análises e sínteses translucidamente objetivas se junta – como em certas páginas célebres e clássicas de Tolstoi: outro que, sendo homem de casa-grande, voltou-se, como se voltaria Joaquim Nabuco, para servos de seu País, aos quais se assemelham escravos brasileiros de senzalas patriarcais – uma emoção menos puro historiador, dos convencionais, que de evocador empático do que, em experiências pessoais, foram acontecimentos socialmente significativos como expressão de uma época de transição em termos mundiais. Mas termos mundiais com não pequenos reflexos sobre um Império, como o Brasil de Pedro II, no qual nasceu e cresceu Joaquim Nabuco, sob vários aspectos, ao mesmo tempo que não europeu , subeuropeu. Com o próprio Imperador, por vezes, desviado de uma perspectiva brasileira da população e do País sob seu relativo domínio pelo fato de, livrescamente, eruditamente, quase poderia vir a dizer-se, em alguns casos, surrealisticamente, comporta-se quase como um subeuropeu. Perspectiva da qual Joaquim Nabuco seria, como parlamentar, dos que procuraram atender a não europeísmos importantes nas situações brasileiras: os criados pelo impacto afronegro sob essas situações. Ao intelectual, nesses pronunciamentos, tanto no

---

59 Ainda sobre Nabuco e suas circunstâncias. *Diário de Pernambuco*. Recife, 12 abr. 1987.

315

notável livro que é *O Abolicionismo* como em discursos de deputados por Pernambuco na Câmara, juntou-se num também um tanto subeuropeu Joaquim Nabuco, homem público, um pendor racionalizante no qual se repetia a influência, sobre ele, da Inglaterra: de seus pensadores, de seus escritores e, pode-se adiantar, de seus próprios líderes religiosos ou, religiosamente cristã, humanísticos. Anglicanos e Protestantes evangélicos. O que espanta a quem, lendo tais discursos, lembra-se de estar diante de críticas quase de Protestante ao Catolicismo Romano, proferidas por um futuro campeão magnífico desse Catolicismo: o Joaquim Nabuco ortodoxo e não, em dias posteriores, quase por vezes, luteranizado em seus pendores para competir com ateus em lógica, racionalidade, racionalismo, tais suas críticas à Igreja Romana.

Aspectos, os aqui recordados, daquela como que, por vezes, nos seus excessos, um tanto grotesca cientificização, não só de religiões como da política que, tendo atingido, em Joaquim Nabuco, o ainda jovem deputado geral por Pernambuco, seria por ele superada ao esplendor de seu outono intelectual e viria a caracterizar, ele já morto, desorientações ou confusões naquela Igreja – A Católica Romana – de que se tornara adepto à maneira intelectualmente mística de um Newman. Um inglês de gênio e transracional a reaproximar Joaquim Nabuco de crenças de ingleses quase de todo extremamente racionalistas: os que teriam influenciado o pensamento, quer religioso, quer social, principalmente, político, e como político, convencionalmente liberal, do parlamentar: do veemente, seu liberalismo e em seu racionalismo à inglesa. Joaquim Nabuco, esse seu liberalismo e esse seu racionalismo, tendo feito dele, em seus dias de deputado geral – acentue-se em atitudes para com a Igreja Católica, um quase Protestante, também à inglesa. Um quase Anglicano, cujo chefe religioso fosse o monarca britânico. Curioso poder dizer-se quase o mesmo do intelectual brasileiro que, desdobrado em homem público – Rui Barbosa – foi outro que comunicou ao Brasil Católico da época de seu maior vigor de ação e de influência, ao mesmo tempo que política, intelectual, uma como que perspectiva protestantemente cristã, à inglesa, de assuntos religiosos ligados a comportamentos nacionais. A erudita introdução de Rui Barbosa à tradução, em língua portuguesa, de *O Papa e o Concílio* bem o demonstra. Pode-se alegar que a época dessas suas atitudes foi a de uma reação, dentro da própria Igreja Católica Romana, ao chamado Catolicismo ultramontano e, segundo os Protestantes de língua inglesa, anticristámente "papista". A verdade é que, nessa reação, podem ser encontrados vários pontos de contato com atitudes rasgadamente Protestantes ou não-Católicas, valorizadas, na época, pelo fato de o grande prestígio político e econômico britânico encontrar-se ligado a um Protestantismo, também britânico – o de uma Igreja Anglicana – de atitudes para com assuntos públicos em termos nacionais que, em vários pontos, coincidem, mais que os Católicos Romanos, com perspectivas liberais. Aquelas que constituíram orientações, indiretamente influentes, sobre Joaquim Nabuco, tanto quanto sobre Rui Barbosa, quanto ainda homens jovens ou nos começos de meia-idade.

Delegados à III Conferência Pan-americana, realizada no Rio de Janeiro, de 21 de julho a 26 de agosto de 1906. Escadaria central do Palácio Monroe, vendo-se Joaquim Nabuco, presidente do conclave, no primeiro plano. Foto de Marc Ferrez – Assinaturas dos delegados.

Razão e emoção em Joaquim Nabuco I[60]

No seu já clássico *Ideology and Utopia* (New York, 1936), o sociólogo Karl Mannheim empreendeu análise em profundidade da chamada "política científica", destacando ter a tendência de cientificização da política emergido como expressão de um pensamento burguês, liberal, democrático. O inglês Burke teria sido, como pensador político, precursor dessa cientificização ou racionalização da política. Mas – observa o sociólogo alemão – com a pan-racionalização envolvida em tal tentativa, vendo-se forçada a parar diante de uns tantos fenômenos como que irracionais. Resíduos irracionais impelindo-a, até a afastamentos de normas predominantemente racionais. Mas ocorrendo percepções da parte de alguns liberais, de estar ao alcance de o poder parlamentar superar a resistência de tais resíduos a essa predominância. Contrapondo, ao fortalecer-se esse poder – o parlamentar racionalizante – na política europeia, surgiu a crença de não poucos democratas liberais de vir a afirmar-se a possibilidade de, por meio dos parlamentos, atingirem-se menos a plena racionalização da política que considerações racionalizadas de soluções políticas. Perspectiva que se pode sugerir ter atingindo um Joaquim Nabuco racionalizante, por vezes decisivo sobre o emotivo ou intuitivo.

Em discursos – brilhantes discursos – de Joaquim Nabuco na Câmara dos Deputados, da qual se pode sugerir ter sido, na época de sua constante atuação, a figura máxima de político – intelectual – é evidente o pendor racionalizante, britanicamente racionalizante. Mas é de supor que não fosse nele, absolutamente, o total, atitude racionalista, em política, embora tão protestantemente radical em suas críticas à Igreja Católica Romana então dominante no Brasil.

---

60 Razão e emoção em Joaquim Nabuco – I. *Diário de Pernambuco*. Recife, 19 abr. 1987.

Note-se que, para Mannheim, num diagnóstico para tempos atuais – para ele, os iniciados na década de 30 – os intelectuais cientificistas podem não admitir resíduos nacionais. Mas esses resíduos estariam presentes nos próprios modos de pensar racionalmente políticos.

Talvez possam ser detectados tais resíduos em racionalizações políticas de Joaquim Nabuco, presentes em seus notáveis discursos parlamentares. Em alguns deles, a emoção como que de artista literário que os anima é tal, que compromete o vigor das afirmativas com intenções racionais. O que nos aproxima do problema mais focalizado Mannheim: o de extremos de racionalismo e de irracionalismo parecerem tender conciliações tais, que dessa aproximação emergiria paradoxalmente uma espécie de racionalidade dialética.

Recorde-se de Joaquim Nabuco ter racionalisticamente se aproximado das situações parassocialistas apresentadas por Henry George. Não das do Marxismo. E não tardaria a definir-se – após sua atuação como deputado geral – monárquico, ao mesmo tempo que federalista. Não tardaria a definir-se pela Monarquia, ao ser proclamada, no Brasil, a República de 89.

Em *Minha Formação*, Nabuco diria de a Abolição, no Brasil, ter, mais do que os fatos de que foi contemporâneo, lhe prendido o interesse. É também que a expulsão do Imperador o abalara profundamente. Mas sublinhando não terem sido interesse ou abalo especificamente político e sim humano.

Refere-se a emoções de tribuno – as parlamentares – e, por vezes, a emoções de popularidade, como não tendo ido além do que chama o "linear". Pois nunca renunciara "a imaginação, a curiosidade, ao diletantismo". Sua ambição fora toda, em política – escreveria retrospectivamente Nabuco em *Minha Formação* – puramente intelectual, "como a do orador, do poeta, do escritor, do reformador". Nunca – note-se a preocupação de Joaquim Nabuco nessas distinções evidentemente mais do que semânticas – a do político. E vai ao ponto de dizer: "politicamente, receio ter nascido cosmopolita".

Em torno de Joaquim Nabuco

Isto é: confessa-se politicamente mais subeuropeu que brasileiro. No que talvez tenha incorrido em exagero e, também, em contradição. Por um critério racional, talvez sim. Pois aqui cabe opor a esse seu cosmopolitismo, em política, o feitio pernambucano que, no seu trato de assuntos parlamentares, marcou sua presença na Câmara dos Deputados. Uma presença que nunca deixou de ser, ao lado da de um brasileiro anglicizado em várias de suas perspectivas gerais – ou suscetíveis de constituir parte de uma visão "cosmopolita" de assuntos sociais e culturais, além de políticos – uma visão provincialmente brasileira: a pernambucana. No caso de uma visão provincialmente brasileira de feitio pernambucano, a essa visão não seria de todo estranha a pernambucanidade. Ou provinciana sem sentido de importar em repúdio a contato do que fosse além de provincial, provinciano, com que fosse "cosmopolita" ou "universalista". Combinação que, em imediações da época de Joaquim Nabuco, deputado geral, caracterizou comportamentos de vários brasileiros, como ele, da província de Pernambuco. Exemplos: Abreu e Lima com seus significativos contatos, na América Espanhola, com um Bolívar transnacional. Dom Vital, Bispo de Olinda, por meio de atitudes que, tendo sido muito e brasileiro provincianamente de Pernambuco, foram também de ultramontano e, portanto, de Católico ostensivamente cosmopolita, no sentido da ortodoxia de "Roma" importar em supranacionalismo. O aspecto quase cosmopolita, através de um precoce pan-americanismo, não faltará, aliás, aos revolucionários provincianamente pernambucanos de 1871, ao buscarem solidariedades de Jefferson e, ao que parece, de outros líderes políticos dos Estados Unidos. Atitudes "cosmopolitas" "inesperáveis" de convicções e ligações Maçônicas da parte de não poucos provincianos de Pernambuco, de épocas imediatamente anteriores a de atuação de Joaquim Nabuco como deputado geral.

Joaquim Nabuco com as vestes doutorais da Universidade de Columbia, à época da realização da III Conferência Pan-americana. Foto de L. Musso.

Razão e emoção em Joaquim Nabuco II[61]

Da Câmara do Império pode-se dizer que seus componentes exprimiram formas e feitos regionais ou – como diria Joaquim Nabuco – provinciais, vindas de gentes social economicamente dominantes, diversas no modo de ser brasileiras. O feitio baiano, um. O rio-grandense-do-sul, outro. O fluminense, ainda outro. Ainda outro, o paulista. E o pernambucano, inconfundivelmente diferente de todos esses.

O conforto entre discursos de Joaquim Nabuco, pode acusar o seu "cosmopolitismo" impregnado de europeísmo, particularmente de anglicismo, sem lhe ter faltado algum francesismo. Mas acusa também a pernambucanidade de sua origem, de sua formação, de sua tradição, de seu modo específico de ser brasileiro. Um modo desassombrado diferente do desassombro mais espetacular do gaúcho. Um desassombro contrastante, por muito incisivo, com a tendência baiana, mesmo em debates, para um trato como que docemente macio de assuntos públicos ou políticos por mais ásperos. Doçura, por vezes, impregnada de sabedoria política da melhor.

A certa altura, em *Minha Formação*, o autor assinala em suas atitudes "atavismo" e, embora com certa vaidade, define-o como aristocrático – esquecendo, um tanto injustamente, os Nabucos baianos, talvez de sangue sefardim ou judaico: "o meu avô materno, que se transportou para Pernambuco e fundou o Morgado do Cabo, João Paes Barreto, era de Viana..." E dando a esse "atavismo" um toque telúrico, especifica... "sinto cada dia mais forte o arrocho do berço: cada vez sou mais servo da gleba brasileira, por essa lei singular do coração que prende o homem à pátria com tanto mais força quanto mais infeliz ela é e quanto maiores são os ricos e incertezas que ele mesmo corre".

---

61 Razão e emoção em Joaquim Nabuco – II. *Diário de Pernambuco*. Recife, 26 abr. 1987.

Note-se a associação que fixa entre berço ou terra natal e destino de um homem público. Não lhe escapa o aspecto ético dessa ligação: o de, vindo a ser infeliz esse berço, tanto maior deve tornar-se a dedicação à sua defesa e à sua promoção, ou parte do homem público porventura triunfante.

Terá sido para Joaquim Nabuco uma vantagem ter nascido em Pernambuco e, como brasileiro de Pernambuco, descendente direto de morgado ou de nobre, dentre os mais nobres, de uma Província notável por sua gente fidalga? E também filho de um José Tomás Nabuco, baiano, por sua vez, já conhecido por um belo tirocínio parlamentar? Tudo indica que sim. Confirmaria ele a teoria, desenvolvida por certos estudiosos, de serem válidos, para triunfos aparentemente só individuais, antecedentes dessa espécie. Mas lembre-se de outros Paes Barreto, como Joaquim Nabuco, descendentes do Morgado do século XVI, não terem sido, como homens públicos, pernambucanos, senão inconfundíveis medíocres. Um deles, o Marquês do Recife. De onde ser preciso reconhecer nesse singular Paes Barreto que foi Joaquim Nabuco expressão de personalidade individualmente superior e individualmente criativa, no principal do que foi e do que realizou. No principal sem se desprezarem fatores de antecedentes favoráveis ao que viria a ser o seu triunfo magnífico em vários setores. Inclusive na atuação de parlamentar.

Continuando o próprio Joaquim Nabuco suas reflexões sobre "coração" e "inteligência", chegou à generalização: "o sentimento em nós é brasileiro: a imaginação, europeia". Em vários brasileiros, é certo. Nele, e em poucos outros, de modo específico.

Mas, nesse ponto, seria preciso que se definisse o que, para ele, era "imaginação européia". Imaginação racional? Sentimento – o brasileiro – pascalianamente transracional: o coração mais sábio que a razão?

Problema sociopsicológico que se aborda, nesse comentário a Joaquim Nabuco parlamentar, para procurar dar-se aos seus discursos na Câmara uma interpretação do que neles possa, por vezes, parecer contraditório. Contradição, por exemplo, entre o pendor racionalizante e a emoção que dá toques dramáticos a arroubos sentimentais do tribuno. Voltarei ao assunto em outro artigo.

Em torno de Joaquim Nabuco

Joaquim Nabuco e sua pernambucanidade[62]

É de *Minha Formação* o trecho em que, registrando impressões de sessão da Assembleia Nacional francesa, destaca Joaquim Nabuco o que lhe pareceu um empate ou duelo entre "a elegância" e "a eloquência". E comenta que, espectador, o interesse por debates parlamentares se dividia em seu espírito sobretudo por, diz ele, "direções contrárias". Entre elas, certamente, "eloquência", em confronto com a "elegância". O como que aprendiz, na Europa, de oratória parlamentar, à europeia, a confrontar as duas: a racionalmente intelectual e a, por vezes, irracionalmente emotiva. A primeira, na época, talvez a mais ortodoxamente europeia: menos, é evidente, mas nem sempre de todo racional Europa ibérica. A de Castela.

Desde a Academia – isto é, dos estudos de Direito – observa Joaquim Nabuco que a literatura e a política alternavam uma com a outra, em seu interesse, ocupando – pormenoriza – sua curiosidade e governando suas ambições. E assinala estar em seu período literário quando, em 1879, entra para a Câmara. Um período literário a que não faltaram influências estrangeiras sobre Joaquim Nabuco. Uma delas, a grande influência de Renan. A do Renan que, racionalizante, deixou de ser Católico e tornou-se um mestre de elegante expressão literária. Mas, sobre o futuro parlamentar, influiria fortemente na formação europeia – através de impactos europeizantes – de Joaquim Nabuco uma Inglaterra que lhe pareceu, antes de tudo, o governo da Câmara dos Comuns, embora admitindo que, maior que esse governo parlamentar, era, na Grã-Bretanha, a autoridade dos juízes. Influências inglesas que o levaram a uma tão nítida opção pela Monarquia. Opção atuante sobre o parlamentar nunca seduzido pela sereia republicana.

---

62 Joaquim Nabuco e sua pernambucanidade. *Diário de Pernambuco*. Recife, 31 mai. 1987.

Gilberto Freyre

Importante essa confissão de Joaquim Nabuco ao ver-se eleito para a Câmara dos Deputados que lhe era preciso, não mais o que chama "diletantismo", mas "a paixão humana, o interesse vivo, palpitante, absorvente no destino e na condição alheia, na sorte dos infelizes". Mais: "ajudar o País para nobre empreendimento". Nenhuma causa política pareceu-lhe então causar-lhe o entusiasmo que sentia necessitar. Tal entusiasmo só podia vir da causa da emancipação e, "por felicidade" – palavras suas – "trazia da infância e da adolescência o interesse, a compaixão, o sentimento pelo escravo..." E é expressivo o modo por que salienta a alegria de apoio recifense às suas primeiras palavras de deputado, após certo desapreço pelo candidato. Sentiu estabelecer-se uma afinidade com o Recife que, para ele, nunca mais se interromperia. Uma afinidade – comente-se – que se exprimiria em sua maneira parlamentar de conciliar elegância intelectual com eloquência: ao deixar-se tocar por emoção, não se desgarrava em desvario demagógico.

Feitio, maneira, estilo pernambucano ou recifense de expressão parlamentar que em Joaquim Nabuco pode-se dizer ter culminado com a sua voz, a sua palavra, o seu próprio festo, dando a um misto de estilização apolínea e dionisíaca o máximo de fulgor artístico. Nada de diletante: um toque, por vezes, de paixão de engajado numa causa: a causa abolicionista. Mas nunca ausente, nem do engajado nem do apaixonado, aquele apolíneo pendor racionalizante, tão do intelectual e, até, do pensador político, dentro do parlamentar.

Valiosa esta arguta e humilde autocrítica: a de, ao recordar-se, já afastado da atividade política, ter da atividade política, ter sido, pela Câmara e pelas galerias, tão aplaudido por sua eloquência de deputado: enquanto "os que vieram antes de mim se retraíam quando eu me expandia: em muitos era a saciedade, o enjoo que começava; em alguns, a troca da aspiração mais utilitários; em outros, porém, era a consciência que chegava à madureza, o amor à perfeição..." E mais: "desses discursos sem exceção que figuram em meu nome nos *Anais* de 1879 a 1880, eu não quisera saber nada senão a nota íntima, pessoal, a parte de mim mesmo que

Em torno de Joaquim Nabuco

se encontra em alguns. Não assim como os que proferi na Câmara na semana de maio de 1888, nem com os que, do Recife em 1880-1885, pronunciados no Teatro Santa Isabel. Esses são o melhor da minha vida".

Rótulo de cerveja. Abolicionista.

Mais sobre Nabuco e sua pernambucanidade[63]

Lançada a sugestão de ter Joaquim Nabuco correspondido a um estilo ou a uma forma menos personalística que recifense de expressão parlamentar no Império, terá efetivamente havido essa forma, e terá sido ela atuante sobre o estilo de combatividade de Joaquim Nabuco como deputado geral, ou essa sua combatividade terá sido de todo criação ou inovação ou estilização do próprio Joaquim Nabuco? Joaquim Nabuco teria dado, como parlamentar, uma expressão culminantemente intelectual e culturalmente artística a uma pernambucanidade de que teria sido criatura? Ou essa suposta criatura terá concorrido reciprocamente para seu tipo de parlamentar, parte de um estilo pernambucano de homem público brasileiro, em atuação parlamentar, ao que parece, acrescentado de sua própria personalidade de "cosmopolita" e de brasileiro de Pernambuco, com estes contrários juntando-se nele a um estilo comum a outros homens públicos de origem e de formação pernambucanas, mesmo quando uns, conservadores quase absolutos – o caso do Regente do Império, Marquês de Olinda, e do ortodoxismo do bispo Dom Vital, por um lado –, e outros, libertários também extremos como Pedro Ivo, Abreu e Lima – este, companheiro, na Venezuela, de Bolívar –, José Mariano, todos com traços de forma de expressão, identificadores de sua comum pernambucanidade, a despeito de tais diferenças e até de tais contradições.

A Pernambuco não tem faltado ânimo político. Nem o prático nem o teórico. Que o digam Frei Caneca, Abreu e Lima e Natividade Saldanha. Mas também Pedro de Araújo Lima, Dom Vital, Camaragibe.

Pena não ter já merecido o assunto um estudo sistemático, de um professor Gláucio Veiga ou de um professor Nelson Saldanha,

---

63 Mais sobre Nabuco e sua pernambucanidade. *Diário de Pernambuco*. Recife, 7 jun. 1987.

ou de um, agora, tão de Brasília, Vamirech Chacon, por exemplo. Isso, dentre conterrâneos de Nabuco atualmente voltados com inteligência e sensibilidade para problemas de Sociologia Política. Seria estudo que considerasse, de tema tão complexo, suas implicações sociológicas em dimensão tríbia: através de interpretações, no tempo, que de histórico passe a trans-histórico, de expressões desse ânimo. De constantes e de contradições: as presentes no que, nesse tempo, vêm sendo, porventura, total. Porventura, uma síntese.

Essas constantes e contradições teriam alcançado expressão máxima num só indivíduo – mas esse indivíduo, múltiplo, plural, complexo – em Joaquim Nabuco: o de *O Abolicionismo*, o de *Minha Formação*, o de *Um Estadista do Império*, o de conferências em língua inglesa em universidades dos Estados Unidos, nas quais não deixa de transparecer o ânimo político do primeiro Embaixador do Brasil. O Nabuco de todos esses vários pronunciamentos políticos e parapolíticos, considerados no conjunto do que neles foi pensamento sociologicamente político ou parapolítico para o Brasil de um novo tipo: socionacional. Atento mais à Sociedade civil, como diriam sociólogos da Política, escrevendo Sociedade com S maiúsculo, que à superestrutura estatal.

Pois no político, quer pensador, quer, por algum tempo, homem de ação, e até de subversão, que foi Joaquim Nabuco, avulta um sociólogo da política em potencial: um político extremamente sensível a sugestões sociais; uma vocação, até, de reformador social transbordante da de simples ou convencional político. Aspectos de homem, quer de ação, quer de pensamento, que marcaram a presença do autor de *O Abolicionismo*, na Câmara dos Deputados do Império.

Em relação com sua Província, Pernambuco, Joaquim Nabuco foi, nesse modo mais-do-que-político de ser político, em parte, produto, em parte, um dos criadores – com uns poucos outros – de uma forma de conceituação e de ação políticas, características de um *ethos* que, dentro de ampla perspectiva sociológica de condutas políticas brasileiras suscetíveis de ser consideradas em

Em torno de Joaquim Nabuco

projeções regionais, talvez possa ser denominada pernambucana. Não maciçamente ou completamente pernambucana, dadas as diferenças de substância que se ajustam a essa pernambucanidade. Mas pernambucana como forma sociológica, dentro do conceito de Simmel: como estilo; como modo de expressão menos particular do que globalmente, constantemente, de ser ou tender a forma. Forma, ajustável a substâncias diversas.

Tal estilo incluiria variantes diversas de forma de pensar e agir com relação a substâncias diversas: o pensar e agir políticos de um Frei Vital, por exemplo, um contraste com o pensar e o agir políticos de um José Mariano; o pensar e o agir políticos de um Abreu e Lima em contraste com os de um contraditório panfletário-conservador do talento de padre Lopes Gama; variantes representadas por modos pernambucanos de conservadores sempre pernambucanamente conservadores: um conservador lúcido como Braz Florentino em contraste com um Barbosa Lima, o Velho, por vezes temperamental; e, notadamente, o reformismo social de caráter objetivo de um Antônio Pedro de Figueiredo – tão exemplarmente reformista no plano social – em comparação com o de um muito mais abstrato que objetivo Martins Júnior; ou o conservadorismo de um Camaragibe em comparação com o do Conde da Boa Vista; o socialismo de um Aprígio Guimarães em confronto com o quase reacionarismo de um Rosa e Silva; e os deste tão líder, em comparação com os modos do não de todo seu discípulo, Artur Orlando. Políticos quase todos, os aqui citados, intelectuais, à sua ação política não tendo faltado, porém, em alguns dos dias mais críticos para Pernambuco, a complementação da ação política pelo saber. Pelo próprio humanismo.

Mausoléu de Joaquim Nabuco no Cemitério de Santo Amaro, Recife. Projeto iniciado em 1911, pelo escultor italiano Giovani Nicolini, sendo encarregado de montá-lo no Brasil, o também escultor italiano Renato Baretta, em novembro de 1914. Foto de Edmond Dansot.

Em torno de Joaquim Nabuco

Regionalismo e nacionalismo de Joaquim Nabuco[64]

Acentue-se a diversidade e, até, a contradição, no tocante a substâncias ou a realidades pernambucanas condicionantes, nos seus homens públicos, de práticas e teorias diversas de caráter político. E da parte desses vários políticos, vários deles, intelectuais, marcas, como inconfundíveis pernambucanos – fossem conservadores ou liberais –, na história sociologicamente política de um Pernambuco, de sua pernambucanidade. Marcas de um Pernambuco do qual nunca é demais repetir, como o insigne historiador e insigne brasileiro de Pernambuco, Oliveira Lima, que tem sido uma história, como Província ou como Estado, inseparável, no que nessa história vem sendo essencial, da do Brasil. Influente, por vezes, sobre a do Brasil.

É claro que o mesmo, ou quase o mesmo, pode ser sugerido de outras histórias ou de culturas regionais brasileiras, consideradas em suas projeções sobre o complexo nacional total, tanto histórico como de cultura. E é preciso admitir, ao lado de uma pernambucanidade característica, inclusive, de comportamentos ou de atuações ou representações parlamentares, uma mineiridade – termo, com sua conotação sociológica, primeiro utilizado, com esse específico sentido, e não apenas jornalisticamente, pelo autor, deste texto, em conferência proferida em Belo Horizonte na década de 40: *Ordem, Liberdade, Mineiridade*. Além de uma mineiridade de mesma projeção política, sobre o Brasil total, de pernambucanidade, deve-se admitir uma baianidade. E também uma projeção caracteristicamente gaúcha, através, especificamente representativas de ânimo politicamente regional gaúcho, como a de Joaquim Nabuco com relação a Pernambuco, de dois salientes opostos como o muito parlamentar Silveira Martins e o quase

---

64 Regionalismo e nacionalismo de Joaquim Nabuco. *Diário de Pernambuco*. Recife, 14 jun. 1987.

antiparlamentar Júlio de Castilhos. De Minas Gerais, lembre-se ter-se feito notar por duas expressões parlamentares como que também contraditórias em sua mineiridade: a do plástico, em sua arte política, como Bernardo Pereira de Vasconcelos, e a de um hirto como o primeiro Afonso Celso, Visconde de Ouro Preto, a quem não teriam faltado bons estudos de sua atuação política no Império: inclusive a atuação parlamentar. Entre esses estudos, o injustamente esquecido *Ouro Preto, O Homem e a Época* (São Paulo, 1949), de Hermes Vieira. Estudo que, aliás, apresenta o intransigente Ouro Preto – responsável, segundo alguns, pela queda da Monarquia – como mineiro de "raízes acentuadamente separatistas como Nabuco". Discutíveis separatistas.

Aspectos do assunto – relação entre "forma sociológica" e "substância" do tipo tão lucidamente destacado por Simmel – que são lembrados para sugerir-se, de Joaquim Nabuco, político militante por algum tempo e pensador político, ou parapolítico, quase sempre – até em suas conferências em língua inglesa nos Estados Unidos –, que, nas sua formas de ser político, ou parapolítico, e, especificamente, parlamentar, teria antes correspondido a um estilo coletivamente ou militantemente pernambucano: o para muitos intérpretes do *ethos* brasileiro e de suas particularidades regionais, caracterizado por notável desassombro, quer de pensar, quer de agir. E que, no seu caso, uma ostensiva estilização individual ou uma brilhante personalização artística teriam acentuado um estilo ou uma forma coletiva, representativa e caracteristicamente pernambucana.

Lembre-se, a esse respeito, que, admitindo, só por hipótese e hipótese remotíssima, uma separação política de Pernambuco do conjunto nacional brasileiro representado pelo Império de Pedro II, Joaquim Nabuco confessou, certa vez, que sua opção – opção dolorosa – seria ficar com Pernambuco: separar-se do Brasil. O que indica quanto era forte, em seu ânimo político, o seu apego à Província; o compromisso com a Província; o espírito pernambucano dentro do brasileiro; a consciência de pertencer, além de politicamente ou civicamente, pernambucanamente, a

Em torno de Joaquim Nabuco

um Brasil – a de sentir-se pernambucano, dada a marca que guardava da experiência nassauviana, alguma coisa que nessa experiência diferenciava Pernambuco do Brasil só lusitanamente político em seu modo de ter sido pré-nação e de ter-se formado Estado-Nação. Recorde-se o nome que Joaquim Nabuco deu ao primeiro filho: Maurício. Maurício em homenagem a Maurício de Nassau.

Nenhuma – em Joaquim Nabuco – da chamada nostalgia holandesa. Nenhuma preferência por um Brasil que, em vez de colonizado por portugueses, tivesse sido colonizado por holandeses. E sim, no ânimo político do brasileiro de Pernambuco, a admiração por um Nassau que, durante o domínio holandês fizera o Brasil por ele governado experimentar o gosto de uma forma política de organização que teria sido a inspirada pelos chamados Estados Gerais, em seus grandes dias, em contraste com a representada pelo imperialismo mesquinhamente econômico, mercantil, comercial, dos homens de negócios holandeses da Companhia das Índias Ocidentais. E é claro, em contraste em o, no particular, político arcaísmo ibérico a prolongar-se numa Europa como a do século XVIII.

Impresso em São Paulo, SP, em julho de 2010,
com miolo em avena 80 g/m², nas oficinas
da RETTEC Artes Gráficas.
Composto em Adobe Garamond, corpo 12 pt.

Não encontrando esta obra em livrarias,
solicite-a diretamente à editora.

Manuela Editorial Ltda. (A Girafa)
Rua Caravelas, 187
Vila Mariana – São Paulo, SP – 04012-060
Telefone: (11) 5085-8080
livraria@artepaubrasil.com.br
www.artepaubrasil.com.br